sin título

sin título
operaciones de lo visual en
2666 de Roberto Bolaño

Anna Kraus

Almenara

Consejo Editorial

Luisa Campuzano
Adriana Churampi
Stephanie Decante
Gabriel Giorgi
Gustavo Guerrero
Francisco Morán

Waldo Pérez Cino
Juan Carlos Quintero Herencia
José Ramón Ruisánchez
Julio Ramos
Enrico Mario Santí
Nanne Timmer

© Anna Kraus, 2018
© Almenara, 2018

www.almenarapress.com
info@almenarapress.com

Leiden, The Netherlands

ISBN 978-94-92260-24-6

Imagen de cubierta: Detail of a bird from Attributes of Beg-tse in a Tibetan «rgyan tshogs» banner.
Wellcome Library, London

All rights reserved. Without limiting the rights under copyright reserved above, no part of this book may be reproduced, stored in or introduced into a retrieval system, or transmitted, in any form or by any means (electronic, mechanical, photocopying, recording or otherwise) without the written permission of both the copyright owner and the author of the book.

COMIENZO	11
IMAGEN TÉCNICA	53
SUBVERSIÓN SUAVE	117
EPIDEMIA DE SEMEJANZAS DESEMEJANTES	183
FINAL	263
BIBLIOGRAFÍA	273

para luap

Nous, sorciers, nous savons bien que les contradictions son réelles, mais que les contradictions réelles ne sont que pour rire.

Gilles Deleuze y Félix Guattari

COMIENZO

> Le potentiel des œuvres d'art est de modifier nos radicaux.
>
> Georges Didi-Huberman

PERSPECTIVAS

liminar

En una carta a su amigo Pierre Louÿs, Paul Valéry escribe lo siguiente:

> Te miras en el espejo, gesticulas, sacas la lengua... Bien. Supón ahora que un dios maligno se divierta en disminuir insensatamente la velocidad de la luz. Estás a cuarenta centímetros de tu espejo. Primero recibes tu imagen después de 2,666... milésimas de segundo. Pero el dios se ha divertido concentrando el éter. Y ahora tú te ves después de un minuto, un día, un siglo, *ad libitum* [a elección]. Te ves obedecer con retraso. Compara esto con lo que sucede cuando buscas una palabra, un nombre «olvidado». Este retraso es toda la psicología, que se podría definir paradójicamente: lo que ocurre entre una cosa... ¡y ella misma! (citado en Agamben 2007: 125-126)

Será una coincidencia que en esta carta, escrita hace más o menos cien años, aparezcan las cifras que dan nombre a la gran novela de Roberto Bolaño, pero desde la perspectiva del trabajo que aquí comienza es una coincidencia prodigiosa. Relacionar, a través de Valéry, el título enigmático de la obra del autor chileno con las condiciones inadvertidas de nuestra visión del mundo y de nosotros mismos permitiría dar cuenta de lo importante que es, en *2666*, la cuestión filosófica de la representación. Imaginar las cifras «2666» como la indicación de la «normalidad» de una visión –como es normal, en nuestro mundo, que el reflejo del espejo duplique nuestros gestos con perfecta sincronización– provocaría toda una serie de interrogantes sobre las dimensiones inadvertidas de la representación literaria, sobre sus implicaciones filosóficas y sobre las consecuencias éticas para el lector, cuya posición «normal» de sujeto pensante separado del mundo-objeto del conocimiento, de pronto, se vería como menos obvia. En la idea-juego de Valéry, la introducción de un retraso en la imagen que «normalmente» confirma la presencia del sujeto vidente ante su propia consciencia opera un desplazamiento en el seno de la visión: el sujeto cartesiano de la metafísica occidental ya no «se ve viendo»; es más, el análisis de la representación del mundo que le ofrecen sus sentidos pierde credibilidad.

El presente trabajo desarrolla una reflexión sobre la visualidad en *2666* de Roberto Bolaño, repiensa su función y sus implicaciones semánticas desde distintos ángulos. No se trata tanto de analizar las diferentes representaciones visuales descritas en el texto –pinturas, grafitis, fotografías, películas, dibujos– como de interrogar las dimensiones que subyacen a lo visual: su carácter sistémico, su dinámica deformadora, su infiltración en la materia textual. Llevar adelante una investigación dedicada al registro «visual»[1] en la escritura de Bolaño tiene por objetivo elucidar un aspecto poco reconocido, pero esencial

---

[1] La palabra *visual* se pone entre comillas en los instantes donde precisamos poner de relieve un metanivel de nuestros enunciados. Al mismo tiempo, este mínimo gesto pretende llamar la atención sobre la convencionalidad implícita en el uso de este adjetivo cuando se trata de representaciones literarias, donde sólo su materialidad es estrictamente visual. El problema de la «visualidad» de *2666* se comenta en lo que sigue con el propósito de establecer un fundamento coherente para las reflexiones posteriores.

para su obra: lo visual —y aquí la hipótesis central de las páginas que siguen— parece ser, en esta literatura, portador de un germen autosubversivo, cuyas características agrietan y hacen temblar los fundamentos impensados de la representación. Esta orientación permite aproximarse al origen de una inquietud que resulta determinante en la narrativa de Bolaño, la cual, sin embargo, no se explica plenamente con el transcurso de la trama ni con las imágenes evocadas, ni tampoco se reduce al «estilo». En términos más específicos y a partir de un examen detenido de los mecanismos velados de lo visual en *2666*, se plantean aquí interrogantes acerca de la representación, cuya tradición, desde la *República* de Platón, se ha pensado a través de la metáfora de la visión como el sentido-herramienta de conocimiento por excelencia[2]. En las páginas que siguen, la desestabilización clandestina pero insistente, la puesta en temblor y no una contestación revolucionaria de la representación —aquí relacionada con lo «visual»— se pondera no sólo en términos estéticos y filosóficos, sino también insistiendo en sus implicaciones éticas.

Con el propósito de elucidar el pensamiento subyacente a la representación y en aras de leer lo «no-dicho» pero esencial para la obra, partemos del concepto de «filosofía literaria», elaborado por Pierre Macherey, quien —en consonancia con Jacques Derrida, Gilles Deleuze, Michel Foucault y Philippe Lacoue-Labarthe, entre otros— resalta la imposibilidad de separar la literatura tanto de la filosofía como del sinsentido[3]. En *À quoi pense la littérature*, Macherey

---

[2] Martin Jay destaca la importancia, en varias de las lenguas europeas, de las numerosas metáforas que relacionan la visión con el conocimiento, la comprensión y el poder, y vincula este fenómeno con la larga tradición filosófica que privilegia la visión como el sentido más noble y como la herramienta principal de la aprehensión del mundo (1995: 1-4).

[3] Macherey se concentra en el lazo profundo que hay entre la escritura y el pensamiento, aunque a su argumento cabría añadir la imposibilidad de definir la literatura en sí. Terry Eagleton, en la introducción a su teoría literaria (1996),

defiende la «vocation spéculative» de la literatura, sosteniendo que ésta tiene el valor de una experiencia de pensamiento (1990: 10). Su argumento se posiciona en contra de la existencia de discursos «puramente literarios» o «puramente filosóficos» –los unos y los otros tejidos heterogéneos, imposibles de desenredar–, y puntualiza que la relectura, a la luz de la filosofía, de obras consideradas como pertenecientes al ámbito de la literatura «ne doit être en aucun cas les faire avouer un sens caché, dans lequel se résumerait leur destination spéculative» (1990: 10). En cambio, se trata de demostrar su condición plural, es decir, susceptible de ser leída desde una variedad de aproximaciones. En este sentido, las interrelaciones entre «lo filosófico» y «lo literario» son, según Macherey, distintas y operan en diferentes niveles del texto, ya sea en las «superficiales» referencias históricas o en la subordinación del texto a un compromiso ideológico. Entre las configuraciones enumeradas por el pensador francés, una de ellas aborda la tensión entre literatura y filosofía de un modo que consideramos esencial para el estudio de *2666*:

> l'argument philosophique remplit à l'égard du texte littéraire le rôle d'un véritable operateur formel: c'est ce qui se passe lorsqu'il dessine le profil d'un personnage, organise l'allure générale d'un récit, voire en dresse le décor, ou structure le monde de sa narration. (Macherey 1990: 11)

La condición plural de la literatura, es decir, su susceptibilidad a una variedad de aproximaciones, constituye la base conceptual

---

desarrolla la cuestión de lo vaga que es la categoría «literatura»: puesto que su «esencia» (de haber tal cosa) no se ubica ni en la forma, ni en la temática, ni en la función que el texto pueda cumplir ni tampoco en su valor, que depende del contexto social e histórico del lector, la «literatura» muchas veces incluye textos que con el paso del tiempo llegan a trasladarse a categorías tan disímiles como la filosofía, la historia u otras.

de nuestros desarrollos. A partir de *2666*, se busca elaborar una reflexión sobre la inestabilidad auto-subversiva de lo visual en diálogo con la teoría e historia del arte del siglo xx y de principios del xxi. En *Fuera de campo* (2006) Graciela Speranza, según aclara en una entrevista (Libertella 2006), desarrolla una «especulación crítica» sobre la interacción entre pensamiento, visión y palabra dentro del arte y la literatura argentinos del siglo xx. Speranza propone pensar esta interacción a partir de la influencia de la obra de Marcel Duchamp. Para ello dispone su análisis *fuera de campo* –fuera de cualquier campo delimitado–, y acentúa la libertad y la persistencia de ciertas ideas, intuiciones y preocupaciones que, viajando entre medios y épocas, reaparecen con disfraces diferentes, en encuentros fecundos y dinámicos con su entorno. Guardando las distancias en cuanto a la ambición y la envergadura de esa empresa, el presente estudio querría inscribirse en esa tradición crítica que rastrea las derivas de ideas y las hermandades de preocupaciones estéticas, filosóficas y éticas por encima y a pesar de las diferencias esenciales entre artes y medios.

En este marco, es importante recordar que las artes plásticas han atravesado la misma crisis de representación que afectó al pensamiento occidental por lo menos desde Nietzsche[4]. En otras palabras, han tenido que enfrentarse de modo directo con su tradicional e inherente visualidad, operando, por ello mismo, en el seno de la más potente metáfora del conocimiento del mundo. El marco específico de la reflexión metarrepresentacional de las artes visuales dota sus procedimientos de una nitidez especialmente relevante para el presente estudio, preocupado por el cuestionamiento de la representación a través de lo visual. Por consiguiente, los procedimientos que las artes plásticas emplean en sus modos de expresión frente a la vacilación del

---

[4] «Nietzsche's declaration "God is dead!" does not imply the end of the absolute and truth, but the end of *representations* of the truth that have held sway over Western civilization» (Vianello 2009: 33-34; énfasis del original).

aparato representacional –en el *ready-made*, en el monocromatismo, en la abstracción, en el minimalismo, en el arte conceptual, en el performance, en el *body art*[5]...– se evocan con el fin de sentar las bases que nos permitan hablar de una literatura corroída, como es sabido, por una inquietud semejante. No obstante, es preciso aclararlo, éste no pretende ser un estudio intermedial ni comparativo, pues no indaga las respectivas similitudes y diferencias técnicas, estilísticas y estructurales entre las artes. Sin ignorar ni subestimar la especificidad irreductible de sendos idiomas, proponemos pensar el tratamiento de lo visual en la obra de Bolaño como vía de acceso a la reflexión filosófica sobre la representación, cuyos desarrollos serán puestos en diálogo con una reflexión llevada a cabo –con herramientas y predisposiciones expresivas diferentes– en el ámbito de las artes plásticas.

Dicho de otro modo, desde la perspectiva «visual» que proponemos aquí, *2666* es leída como una obra escrita en el ámbito de la cultura occidental, marcada tanto por la experiencia del famoso giro pictórico como por la gradual desmaterialización de las artes plásticas y la creciente denigración de lo visual y, con ello, del ojo, diagnosticada por Martin Jay (1995). La reflexión que sigue parte de la convicción de que *2666* no sólo es obra de un autor-lector voraz de literatura y de filosofía, sino también de un anarquista autoproclamado, preocupado por las artes y por las revoluciones (Bolaño 2009, Braithwaite 2011: 37); una obra, en otras palabras, impregnada por el pensamiento que, en sus múltiples modos de expresión, explora territorios que se extienden más allá de los límites de la ontología. Las improntas de un pensamiento inquieto y dinámico que recorre la obra de Bolaño son, precisamente, aquellas que consideramos decisivas –tal y como lo han sido en la de Samuel Beckett, Maurice

---

[5] Adviértase que en las páginas que siguen no se hace referencia a la totalidad de corrientes y conceptos enumerados aquí, sólo se mencionan con el fin de delinear algunos puntos esenciales del desarrollo del arte contemporáneo preocupado por su propia representacionalidad.

Blanchot, Edmond Jabès, Marcel Broodthaers, por sólo mencionar unos pocos– y que como tales constituyen el objeto del trabajo que aquí lentamente comienza.

Con el objetivo de interrogar la autoridad de la representación en *2666*, cada parte de la presente reflexión aborda una dimensión diferente, por lo cual no se da un sistema teórico general ni un aparato metodológico-interpretativo único. Más bien, en la construcción intelectual que sigue, pretendemos aplicar metafóricamente el concepto arquitectónico de *Raumplan*, propuesto por Adolf Loos[6]: en la distribución interior de espacios en un edificio, la altura de cada pieza corresponde a su especificidad; se rompe así con la norma de la división vertical según plantas uniformes y se evita una homogeneidad artificial. Lo anterior quiere decir que las voces con que dialogamos son introducidas a medida desarrollamos nuestra reflexión, lo cual de ese modo revela indirectamente su carácter heurístico.

¿obra visual?

Como sabemos desde, por lo menos, el *Laoconte* de Lessing (1766), hablar de la «visualidad» de un texto literario resulta problemático y requiere ciertas advertencias preliminares. Dada la especificidad del texto literario, cuya *modalidad* dominante es la semántica (término propuesto por Lars Ellestrӧm, 2010a), es decir, donde la «visualidad» suele ubicarse no en el significante mismo (la materialidad del texto), sino en su significado simbólico (la virtualidad del sentido de las palabras), es necesario comenzar esbozando los distintos niveles donde es posible leer la visualidad en *2666* de

---

[6] Adolf Loos (1870-1933) fue un arquitecto y teórico de la arquitectura austriaco. El gesto retórico de evocar el *Raumsplan* está robado del trabajo interdisciplinario de Penelope Haralambidou (2013).

Bolaño. De esta forma, buscamos precisar cuáles son los espacios que nos proponemos explorar.

Ante todo, la imagen forma parte de la representación, es decir, el texto la «da a ver» a través del procedimiento que suele llamarse écfrasis[7]; tal es el caso de la descripción del autorretrato de Edwin Johns incluida en «La parte de los críticos» (76[8]). Las imágenes oníricas y otros tipos de visiones, para simplificar las cosas, también pueden incluirse bajo el paraguas ecfrástico, aunque su inmaterialidad e invisibilidad esenciales no dejen de plantear dificultades métodológicas. A otro nivel, la imagen es un tema: el texto comenta uno u otro medio visual, como sucede, por ejemplo, en la conversación de Fate con el recepcionista sobre la televisión (428). Ambas cosas –imagen como representación e imagen como tema– contribuyen a la construcción del mundo representado y en cuanto tal han sido trabajadas con insistencia por los críticos de la obra de Bolaño.

En un nivel más abstracto se sitúa el aspecto impensado y determinante de la visualidad que Kaja Silverman, en dialogo con los trabajos de Jacques Lacan, denomina «pantalla». La definición que propone es la siguiente: «the repertoire of representations by means of which our culture figures all of those many varieties of "difference" through which social identity is inscribed» (1996: 19). La pantalla, según la conceptúa Silverman, forma parte del «régimen escópico», el cual, de acuerdo con Miguel Ángel Hernández Navarro, comprende todo aquello que forma nuestra percepción de la

---

[7] La complejidad de la écfrasis que, en *2666*, obtiene un carácter procesal y performativo, es objeto de mi artículo «Geometry Book in Midair. Ekphrasis in Amalfitano's Backyard» donde demuestro la insuficiencia del término según lo define el discurso teórico actual. El artículo forma parte de la antología de textos teóricos sobre la écfrasis bajo la coordinación de Heidrun Führer, *Making the Absent Present*, cuya publicación está prevista para el otoño de 2018.

[8] Dada la abundancia de referencias a *2666*, éstas se indican sólo con la paginación, sin poner el nombre del autor ni la fecha de publicación.

realidad en un momento dado: las normas sociales, los imaginarios culturales, el arte, la comunicación y el archivo visual, en el sentido foucaultiano, que en cada momento determina nuestra habilidad de percibir las cosas de un cierto modo (2007: 27). En este marco, hay que subrayar que el régimen escópico implica un dinamismo doble, ya que el concepto se refiere no sólo al modo en que la realidad influye en nuestra visión del mundo, sino también en la proyección hacia afuera o visualización de nuestros propios deseos, temores y esquemas culturales y sociales. En otras palabras, se trata no sólo de la «construcción social de la visión» sino, simultáneamente, de la «construcción visual de lo social» (Mitchell 2010: 39). Este aspecto de la visualidad influye en el imaginario implícito de la ficción literaria que comentamos aquí, cuyas características se trasladan a la realidad que construye la ficción en diálogo con aquella desde la que ésta surge. Con esas concepciones implícitas suelen emparejarse métodos de decodificación, desciframiento e interpretación de lo visible, la mayoría de las veces también inadvertidos. Se trata, entonces, de toda una legión de convenciones y hábitos perceptivos e intelectuales que rigen y ordenan la representación, sin necesariamente comentar ni mencionarse en el texto.

En el texto, además del trabajo apenas advertido de la pantalla y del régimen escópico presente, hay otra visualidad operativa en un nivel no incluido en el universo diegético, pero inseparable de él. Esta visualidad no pronunciada –Julia Kristeva la llama lo «semiótico» y Jean-François Lyotard la denomina lo «figural»– soporta y corroe la representación por dentro, sin devenir su objeto: es la «visualidad» de la forma de expresión, su ritmo y su musicalidad, por ejemplo, y constituye un proceso inherente al lenguaje que participa en la producción de sentido más allá de las leyes de lo simbólico, estallándolo más que reforzándolo. Esta «visualidad», en sí invisible, es inseparable del tejido representacional de la escritura y resulta, por ello, esencial para la reflexión filosófica sobre la representación en cuanto tal.

Finalmente, al explorar en *2666* las dimensiones ocultas de la visualidad como espacios de reflexión filosófica sobre la representación, no puede omitirse la forma gráfica de este texto. Parecería obvio que la obra de Bolaño no se inscribe en la tradición que, a lo largo del siglo xx, interroga la materialidad de la escritura −tanto plástica como sonora y tangible−, de Mallarmé a las vanguardias históricas, o de la poesía concreta a la literatura experimental que en los últimos años enriquece sus procedimientos expresivos mediante la virtualidad y la interactividad de los nuevos medios. Y sin embargo, la reflexión acerca de la materialidad y la práctica alternativa de la escritura no deja de ser un tema recurrente en la obra de Bolaño. Considérese, por una parte, su prehistoria como miembro fundador del infrarrealismo, que −como otros movimientos artísticos vitalistas de aquella época, la Internacional Situacionista en Europa, el movimiento internacional Fluxus o el conceptualismo en Brasil− intentaba hacer de la vida misma el *locus* de la poesía; por otra parte, encontramos en su producción narrativa una permanente preocupación por ese tipo de prácticas de escritura, ya sea en la versión ficcional del infrarrealismo, el realismo visceral (*Los detectives salvajes*), o bien en el arte aéreo y los sangrientos poemas fotográficos de Carlos Wieder (*Estrella distante*); en otro aspecto se puede considerar la experimentación con la forma impresa en algunos de sus cuentos, tal es el caso de «Carnet de baile» (*Putas asesinas*) y de «Dos cuentos católicos» (*El gaucho insufrible*). Dado lo anterior, consideramos la escritura del autor chileno como consciente de su propia materialidad. Desde nuestra perspectiva, esto implica que la organización visual del texto impreso participa de manera significante en la totalidad de la representación literaria, ya que, según observa José Ramón Ruisánchez Serra, «en Bolaño importa todo» (2010: 389). Esto significa que nuestra reflexión crítica atiende tanto a la inclusión, en *2666*, de elementos visuales como, en un nivel menos obvio, a la organización visual-espacial del texto impreso.

2666

«Una buena novela es [...] una novela que se entiende menos que una mala novela. *2666* es una gran novela porque no se entiende casi nada, aunque durante sus mil y tantas páginas persiste una ilusión de conocimiento, una inminencia», afirma Alejandro Zambra (2012: 144). En 2017, a más de una década de su publicación, *2666* apenas necesita presentarse y, sin embargo, sigue poniendo trabas a la empresa del entendimiento. Compuesta de cinco «partes» que en total ocupan 1 119 páginas (en la edición de Anagrama), es una obra inacabada (1 121), pero coherente y de una complejidad extraordinaria. Además del título-paraguas, lo que une las cinco secciones de la novela es un lugar geográfico en el que converge su trama: la ciudad de Santa Teresa, trasunto ficcional de Ciudad Juárez, lugar infame si se considera la serie de más de 700 asesinatos irresueltos[9]. Las víctimas son mujeres jóvenes que, desde enero de 1993, han sido encontradas a lo largo y ancho del desierto de Sonora. En la elaboración de la obra Bolaño se sirvió del trabajo documental del periodista Sergio González Rodríguez, *Huesos en el desierto* (2002), cuya precisión pericial en el tratamiento de los detalles es reconocible en la cuarta sección de *2666*, «La parte de los crímenes», donde encontramos más de 100 descripciones forenses de los cadáveres femeninos.

Dada la futilidad de resumir esta «novela maximalista» (Ercolino 2014), tiene sentido presentar, en términos muy generales, las cinco entidades narrativas que la componen: «La parte de los críticos», «La parte de Amalfitano», «La parte de Fate», «La parte de los crímenes» y «La parte de Archimboldi». En la primera sección, cuatro académicos europeos, obsesionados con la obra de Benno von Archimboldi

---

[9] Este número de muertas corresponde al año 2012, según Wikipedia (<https://es.wikipedia.org/wiki/Feminicidios_en_Ciudad_Ju%C3%A1rez>). En 2002, Sergio González Rodríguez, en *Huesos en el desierto*, documenta los casi 400 crímenes perpetrados hasta entonces.

–un escritor notoriamente ausente y de quien ni siquiera conocen su rostro– deciden ir en busca de su venerado autor. Tres de ellos viajan hasta Santa Teresa para intentar dar con él. En su «parte» de *2666*, Amalfitano, chileno, profesor de filosofía, acaba de mudarse con su hija Rosa a esa misma ciudad lúgubre del norte mexicano, donde la realidad agobiante y la omnipresente violencia lo llevan al borde de la locura. Fate es un periodista afroamericano que, a causa de la muerte inesperada de un colega de la sección de deportes, es enviado a cubrir un combate de boxeo en Santa Teresa. No obstante, una vez allí, lo que despierta su interés genuino no es el boxeo, sino la serie de crímenes irresueltos, que protagonizan la cuarta sección de la obra de Bolaño. En la última «parte» de *2666*, el lector llega a conocer la vida de Hans Reiter, prusiano nacido en 1920 y soldado de la Wehrmacht, quien deviene Benno von Archimboldi, pero la presentación de su obra no pasa de la enumeración de títulos y un par de resúmenes lacónicos. Aunque la trama de esta última sección de la novela de Bolaño no transcurra en Santa Teresa, allí desemboca cuando Archimboldi emprende un viaje a México, pues en esa ciudad su sobrino está acusado de haber cometido varios de los crímenes contra mujeres.

En la totalidad de la producción del autor chileno, *2666* ocupa un lugar privilegiado, no sólo por ser su última y más larga obra, sino porque en ella convergen las más importantes líneas temáticas y estructurales que atraviesan su literatura, y se desenvuelven con una mayor complejidad y madurez estética. La crítica ha comentado la escritura de Bolaño en términos de «autofagia» (Manzoni 2003), refiriéndose al procedimiento clave de esa «obra total» (Gras Miravet 2005) que no deja de expandirse, de reelaborarse o de repetirse introduciendo diferencias, de modo tal que en cada fragmento pueda percibirse la totalidad, como si se tratara de un producto de la geometría fractal (Bolognese 2009). Efectivamente, sin abandonar la predilección bolañesca por un dinamismo al estilo de la novela negra, *2666*

–como, por ejemplo, *Estrella distante*, *Los detectives salvajes*, *La pista de hielo*– entreteje el mal con la literatura y el sexo, borra los límites de la cordura coqueteando con fenómenos parapsicológicos –como antes *Monsieur Pain*, *Amuleto* o *Nocturno de Chile*– y con aquellos propios de la ficción; ofrece, en suma, una de las más sugestivas y cruentas imágenes del femicidio juarense. Tal vez esta proximidad testimonial del relato con los hechos reales determina la excepcionalidad del último trabajo del autor chileno, aunque ésta no fue la primera vez que la violencia histórica ocupó un lugar central en su escritura –basta con mencionar *Estrella distante*, *Amuleto* y *Nocturno de Chile*. En *2666*, más que en ninguna de sus novelas, un mundo ficticio-testimonial se apoya en el andamiaje de una representación literaria autoconsciente, multifacética y heterogénea[10].

Más allá de la extensión considerable de *2666*, de su lugar privilegiado en la totalidad de la producción literaria de Roberto Bolaño, y de la innumerable cantidad de reconocimientos que ha recibido por la fuerza sugestiva con que reelabora acontecimientos reales, su elección como fuente primaria de una reflexión acerca de una estética visual que desafía su propia representacionalidad podría parecer dudosa. ¿Por qué –con razón nos podrían preguntar– empeñarse en adjudicarle rasgos subversivos a una novela más bien tradicional, la única, además, en toda la producción del autor chileno que insiste abiertamente en sus lazos estrechos con la realidad? ¿Por qué no centrarse –si uno pretende comentar a un Bolaño menos convencional– en *Amberes*, *Amuleto*, *La literatura nazi en América* o *Los detectives salvajes*? La respuesta a esas preguntas hipotéticas reside tanto en el carácter «testimonial» (López Badano 2010) de la última obra de Bolaño como en nuestro marcado interés por la dimensión

---

[10] Esta tensión interior que dinamiza el texto que nos ocupa, parece corresponder con lo que Stefano Ercolino denomina «realismo híbrido»: «a particular fictional dimension of the representation in which mimesis and anti-mimesis are inextricably fused [...] an aesthetic refoundation of mimesis itself» (2014: 161).

filosófica y ética de los planteamientos estéticos. El gesto de desafiar la representación desde adentro puede ser concebido como un procedimiento de extrañamiento: el texto, de vez en cuando, parece corroído por una incoherencia interior, así que un lector atento tiene que notarlo. Pero, ¿notar qué? La escritura misma, la máquina textual como estructura, estilo, construcción ficcional: como una representación compleja, como un ejercicio mimético, el cual, sin embargo, se niega a representar de un modo transparente y enuncia su mismo enunciado. La escritura es aquí autorreflexiva: dice que dice, dice que se dice, *sin decirlo*. Agrietada por desplazamientos e inconsecuencias apenas perceptibles, la representación se presenta como tal, sin representar. Es como una tregua de la mímesis: se da a ver que algo no se da a ver, o se da a ver que, por lo general, casi ininterrumpidamente se está dando a ver.

La puesta al descubierto de la representación en su escisión epistemológica evoca las grandes preguntas ontológicas y metafísicas propias de la filosofía. «In general», escribe Claire Colebrook al respecto, «representationalism might be defined most accurately as a symptom of modernity» (2000: 49). De esa manera, Colebrook propone que el pensamiento de Descartes implica un modo de ser de la representación en que el mundo deja de vivirse en la inmediatez de su presencia[11].

---

[11] La ubicación de este cambio fundamental, sin embargo, varía bastante, ya que pensadores de la talla de Martin Heidegger, Michel Foucault o Bruno Latour consideran que ya con Platón y su condena de los sofistas, la filosofía deja de ser disputa para convertirse en búsqueda de una ley transcendente e «inhumana» (Colebrook 2000: 66). Por otra parte, hay autores, como Alastair MacIntyre, que ubican el advenimiento del representacionalismo en la obra de Immanuel Kant, cuyo idealismo separa definitivamente al humano del mundo (Colebrook 2000: 51).

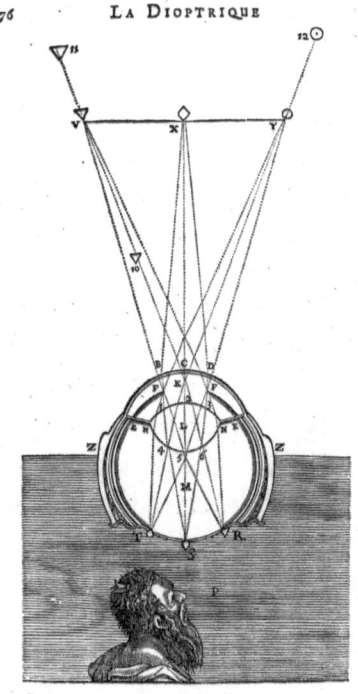

Figura 1. Ilustración de la *Dióptrica* de René Descartes.

De hecho, es en una ilustración de la *Dióptrica* que, detrás del ojo que mira el mundo, se instala la figura de un hombre barbudo gracias al que, según Giorgio Agamben, «es posible abrir un espacio al Yo pensante y concebir su relación con la sensación». «A través del desdoblamiento irónico que la imagen opera», explica Agamben, «el ojo que mira se convierte en ojo mirado y la visión se transforma en un *verse ver*, en una *representación* en el sentido filosófico, pero también en el sentido *teatral* del término» (2007: 119; énfasis del original). En otras palabras, el *Cogito* –el yo pensante que «se ve ver»– convierte las sensaciones del contacto inmediato con el mundo en imágenes, en representaciones mentales donde éstas son expuestas al escrutinio de la razón. Cuando Descartes insiste en señalar que es la mente la que ve, no sólo desacredita el ojo, sino, sobre todo, instaura el sujeto pensante en el centro de la metafísica occidental, gobernada, según sostiene Agamben, por «la idea de la presencia (presencia del alma ante sí misma y de las cosas reales en el alma)» (2007: 124). En consecuencia, se opera una separación profunda entre el sujeto y el mundo-objeto, y con ello el conocimiento pasa a depender del juicio de la razón[12].

En vez de dar cuenta del desarrollo del discurso filosófico sobre la representación después de Descartes y en función de los objetivos de nuestra reflexión, es preciso señalar que con el postmodernismo llega una nueva ola de interés por la representación que desemboca en dos tendencias generales. Por un lado, se propone que no hay nada más allá de la representación: «truth, the real, legitimation, philosophy and the world are effect of textuality […] Against the legitimating meta-narratives of modernity, post-modernism returns all those grand truth claims to the domain of representation» (Colebrook 2000: 47-48). Por otro lado, muchas de las teorías posestructuralistas han dirigido sus esfuerzos a liberar el pensamiento de la transcendencia occidental:

> The idea that there is a *logic* –an ultimate ground or foundation of the given– ties thought to some outside or some «proper image» of itself. Ideas of being, truth, presence logic, or the real have defined thought as re-presentation: the faithful image, copy or doubling of the present […] The post-structuralist endeavor, undertaken by Foucault, Derrida, Deleuze and Irigaray, is to question the very project of grounding logic,

---

[12] De ahí que el modelo de la visón racional sea monocular, como en la ilustración en la *Dióptrica*, donde la figura del sujeto pensante *corrige* las imágenes defectuosas del mundo que le ofrece el ojo. Apúntese de paso, para retomarse más adelante, que la perspectiva geométrica –construcción monocular, «corregida» de lo que se ve– puede pensarse, entonces, en términos del subjetivismo metafísico y racional.

a project that they see as exemplified in the modern motif of representation. (Colebrook 2000: 48; énfasis del original)

A partir de lo anterior proponemos concebir las operaciones autosubversivas de lo visual en *2666* en el marco del pensamiento (anti) representacional de la segunda mitad del siglo XX. Las desgarraduras apenas perceptibles en el tejido representacional del texto no permiten concluir que detrás de ellas no hay nada. Más bien, suponemos que ellas hacen surgir interrogantes sobre la idea de una presencia y su respectiva lógica preexistente, implícita en la noción misma de representación, capturada en la relación transcendente con una verdad. Estos interrogantes, al repetirse una y otra vez, poco a poco, parecen socavar la autoridad de la Mismidad y la consiguiente superposición del modelo a la copia. Por eso, desde la perspectiva crítica asumida en el presente trabajo, suponemos que la inscripción, en el texto de Bolaño, de una reflexión sobre la representación, obtiene un peso especial a la hora de escribir sobre el femicidio: lejos de ser mera divagación teórica (porque no se pronuncia) o puro juego formal (porque no es llamativo), el leve *malestar en la representación* que se rastrea aquí parece más bien una toma de posición, una postura ética cuya autenticidad y fuerza residen, justamente, en el silencio con que se manifiestan. En resumen, proponemos explorar la autosubversión representacional de lo visual en *2666* –obra que suele clasificarse como realista y más bien convencional– porque, según nos dice Derrida (2014), socavar la rigidez de las leyes que el texto establece para sí mismo es subvertir las jerarquías opresivas implícitas en ellas. De ahí el peso ético de los procedimientos *apenas perceptibles* que nos ocupan aquí: Bolaño ofrece un relato sugestivo que imprime en la mente del lector imágenes imborrables[13], mantiene la

---

[13] Con esto se hace referencia al estudio de Daniel Balderston sobre la huella stevensoniana en la obra de Jorge Luis Borges (1985). Balderston resalta allí la importancia que ambos autores adscriben a la «función plástica de la literatura»,

fuerza épica de la narrativa, y le otorga así la palabra a las víctimas[14]. En ese gesto se *desgarra*, al mismo tiempo, el tejido impensado de la representación, se socava la autoridad implícita de una concepción filosófica de larga tradición. En *2666*, la «denigración del ojo», que el presente trabajo propone explorar, va más allá de procedimientos como la polifonía narrativa, la fragmentación y apertura estructural o la perspectiva múltiple –todos ellos empleados incluso de un modo más pronunciado en, por ejemplo, *Los detectives salvajes*, *Amuleto*, *Amberes*–, y se sitúa, repetimos, en las capas apenas perceptibles de la representación, agrietándola desde adentro. Dicho de otro modo, el presente estudio parte de la convicción de que en *2666* la *clandestinidad* de los procedimientos auto-subversivos en juego no sólo es el efecto de una complejidad formal de la novela, incomparable con los escritos anteriores del autor chileno, sino también revela una postura ética, profundamente arraigada en la reflexión filosófica que se desarrolla *con* este texto.

LIBROS A LA INTEMPERIE

apropiación doble

En la segunda sección de *2666* se describen los pormenores y las consecuencias desorbitadas de un hallazgo inusual hecho por Amalfitano en su casa de Santa Teresa, a poco de mudarse desde

---

que consiste en grabar en la mente del lector imágenes nítidas e inolvidables (personajes, actitudes, escenas, ambientes…) (1985: 42-46).

[14] Más aun, si se considera el espacio privilegiado que tienen las descripciones detalladas de los cuerpos maltratados en «La parte de los crímenes», eso mismo subvierte una de las jerarquías convencionales que suele otorgar la palabra a los vivos –los cuales, en el caso específico del femicidio estudiado por Bolaño, serían los asesinos.

Barcelona. En una de las cajas llenas de libros, el profesor de filosofía encuentra el *Testamento geométrico* de Rafael Dieste. Su existencia lo desconcierta, pues carece de cualquier recuerdo vinculado a ese objeto. El descubrimiento lo irrita y lo angustia, y a pesar de varios intentos de reconstruir el pasado, Amalfitano no logra recordar cómo ese volumen fue a parar a su biblioteca. Hay aquí una anomalía, una alteración del orden lógico de la causalidad que quiebra completamente su equilibrio interior. Desorientado y al borde de un ataque de nervios, Amalfitano sale a su patio trasero y cuelga el libro en el tendedero de ropa. En el párrafo que sigue inmediatamente después, la voz narradora explica la procedencia de la idea de colgar un manual de geometría a la intemperie, evocando un *ready-made* temprano de Marcel Duchamp[15]: el *Readymade Malheureux*, regalo que el artista inventó para la boda de su hermana Suzanne.

---

[15] En la obra de Bolaño, llena de citas, alusiones y transposiciones de toda clase de textos de cultura, es muy raro que una referencia se explique tan abiertamente. De este modo, resulta que todo lo que rodea la aparición del *Testamento geométrico* en la vida de Amalfitano, a todos los niveles de la representación literaria, está —según se comentará a continuación— ligeramente dislocado del curso «habitual» de las cosas: desde las anomalías dentro de la diégesis, pasando por este procedimiento narrativo inusual de comentar las raíces duchampianas de la instalación en el patio trasero de Amalfitano, hasta la aparición de los polígonos filosóficos en las páginas de *2666*. Se trata, hay que resaltarlo, de pequeñas irregularidades de las que ninguna es especialmente llamativa. Y sin embargo, el hecho de que los deslices minúsculos en distintos niveles textuales simultáneamente converjan en este acontecimiento parece importante. Puede especularse mucho acerca del significando de la ligera desestabilización de la representación justo aquí, cuando un filósofo condena un libro de geometría al deterioro, retomando así el gesto de Marcel Duchamp. En lo que sigue, se propondrá pensar la secuencia de desplazamientos —tanto diegéticos como formales y estilísticos— alrededor del *Readymade malheureux*, en *2666*, en el contexto de los desarrollos representacionales de Marcel Duchamp y, al mismo tiempo, como una puesta en escena de sus ideas-juegos multidimensionales. Siguiendo esa pauta, podrá verse cómo el gesto duchampiano de abrir el espacio de representación deviene operativo en la obra de Bolaño.

La crítica específica de Bolaño ha dedicado muchas páginas a la anécdota del *Testamento geométrico*, leyéndola, por ejemplo, como prueba de la locura de Amalfitano, como gesto alegórico de apropiación o como una *mise-en-abyme* de la última obra del autor chileno. En las páginas introductorias que quedan volvemos a indagar el cariz duchampiano del libro de Dieste. Abordaremos sus características principales, haciendo especial énfasis en su reflejo fractal doble: la instalación[16] de Amalfitano, perteneciente a la capa visual de la representación literaria, permite introducir todos los niveles de lo visual en *2666* que nos ocuparán aquí. Por otro lado, la puesta en relieve de sus singularidades nos ayudará a presentar los interrogantes que sucesivamente se plantean a lo largo de este trabajo.

El gesto de apropiación escenificado en «La parte de Amalfitano» o, lo que es lo mismo, la recreación[17] ficticia del *Readymade malheureux* en un suburbio del trasunto ficcional de Ciudad Juárez, puede considerarse como una apropiación, por parte de Bolaño, de aquel *ready-made*. Este pasaje permite formular en *2666* algunas de las problemáticas propias de la obra de Duchamp. La referencia explícita a Duchamp, generosamente desarrollada en la novela, no sólo disipa

---

[16] Es necesario precisar el uso del término «instalación» en el presente trabajo. El arte de Marcel Duchamp –o, más concretamente, sus *ready-mades*, objetos encontrados y ensamblados– es anterior a la instalación como práctica artística que surgió en los años sesenta del siglo xx. Sin embargo, la realización ficticia del *Readymade malheureux* de Duchamp encaja con lo que hoy llamamos *installation art*: la instalación efímera de Amalfitano está ubicada en un espacio no-convencional (es decir, no-oficial y no-cultural) que puede ser «inhabited rather than merely [a space for] presenting a work of art to be looked at» (Stallabrass 2006: 17). En otras palabras, el uso del término «instalación» que se propone en el presente trabajo se sitúa a medio camino entre el *ready-made* duchampiano y la *installation art* propiamente dicha.

[17] Cuál es realmente el carácter del gesto de Amalfitano –si se trata de una recreación, una cita o, tal vez, de una continuación o reactivación del *ready-made* de Duchamp– es una pregunta que planteamos más adelante.

cualquier duda posible sobre la procedencia de la idea del personaje, sino también permite que la reflexión del artista francés se despliegue en el texto, resonando incluso a sus niveles menos accesibles, sin vínculo obvio con la instalación de Amalfitano[18]. Con todo, esta conjunción cumple el papel de un pistoletazo que desencadena toda una serie de acontecimientos conceptuales y estéticos, tanto en el texto de Bolaño como en su interacción con el lector.

libro a la intemperie

Antes de proseguir a despedazar, metafóricamente, la instalación que Amalfitano arma en su jardín «estragado» (244), vale la pena permitir que el texto la erija, otra vez, ante nuestros ojos. Citamos el fragmento[19] *in extenso*:

---

[18] Las referencias más o menos explícitas a la obra y al pensamiento de Marcel Duchamp son, en *2666*, múltiples y de diversa índole (y, por supuesto, no se van a enumerar aquí). Esta multiplicidad podría servirnos como legitimación débil y casual del procedimiento metodológico empleado aquí, donde la versión ficticia del *Readymade malheureux* deviene el umbral por el que se introducen *todos* los interrogantes inscriptos en la auto-subversión de lo visual. No obstante, esperamos evitar la trampa de un entusiasmo cegador —en la que han caído numerosos artistas norteamericanos de la posguerra, según han sugerido algunos teóricos como Hal Foster (1994), Thierry de Duve (1994) y Thomas Girst (2016)— y sostener que el carácter muchas veces abstracto de la teoría y práctica artísticas de Duchamp las dota de un valor filosófico universal, y de ese modo se facilita su transposición dinámica a otros territorios de pensamiento.

[19] La instalación de Amalfitano, hay que puntualizarlo, aparece en *2666* varias veces y no sólo en «La parte de Amalfitano»: se menciona también en «La parte de los críticos» (177) y en «La parte de Fate» (431). Sin dejar de insistir en la importancia (estética y filosófica) de ese esparcimiento por un espacio textual que cubre tres de las cinco secciones de la novela, nos contentamos por ahora con introducirlo a través de los pasajes que relatan su construcción y su vínculo con la obra de Duchamp.

Y entonces, justo entonces, como si fuera el pistoletazo de salida de una serie de hechos que se concatenarían con consecuencias unas veces felices y otras veces funestas, Rosa salió de casa y dijo que se iba al cine con una amiga y le preguntó si tenía llaves y Amalfitano dijo que sí y oyó cómo la puerta se cerraba de golpe y luego los pasos de su hija que recorrían la vereda de lajas mal cortadas hasta la minúscula puerta de madera de la calle que no le llegaba ni a la cintura y luego los pasos de su hija en la acera, alejándose en dirección a la parada del autobús y luego el motor de un coche que se encendía. Y entonces Amalfitano caminó hacia la parte delantera de su jardín estragado y estiró el cuello y se asomó a la calle y no vio ningún coche ni vio a Rosa y apretó con fuerza el libro de Dieste que aún sostenía en su mano izquierda. Y después miró el cielo y vio una luna demasiado grande y demasiado arrugada, pese a que aún no había caído la noche. Y luego se dirigió otra vez hacia el fondo de su jardín esquilmado y durante unos segundos se quedó quieto, mirando a diestra y siniestra, adelante y atrás, por si veía su sombra, pero aunque aún era de día y hacia el oeste, en dirección a Tijuana, aún brillaba el sol, no consiguió verla. Y entonces se fijó en los cordeles, cuatro hileras, atados, por un lado, a una especie de portería de fútbol de dimensiones más pequeñas, dos palos de no más de un metro ochenta enterrados en la tierra y un tercer palo, horizontal, claveteado a los otros por ambos extremos, lo que les concedía, además, cierta estabilidad, y del que pendían los cordeles hasta unos ganchos fijados en la pared de la casa. Era el tendedero de la ropa, aunque sólo vio una blusa de Rosa, de color blanco con bordados ocres en el cuello, y un par de bragas y dos toallas que aún chorreaban. En la esquina, en una casucha de ladrillos, estaba la lavadora. Durante un rato se quedó quieto, respirando con la boca abierta, apoyado en el palo horizontal del tendedero. Después entró en la casucha como si le faltara oxígeno y de una bolsa de plástico con el logotipo del supermercado al que iba con su hija a hacer la compra semanal extrajo tres pinzas para la ropa, que él se empecinaba en llamar «perritos», y con ellas enganchó el libro de uno de los cordeles y luego volvió a entrar en su casa sintiéndose mucho más aliviado. (244-245)

A reglón seguido, separado por el espacio de un interlineado blanco, sigue el pasaje en donde se incluye la procedencia de la idea de colgar un libro de geometría a la intemperie:

La idea, por supuesto, era de Duchamp.

De su estancia en Buenos Aires sólo existe o sólo se conserva un *ready-made*. Aunque su vida entera fue un *ready-made*, que es una forma de apaciguar el destino y al mismo tiempo enviar señales de alarma. Calvin Tomkins escribe al respecto: *Con motivo de la boda de su hermana Suzanne con su íntimo amigo Jean Crotti, que se casaron en París el 14 de abril de 1919, Duchamp mandó por correo un regalo a la pareja. Se trataba de unas instrucciones para colgar un tratado de geometría de la ventana de su apartamento y fijarlo con cordel, para que el viento pudiera «hojear el libro, escoger los problemas, pasar las páginas y arrancarlas».* Como se puede ver, Duchamp no sólo jugó al ajedrez en Buenos Aires. Sigue Tomkins: *Puede que la falta de alegría de este* Ready-made malheureux, *como lo llamó Duchamp, resultara un regalo chocante para unos recién casados, pero Suzanne y Jean siguieron las instrucciones de Duchamp con buen humor. De hecho, llegaron a fotografiar aquel libro abierto suspendido en el aire –imagen que constituye el único testimonio de la obra, que no logró sobrevivir a semejante exposición a los elementos– y más tarde Suzanne pintó un cuadro de él titulado* Le ready-made malheureux de Marcel. *Como explicaría Duchamp a Cabanne: «Me divertía introducir la idea de la felicidad y la infelicidad en los ready-made*s, *y luego estaba la lluvia, el viento, las páginas volando, era una idea divertida».* Me retracto, en realidad lo que Duchamp hizo en Buenos Aires fue jugar al ajedrez. Yvonne, que estaba con él, terminó harta de tanto juego-ciencia y se marchó a Francia. Sigue Tomkins: *En los últimos años, Duchamp confesó a un entrevistador que había disfrutado desacreditando «la seriedad de un libro cargado de principios» como aquél y hasta insinuó a otro periodista que, al exponerlo a las inclemencias del tiempo, «el tratado había captado por fin cuatro cosas de la vida».* (244-246; énfasis del original)

El texto no indica claramente cuál de los personajes (si es que es alguno de ellos) está comentando el *Readymade malheureux*. No obstante, la voz inidentificable exhibe cierto sentido de humor («Como se puede ver, Duchamp no sólo jugó al ajedrez en Buenos Aires», «Me retracto, en realidad lo que Duchamp hizo en Buenos Aires fue jugar al ajedrez») y familiaridad. Ambos aspectos contrastan con la escueta narración en tercera persona predominante a lo largo de *2666*, y pueden tener un efecto ligeramente inquietante, tal y como sucede en las ocasiones donde se oye una voz personal desprovista de sujeto hablante. Por otra parte, cuando Rosa, unas páginas más adelante, acusa a Amalfitano de haberse vuelto loco, tanto ella como el lector de *2666* se enteran de que el profesor de filosofía está al tanto del proyecto duchampiano de colgar un tratado de geometría a la intemperie (251). Sin embargo, el que Amalfitano lo conozca no aclara la identidad de la voz narrativa en el pasaje citado ni tampoco explica el mecanismo psicológico detrás de la inquietud desmesurada y la repentina calma que Amalfitano siente tras haber colgado el libro en su patio trasero. Lo único que hace es sugerir un marco plausible para el gesto de Amalfitano, cuya realización, en efecto, tranquiliza al personaje. De forma suplementaria, la mención de su conocimiento de la obra de Duchamp reorienta, retrospectivamente, al lector. Si se trata de resignificaciones *a posteriori*, precisamente el señalado efecto tranquilizador viene a subrayar el estado previo de angustia en que estaba sumido Amalfitano y, de ese modo, alerta sobre cierta indecidibilidad introducida por el tono inesperadamente humorístico de la voz narrativa. Por ahora basta con notar la ambigüedad de este fragmento, que retomaremos más adelante.

perspectiva anti-retinal

En el marco de una discusión sobre el carácter *anti-retinal* de la obra de Duchamp, con frecuencia mal interpretado, Penelope Haralambidou hace una aclaración necesaria al respecto: «far from being anti-visual, his stance was the opposite: he was against what he percebido as an oversimplification, flattening and deterioration of vision, and in search of lost dimensions in visual perception» (2013: 182). Ésta es una observación esencial –vale hacerlo notar de inmediato– para lo que nos ocupa aquí, no sólo con respecto a la procedencia duchampiana de la instalación de Amalfitano sino, sobre todo, porque nos permite volver sobre nuestra hipótesis de lectura y repasar, de otro modo, la auto-subversión inscripta en lo visual en la obra de Bolaño. El *2666* «testimonial» y sugestivamente realista, vuélvase a subrayar, lejos de atacar la representación como tal parece buscar corroerla en tanto monolito autoritario e inflexible. De momento, sin embargo, es necesario detenerse en el *Readymade malheureux*, pues éste ilumina distintos niveles del funcionamiento del texto de Bolaño, y es a partir de allí que organizamos nuestra investigación.

El *Readymade malheureux* (1919), obra temprana, privada y programáticamente desaparecida de Marcel Duchamp, no pertenece al grupo de obras más comentadas por la crítica específica. De todas formas, vale la pena decir que este *ready-made* da cuerpo a un interrogante que concierne a la perspectiva y a su tratamiento en las artes plásticas –tema, por otro lado, central para el artista francés.

Hans Belting sostiene que condenar un manual de geometría euclidiana al desvanecimiento significa distanciarse de la perspectiva linear, la cual, desde el renacimiento, propone una imagen plana de un espacio percibido desde un punto monocular –como si esta última fuera la representación plástica más perfecta posible. Para Belting, el *Readymade malheureux* ridiculiza la construcción plástica tradicional, impotente frente a las dimensiones superiores[20], y encarna la perspectiva de la cuarta dimensión en el proceso de su desvanecimiento en

---

[20] La cuarta dimensión y la geometría no-euclidiana pertenecen a las preocupaciones centrales en la trayectoria artística y teórica de Marcel Duchamp. Para más detalle, véase, sobre todo Henderson 1983 y 1998, Haralambidou 2013 y Adcock 2016.

la nada. Por otra parte, Linda Dalrymple Henderson recuerda que Duchamp «was well aware of the revolutionary philosophical import of non-Euclidean geometry, which overturned the belief, held for over 2000 years, that the axioms of Euclid's geometry were absolute truths» (1998: 61). Bajo la influencia de Pointcaré, el artista francés veía en los axiomas geométricos meras convenciones, «useful means at a given time to describe particular circumstances» (Henderson 1998: 61). La perspectiva geométrica, entonces, aparece aquí como una condensación de costumbres impensadas que de modo imperceptible forman la visión del espectador, grabando en ella hábitos, normas y reflejos preestablecidos por el sistema monocular fundado, como suele decirse, en la ventana de Alberti. En el pensamiento de Duchamp, la noción de perspectiva está vinculada, de hecho, con todo tipo de medidas, estándares y convenciones, incluyendo el concepto de belleza y de buen gusto, a los cuales Duchamp se refería en términos de un «habit to avoid» (Henderson 1998: 62). El desafío de la perspectiva clásica, en la obra del artista, no se limita a una cuestión técnica o formal, ni siquiera estética, sino que adquiere dimensiones filosóficas más amplias. Según observa Craig Adcock, la apuesta experimental de Duchamp consistía en oponerse a la perspectiva, es decir, en «dislodging viewers from their ordinary ways of understanding» (2016: en línea).

En el presente estudio, la perspectiva geométrica, desafiada por el *Readymade malheureux*, deviene la metáfora y la problemática central a las que dedicamos su primera parte. Dicho de otro modo, allí discutimos los hábitos perceptivos impuestos a la visión por sistemas rígidos: conceptos predeterminados, valores preestablecidos, modelos de comportamiento seguidos como si fueran naturales –todo aquello que puede contenerse en el concepto de pantalla según ha sido elaborado por Kaja Silverman. El *Readymade malheureux* incorpora en su espacio de representación[21] un manual de geometría euclidiana,

---

[21] «Espacio de representación» es un concepto de Marcel Duchamp que implica la apertura, característica de su obra, de la representación, liberada de los

así hace referencia a la perspectiva clásica que es a la vez su tema y su objeto de subversión. En ese sentido, *2666* incorpora otra serie de artefactos a su espacio de representación, describe y comenta así otro sistema de visualidad controlada, para problematizarlo y subvertirlo. Este sistema proponemos pensarlo como correspondiente al régimen escópico del capitalismo tardío, dentro del cual aparece la última obra de Bolaño. Sus singularidades serán estudiadas aquí a partir de la fotografía y de los medios de comunicación masiva. Esta variación metafórica de la perspectiva lineal se piensa en términos del dispositivo, según lo define Giorgio Agamben:

> se trata de un conjunto heterogéneo que incluye virtualmente cada cosa, sea discursiva o no: discursos, instituciones, edificios, leyes, medidas policíacas, proposiciones filosóficas. El dispositivo, tomado en sí mismo, es la red que se tiende entre estos elementos. El dispositivo siempre tiene una función estratégica concreta, que siempre está inscripta en una relación de poder. Como tal, el dispositivo resulta del cruzamiento de relaciones de poder y de saber. (2011: 250)

Agamben afirma que «[n]o será para nada erróneo definir la fase extrema del desarrollo del capitalismo en la cual vivimos como una gigantesca acumulación y proliferación de dispositivos» (2011: 285). En esta cita del italiano parecen resonar las observaciones que Guy Debord hiciera unos cuarenta años antes a propósito de la sociedad del espectáculo. Si se reconoce la actualidad de la crítica debordiana sobre un sistema social y económico como representación opresiva,

---

requisitos tradicionales sobre sus delimitaciones físicas (límites espacio-temporales de su materialidad), referenciales (la obra tiene que *representar* algo), estéticas e institucionales (las normas del «buen gusto» o de «belleza», la noción de «autor»). El «espacio de representación» alude al *acontecimiento* que tiene lugar entre la obra, el título y el espectador quien así la «pone en marcha» (es decir, según argumenta Thierry de Duve (1991), toma la decisión de considerarla *arte*) –acontecimiento del cual cada vez surge algo absolutamente nuevo. Para más detalle, véase Perret 2001: 148-191.

ello permite trazar paralelos anacrónicos entre su visión y la construcción de la realidad ficticia de *2666*. Para obtener el efecto de mayor claridad, contraste y saturación en la empresa de comentar el régimen escópico del capitalismo tardío en la obra de Bolaño, proponemos recurrir a la filosofía de la fotografía de Vilém Flusser. Allí el filósofo checo, en un tono casi profético, vincula esta imagen técnica –la fotografía– de indoctrinación inadvertida con la conversión del individuo (privado de toda libertad) en funcionario pasivo de un sistema cuyo único objetivo es seguir expandiéndose.

Cabe advertir de inmediato la radicalidad de los diagnósticos anti-visuales de Guy Debord y de Vilém Flusser, los cuales parecen bien desproporcionados frente a la sutileza de los procedimientos auto-subversivos de lo visual en *2666*. De hecho, la radicalidad de las posturas del pensador francés y del checo parece reflejar la rigidez de los sistemas que éstos describen. La decisión de dialogar en estas páginas con discursos tan fervorosos responde no sólo al discreto encanto de la pasión del pensamiento, sino también a los beneficios de la exageración en el ámbito de la fotografía: el uso desmesurado del contraste y de la exposición, en vez de ofrecer una imagen «real» de la cosa representada, permite discernir en ella ciertos rasgos y detalles antes inadvertidos, invisibles en la familiaridad de la imagen.

puesta en movimiento

En vez de reproducir el espacio en un plano, de acuerdo con las leyes de la perspectiva linear, el *Readymade malheureux* pone la perspectiva misma en movimiento, incorporándola, como proceso dinámico, en el espacio de la representación. Hans Belting escribe al respecto:

> Time, as the fourth dimension of space, was supposed to do its work on the book. When the pages separated from the binding and

flew away with the wind, they were swallowed by an invisible space in which they could no longer be book pages. Rather than a projection of space onto a plane, perspective becomes here an effect of time that took place in space. (2009: 51)[22]

El tratamiento anti-retinal de la perspectiva que tiene lugar en este *ready-made*, puede añadirse, no se limita a una solución técnica construida sobre un andamiaje temporal. El carácter procesal de la obra implica su puesta en movimiento, también en un sentido metafórico, resaltando así su fluidez frente a las categorías convencionales (la materialidad de la obra de arte, sus límites espacio-temporales, su representacionalidad, la identidad del artista…), de las que se escapa en un gesto ininterrumpido de subvertir la perspectiva geométrica como concepto estético con implicaciones filosóficas.

En relación con la instalación de Amalfitano, un aspecto del *Readymade malheureux* en tanto obra de arte procesal requiere especial atención: la desestabilización de sus límites que apenas pueden definirse. Pensado como proceso performativo espacio-temporal, el *ready-made* empieza con la ausencia del objeto físico, empieza con la mera idea de un tal Marcel Duchamp. Su existencia material comienza con la carta de Marcel a Suzanne que contiene las instrucciones para la realización de la pieza[23]. Una vez armado, el

---

[22] Hans Belting concibe la cuarta dimensión como tiempo; sin embargo, según observa Linda Dalrymple Henderson en su libro sobre la cuarta dimensión y la geometría no-euclidiana en el arte moderno, tal interpretación es simplificadora: «[t]he basic difficulty is inherent in our conventional perception of the world. Visualizing a fourth perpendicular "inserted" into the intersections of the three dimensions that meet in the corner of a room seems imposible […] But the difficulty of conceiving a fourth dimension also led to the occasional use of the more easily understood idea of time as the fourth dimension» (1983: 9).

[23] La carta de Marcel a Suzanne es, literalmente, una écfrasis al revés, descripción de obra de arte *in spe*, obra de arte por venir. El término «écfrasis invertida», *reverse ekphrasis*, suele usarse, erróneamente, en referencia a la écfrasis visual que

Readymade malheureux se desata de su materialidad cuando el objeto se desvanece y es destrozado por los elementos climáticos y exteriores. Este proceso, hay que subrayarlo, forma parte esencial de esta obra que *consiste en la destrucción gradual* del manual de geometría (éste, nótese bien, es nada más que uno de sus elementos). Así las cosas, este *ready-made* se balancea en un movimiento simétrico: concebido en el espacio virtual de la mente de Duchamp, cobra su forma material a fuerza de un acto verbal performativo, es decir, emerge de una ausencia de materialidad, y luego empieza su existencia temporal condicionada por su gradual desvanecimiento para finalmente desparecer en otro espacio abstracto: el de la ausencia física, el de la memoria de los espectadores y de los escritos de los teóricos de arte... La re-aparición del *Readymade malheureux* en *2666* retoma este ciclo: la obra, desvanecida en 1919, vuelve a pasar por la esclusa del texto para acontecer de nuevo, una y otra vez, en el mundo posible de la diégesis y en el espacio virtual de la imaginación de los lectores de la obra de Roberto Bolaño (otro libro cuyas páginas, tarde o temprano, también cesarán de existir). En otras palabras, las instrucciones de Duchamp para la realización de esta obra procesal que depende de un vaivén entre la apariencia material del libro de geometría y su pasaje gradual a la invisibilidad de las dimensiones superiores, abren un espacio para las reactivaciones del *ready-made* –que es, según entendemos, lo que pasa en el patio trasero de Amalfitano. Con todo, la puesta en movimiento de la perspectiva en esta obra desestabiliza el punto de vista fijo de los hábitos perceptivos y de las categorías estéticas convencionales, e introduce en el espacio de representación lo ignoto de la interacción con las dimensiones superiores. En consecuencia, resulta imposible determinar con certeza dónde y cuándo

---

es la representación visual (pictórica o escultural) de texto escrito o de acto de lectura. «Écfrasis invertida» debe aplicarse a un orden cronológico invertido de producción donde el texto precede el objeto (Arvidson 2015).

el *Readymade malheureux* empieza, dónde y cuándo termina, o en qué soporte se realiza. Si se sigue esta línea de pensamiento, la instalación de Amalfitano puede considerarse como una continuación de la obra de Duchamp, no reconocida por los demás personajes de *2666*, convencidos de la locura del profesor de filosofía.

Como la totalidad de la obra anti-retinal de Duchamp, regida por el «desire to see beyond the cultural construct of vision» (Haralambidou 2013: 109), el *Readymade malheureux* plantea el problema de la distinción entre presencia y re-presentación. La cuarta dimensión, imperceptible dentro del mundo tridimensional que habitamos, en vez de estar representada en esta obra, parece *intervenir* en ella: es pensada aquí como el proceso mismo, que no deja verse como tal, sino que produce huellas que delatan su proximidad. La idea, central para la experimentación artística de Duchamp, de incorporar en la obra de arte la huella, la sombra o el reflejo de las dimensiones superiores[24], implica una revelación en el dominio de la visualidad que apunta hacia el roce de lo invisible. Este roce, si bien se presenta, al desplegarse ante la mirada, sigue siendo re-presentado por su propia inaccesibilidad.

---

[24] Un estudio detallado de la importancia de la sombra y del reflejo en la obra de Duchamp lo ofrece Linda Dalrymple Henderson, quien, en su trabajo sobre el contexto artístico e intelectual del artista francés (1998), explica tanto las bases científicas como las inspiraciones ocultistas y parapsicológicas que otorgaron a la sombra y al reflejo un lugar privilegiado en la experimentación multidimensional de Duchamp. Penelope Haralambidou desarrolla esta reflexión de modo muy sugestivo, enfocando su estudio en *Étant donnés...* (2013), mientras que Georges Didi-Huberman propone repensar a Duchamp a través del paradigma de la impronta (2008). En términos más generales, en la investigación de la obra de Duchamp, puede trazarse una clara línea de pensamiento, iniciada por Rosalind Krauss (1977), seguida por Lyotard (2010) y por la ya mencionada Haralambidou (2013), quienes consideran su producción artística en términos de índice (categoría semiótica).

Además de la investigación multidimensional, la revelación indirecta de una presencia inadvertida suena, de hecho, a práctica espiritista del principio del siglo XX, lo cual no es tan disparatado como parece. Para ello es preciso considerar, por un lado, la popularidad del ocultismo en la época de formación de Marcel Duchamp[25] y, por otro, la predilección de Roberto Bolaño por inscribir en sus universos ficticios toda clase de fenómenos parapsicológicos. En *2666*, sin ir más lejos, la aparición del *Testamento geométrico* en la casa de Amalfitano es acompañada por toda una serie de acontecimientos sobrenaturales, desde la desaparición de la sombra de éste (224) hasta las visitas regulares del espíritu de su padre (258). Pensada en términos metafóricos, la borradura de los límites –conceptuales, ontológicos, perceptivos– de la visualidad y la consiguiente apertura de lo visual a las intervenciones de lo invisible implica mucho más que una simple abolición de la razón, simbolizada, como ya sabemos, por la visión. A partir de la distinción, propuesta por Jacques Derrida en *Donner la mort*, entre lo visible in-visible y lo absolutamente no-visible[26], Akira Mizuta Lippit propone pensar una tercera categoría que abarca aquello que podría pertenecer al dominio de lo visible, pero es inevitablemente invisible: lo avisual. Lo avisual, hay que precisarlo, no es antitético a lo visible, sino que es un modo específico de visualidad imposible; como en la radiografía que da a ver en un cuerpo intacto su estructura interior, a pesar de la *imposibilidad* de ver a través de la

---

[25] De hecho, investigadores como Jack Burnham, Ulf Linde y John F. Moffitt intentan demostrar el carácter alquímico de la obra de Duchamp. Éste, sin embargo, preguntado si podemos denominar su perspectiva como «alquímica», respondió: «We may. It is an Alchemical understanding. But don't stop there! [...] Alchemy is a kind of philosophy, a kind of thinking that leads to a way of understanding» (Graham 1968: 3).

[26] Según Derrida, lo visible puede devenir in-visible, escondido, cifrado, velado, pero hay también todo aquello que no se deja ver jamás, lo absolutamente no-visible como el sabor, el olor, el sonido (1999: 124-125).

piel y de la carne –ante la visión, lo avisual permanece invisible, tal y como el esqueleto visible en la radiografía permanece oculto en el interior del cuerpo (Lippit 2005: 32). Avisual, puede pensarse, sería la cuarta dimensión en la obra de Duchamp. Avisual, dice Lippit, es el sueño (2005: 41).

Fenómeno avisual, el sueño es el objeto de la segunda parte del presente trabajo, donde es pensado en el contexto de una reflexión sobre las diferentes facetas del movimiento en el *Readymade malheureux*, ya esbozada aquí. La esencia de lo dicho hasta ahora, que sirve de metáfora conceptual para la fundación de la segunda sección de nuestros desarrollos, podría destilarse del siguiente modo: la dinamización de la perspectiva y el consiguiente lanzamiento de la obra como proceso borran los límites de ésta en tanto representación y, de ese modo, nos hablan de la existencia de movimientos invisibles que trasgreden las categorías disponibles, cuyas huellas, sin embargo, pueden discernirse en el dominio de la visualidad. En otros términos, lo que está en juego aquí concierne, por un lado, a la tensión entre el movimiento y la imagen, y por otro, a la revelación indirecta de unos procesos invisibles que transcurren entre la realidad y su (re)presentación.

En estos territorios liminares, se sostiene, se despliegan los instantes oníricos en la obra de Bolaño. Regidos por una dinámica de movimiento constante, no llegan a cristalizarse en ninguna forma definitiva, esquivando las categorías disponibles en las que pueden pensarse –nivel ontológico dentro del mundo representado, concepto cultural con sus implicaciones interpretativas, unidad narrativa–, sin por ello abiertamente deconstruir su propia función mimética. Haciendo foco en la fluidez y vaguedad de los sueños de *2666*, en tanto portadores potenciales de un germen auto-subversivo frente a la representacionalidad onírica, proponemos leerlos a través de las estrategias anti-espectaculares del movimiento internacional situacionista, que pretende agrietar el sistema desde dentro por vía de una serie infinita de pequeños desplazamientos apenas perceptibles.

De un modo similar a la instalación de Amalfitano que –siendo una posible continuación del *Readymade malheureux* de Duchamp– pone trabas a los intentos de definir sus límites en tanto representación, varios instantes oníricos de *2666* transgreden no sólo las fronteras entre el sueño y la vigilia dentro del mundo posible de la novela, sino también aquellas entre la realidad ficticia y el texto que la constituye, dando cuenta de la existencia de flujos de imaginación dinámica[27] que atraviesan la obra de Bolaño, y esto a pesar de las leyes implícitas que garantizan la coherencia de la ficción literaria[28]. Por eso, en lugar de la habitual comparación que encontramos en la crítica específica de Bolaño entre lo onírico y lo cinematográfico, proponemos pensar el funcionamiento procesal de ciertos sueños en diálogo con el vídeo-arte[29], cuyas características técnicas posibilitan

---

[27] La imaginación dinámica, estudiada en esta parte del presente trabajo, se piensa con los términos propuestos por Gaston Bachelard, quien insiste en la constante de-formación de imágenes como condición de existencia de la imaginación. Para el filósofo francés, una imagen fija es una imagen muerta, lo cual aquí se propone pensar en correspondencia con la metáfora conceptual de la visualidad opresiva del espectáculo y del desplazamiento como estrategia liberadora. Las afinidades obvias con el concepto de desterritorialización, de Deleuze y Guattari, se desarrollan en la sección pertinente.

[28] Dado el linaje literario que une a Bolaño con escritores como Jorge Luis Borges, Julio Cortázar e Italo Calvino, la alteración del pacto ficcional con el lector –quien de repente se da cuenta de «la ruptura de los marcos que delimitan los diferentes niveles ficcionales, o bien la invasión del relato ficcional dentro del que [se le] había presentado como real» (San Martín 2011: 233)– no tiene que extrañar en la obra del autor chileno. No obstante, el presente trabajo se interesa por las transgresiones de las normas en la representación literaria de la obra de Bolaño, no tanto indagando sus valores metanarrativos y metaficcionales, como considerándolas, con Pierre Macherey, como ficciones filosóficas, es decir, agudizando los oídos a sus resonancias más abstractas en el marco delineado aquí en términos de la auto-subversión de lo visual dentro de un discurso más universal acerca de la representación como término filosófico.

[29] «Marcel Duchamp has already done everything there is to do – except video… only through video art can we get ahead of Marcel Duchamp», declara

el surgimiento de una (re)presentación dotada de (auto)referencialidad inestable. La simultaneidad, en el vídeo, de registrar y de proyectar abre un espacio indefinible entre la realidad y la representación, donde el estatus ontológico de la imagen se pone a vacilar. Del mismo modo, afirmamos que los sueños auto-subversivos –sin dejar de formar parte del andamiaje del mundo posible de la ficción– dan cuenta de procesos invisibles que transcurren en el espacio del discurso que los constituye. Así, la inscripción, en el espacio avisual de lo onírico, del roce de aquello que invisiblemente dinamiza el texto, podría pensarse como revelación indirecta de aquello que no deja captarse en las categorías convencionales, porque siempre está en movimiento.

grieta en la superficie, desgarradura del tejido

El *Testamento geométrico* de Rafael Dieste es un manual de geometría no euclidiana, publicado en 1975 por Ediciones del Castro en La Coruña, de acuerdo con los datos que Amalfitano lee en su ejemplar (239). Aunque en «La parte de Amalfitano» el libro se comenta en detalle, su contenido *esencial* –la geometría– está ausente. Por el contrario, sólo están presentes unas cuantas citas extensas sacadas exclusivamente de sus partes paratextuales (la información impresa en la cuarta página y en las solapas); es decir, se presentan partes conectadas con la materialidad del libro (datos de impresión, por ejemplo) que insisten en la intrusión física del manual de Dieste en la vida de Amalfitano. Con lo anterior quiere resaltarse que el *Testamento geométrico*, antes de funcionar en el mundo posible de *2666*, pertenece al mundo real. Su misteriosa aparición en una de las cajas de Amalfitano recuerda la de la brújula de Tlön entre la vajilla de plata de la princesa de Faucigny Lucinge (Borges 1974: 441). La

---

Nam June Paik (Girst 2016: en línea).

princesa del cuento de Borges no la reconoce –no la puede reconocer– porque la brújula le llega de un mundo ficticio, edificado por las descripciones minuciosas de varias generaciones de sus creadores. Lo que pasa en «Tlön, Uqbar, Orbis Tertius» es que un mundo posible llega a materializarse e interfiere en el mundo real del cuento. En *2666* ocurre algo parecido, pero al revés: es el mundo real de los lectores de Bolaño, podría pensarse, el que invade el mundo posible de la ficción[30].

Contrariamente a lo dicho en el párrafo anterior, el contenido esencial del manual de Dieste (geometría) sí que aparece en *2666*. Sin embargo, se cuela adentro del texto por una grieta inesperada. Una vez colgado en el tendedero de ropa, el libro-extraterrestre –ese libro proveniente de una realidad ajena– parece desencadenar un proceso que transcurre en distintos niveles ontológicos. El contenido del *Testamento geométrico* se desprende de su soporte físico, se escurre por la consciencia de Amalfitano e invade el texto que lo constituye –impreso en las páginas de *2666*. Nos referimos en particular a la inclusión de los dibujos geométricos (247-248) que el profesor de filosofía traza, urgido por un impulso irresistible e incomprensible para él mismo. Todo acontece como si la instalación fuera de hecho una lograda obra de arte *cuadridimensional*, que obedece a leyes ajenas a nuestra percepción tridimensional, donde ciertas partes del proceso siguen inaccesibles para los personajes de *2666* –la aparición de los

---

[30] Debería precisarse que la aparición del *Testamento geométrico* en *2666*, en donde se mencionan y se citan ampliamente variadas obras, no sería nada extraordinaria si no fuera por el carácter inexplicable de su procedencia. La excepcionalidad del hallazgo de Amalfitano está sugerida a través de varios fenómenos de carácter sobrenatural, tales como la ausencia de su sombra (245) y el aspecto extraño de la luna, «demasiado grande y demasiado arrugada, pese a que aún no había caído la noche» (245). No obstante, nótese bien la indecidibilidad interpretativa de todos los elementos mencionados y comentados aquí, los cuales, al sugerir una intersección de dos universos paralelos, no dejan de reflejar el pésimo estado del alma atormentada del profesor de filosofía.

polígonos de Amalfitano en las páginas del libro de Bolaño, por ejemplo. De la misma manera que las páginas del manual de geometría de Duchamp desaparecen, «tragadas por el espacio invisible» (Belting 2009: 51), el contenido del *Testamento geométrico* encuentra un pasaje secreto desde el manual hasta la superficie de las páginas de *2666*. Es ahí donde, otra vez, se produce un cruce entre los distintos niveles ontológicos: el mundo posible de la ficción en el que vive Amalfitano, el universo paralelo del que le llegan los «mensajes» (el libro de Dieste, la voz del espíritu, las figuras geométricas) y el mundo real donde el lector de *2666* tropieza con estos polígonos.

Ahora bien, la aparición de los dibujos geométricos del manual de Rafael Dieste[31] –colgado en el tendedero de ropa en el patio trasero de Amalfitano y presentado, en *2666*, a partir sus partes paratextuales– en la superficie del texto puede ser pensada no sólo como una continuación del *Readymade malheureux*[32], sino también como un

---

[31] En la lectura que se desarrolla en estas páginas, el hecho de que los dibujos de Amalfitano no estén copiados directamente del *Testamento geométrico*, sino que aparezcan como una imagen deformada del contenido general del libro de Dieste (geometría), lleva a pensarlos en el marco de la lógica de Marcel Duchamp, regida por el principio de desemejanza. Jean-François Lyotard resalta la importancia de las superficies de contacto entre los cuerpos en movimiento o entre dimensiones, a las que denomina *parois dissimilantes* (2010: 80), cuya función (*fonction dissimilatrice-miroitique*) consiste en transformar la energía, producir diferencia. En este sentido, los dibujos de Amalfitano que aparecen en el texto, en esa *superficie desemejante* de contacto entre distintas dimensiones y distintos universos, se vinculan directamente con el contenido del libro de Dieste (e incluso con el del manual colgado en el balcón parisino de Suzanne Duchamp en 1919).

[32] Además de la supuesta re-activación del *Readymade malheureux* en *2666*, pueden pensarse otras vías de expansión incontrolada e inortodoxa de esta obra procesal. Unos meses después de la instalación del *ready-made* en su balcón, Suzanne pintó un cuadro titulado «Le *Readymade malheureux* de Marcel». Éste, de hecho pintado a partir de una fotografía de la instalación evanescente, puede verse como un camino alternativo a la existencia del *Readymade malheureux*, cuya singularidad atraviesa las superficies de contacto que ofrecen la fotografía

acontecimiento filosófico de mayor importancia para los interrogantes representacionales que nos ocupan en estas páginas. Para desenredar las conexiones detrás de la afirmación anterior, puede empezarse dejando la palabra a Akira Mizuta Lippit:

> The «Enlightenment», write Max Horkheimer and Theodor Adorno, «is totalitarian». Its ethos, what Horkheimer and Adorno refer to as «the mastery of nature», requires a seeing subject that stands outside the limit and frames the field of vision. […] Totality is defined by the limit that divides interiority from exteriority, achieved from without. The persistence of the limit, of the visible world, maintains the viability of such a subject, defined in its encounter with the limit of visuality as such. With the appearance of the X-ray, the subject was forced to concede the limits of the body. Erasing one limit against which it claimed to be outside, the X-ray image, with its simultaneous view of the inside and outside, turned the vantage point of the spectator-subject inside out. The point of view established by the X-ray image is both inside and out. Everything flat, interiority and exteriority rendered equally superficial, the liminal force of the surface has collapsed. (2005: 42)

La superficie, en tanto delimitación del objeto de conocimiento para el sujeto que domina, distanciado, el mundo con su mirada, separa el interior del exterior. Esto implica, al mismo tiempo, la oposición entre superficie y profundidad, entre lo que se da a ver y aquello que permanece oculto detrás. Cuando lo oculto en el interior

---

y la pintura, y así es transformado al mismo tiempo que sufre una reducción dimensional. En otras palabras, en la imagen fotográfica y luego en la pintura, la instalación se ve inmovilizada en una representación bidimensional, no obstante, la expansión del *ready-made* por otros medios puede verse como otro tipo de proceso de transformación dinámica. Desde este punto de vista, el texto de Bolaño constituye una transformación, en el sentido lyotardiano, de la obra y, por eso, funciona como una especie de correspondencia transdimensional frente a la pintura y la fotografía que la preceden.

aparece en la superficie sin que ésta se abra –pensemos, con Lippit, en la radiografía, y no en la autopsia– la profundidad deviene plana y la superficie cobra profundidad, mientras que su relación jerárquica cesa con la borradura del límite entre ellas. Lo avisual se presenta en el dominio de la visualidad –como el contenido ausente del *Testamento geométrico* se presenta en las páginas de *2666*– a través de una grieta imperceptible que (no) abre la superficie como un pasaje fantasmal entre interioridad y exterioridad. Es Gilles Deleuze quien lo dice, en *Logique du sens*: «[l]a fêlure n'est ni intérieure ni extérieure, elle est à la frontière, insensible, incorporelle, idéelle» (2013: 333). Akira Mizuta Lippit retoma las ideas de Deleuze para desarrollar su reflexión acerca de lo avisual que nos ocupa aquí:

> The crack, for Deleuze is neither a sign nor a mark, not even material, but energetic; a movement that establishes a secret opening, temporary and irregular, between inside and outside. […] It leaves the surface intact; it is an effect of the surface, phantasmatic, an opening that is not an opening. […] There and not there, the very condition of its *presence* avisual. (2005: 77; énfasis del original)

Si se piensa la geometría como convención para describir y medir el mundo, en tanto objeto de conocimiento delimitado por el cono de la visión perspectívica que lo inscribe en el plano de la representación, vemos cómo los experimentos interdimensionales de Duchamp investigan y escenifican las grietas en la superficie, ya sea en el sentido ontológico como en el epistemológico, «shattering the sterile barrier between observer and object that linear perspective establishes» (Haralambidou 2013: 85). En su obra, puede proponerse entonces, lo otro invisible e inimaginable emerge en el «plano» en que nos encontramos nosotros: su presencia fantasmal acontece en el seno de la representación agrietada, arruinando el encuadre convencional, el límite que separa la interioridad de la exterioridad (y la presencia de la representación). De este modo, se descentraliza al sujeto-espectador de su posición privilegiada de distancia que garantiza la posibilidad de captar con la mirada, puesto que aquello que (no) se da a ver se burla de las distancias, de las jerarquías y de las medidas con las que el sujeto racional organiza el mundo.

En continuidad con lo anterior, la intrusión del *Readymade malheureux* no sólo en la trama de *2666* (la cual puede considerarse un mero juego intertextual típico de la literatura metanarrativa), sino sobre todo en la superficie del texto, adonde se cuela a través de una grieta efímera, podríamos pensarla como un acontecimiento en el sentido que Deleuze elabora en *Logique du sens*: efecto *superficial* (*en la superficie*) que sitúa lo interior y lo exterior en el mismo plano, es decir, que abre un espacio fantasmal de pasaje entre las distintas dimensiones, el cual –hay que volver a resaltarlo– deja la superficie intacta. En otras palabras, en el tejido representacional –la convención mimética de la ficción– se produce una desgarradura dotada de una indecidibilidad fuerte, porque la emergencia de lo heterogéneo en la superficie del texto, al no provocar en ella una apertura permanente, material ni radical, siempre puede pasar desapercibida, es decir, explicarse de acuerdo con las leyes de la perspectiva convencional o de la literatura más o menos realista.

La grieta en la superficie es, para Deleuze, un acontecimiento sonoro:

> tout ce qui arrive de bruyant arrive au bord de la fêlure et ne serait rien sans elle; inversement, la fêlure ne poursuit son chemin silencieux, ne change de direction suivant des lignes de moindre résistance, n'étend sa toile que sous le coup de ce qui arrive. (2013: 333)

Al introducir aquí la instalación de Amalfitano subrayamos el inexplicable cambio de tono de la voz del narrador, vuelto súbitamente personal aunque inidentificable a la hora de aclarar la procedencia de la idea de colgar un manual de geometría a la intemperie (244-246). Ahora es pertinente volver a él. En este punto, los desarrollos de Gilles

Deleuze evocados pueden ayudarnos a proseguir esta reflexión, pues la (no) apertura de la grieta en la superficie del texto (en tanto representación) se anuncia con fenómenos «sonoros» –el cambio ligero que sufre la voz narrativa, la insistencia de la voz del espíritu del padre de Amalfitano– que acompañan la emergencia de lo avisual, de lo otro, de lo heterogéneo. No obstante, hay que resaltar la interdependencia entre la grieta y los acontecimientos ruidosos: el humor efímero de la voz narrativa y las visitas del espectro no serían nada (no serían nada más que un juego formal y un elemento de la ficción) si un pasaje fantasmal no los conectara con una dimensión oculta. Del mismo modo, la irrupción incontrolable del manual de geometría en *2666* no sería nada (nada más que un ejemplo de intertextualidad) si no quedaran en el texto las huellas avisuales de su roce.

Con esta idea deleuziana de la grieta silenciosa que ruidosamente (no) se abre en la superficie adelantamos el interrogante central de la última parte del presente trabajo. Allí, el texto de Bolaño se examina en tanto tejido representacional en el que (no) se abren desgarraduras, espacios fantasmales de pasaje entre el interior y el exterior, entre el «contenido» y la «forma». Dicho de otro modo, la parte final de este trabajo se dedica a estudiar todo aquello –diferente, otro, avisual– que, sin ser representado, se escenifica en el texto, el cual, a su vez, registra su vibrante presencia, agrietándose de manera apenas perceptible en rupturas minúsculas de sus propias leyes. En términos más precisos, se trata de examinar varios procedimientos estéticos –desde las figuras del discurso hasta la organización gráfica del texto impreso– a través de los cuales la escritura de Bolaño, sin decir ni fijarlo, deja que en ella se instaure una (no) ausencia y que (no) hable el silencio. Concluimos nuestra reflexión sobre la auto-subversividad de lo visual en *2666* mediante una ponderación de las posibles implicaciones éticas de esta representación literaria que, entendemos, se resiste a una autoridad transcendente y a aquello que Georges Didi-Huberman llama la «actitud metafísica» del «es» absoluto:

l'attitude métaphysique du «est» absolu, consiste à désirer la mort de ce dont il dit la vérité. [...] Avec cette idée, nous voyons que l'on peut exprimer un discours vrai seulement sur quelque chose que l'on décrète mort. Je suis en désaccord avec ce modèle narratif. La façon de parler des images ressemble beaucoup à ce mouvement. Imaginez le déploiement d'un papillon. Tout d'abord, quand il sort de sa chrysalide, ce développement se nomme: imago, une image. Ensuite, il s'envole, devient papillon. S'il vous émerveille, vous allez le suivre, mais en le regardant vous constatez qu'il bat des ailes, et cela ne vous satisfait pas assez. Si vous avez une âme de chasseur, vous allez l'épingler dans votre vitrine; là, vous pouvez dire le «est» intemporel du papillon, vous pouvez contempler sa symétrie, sa couleur. Ou bien, vous acceptez de ne pas le garder, de le laisser partir, de ne pas pouvoir saisir sa vérité toute; vous le laissez s'envoler, et vous travaillez à partir de sa trace, du peu qu'il vous a donné: son apparition, sa disparition, son battement d'ailes. (2013: en línea)

IMAGEN TÉCNICA

> La ida está tan lejos como la vuelta; adentro es tan ancho como afuera. Está aquí y allá. No encuentro por ninguna parte el fin del monstruo.
>
> Henrik Ibsen, *Peer Gynt*

NEGATIVO CIFRADO

Al principio de «La parte de Fate», el periodista afroamericano viaja a Detroit, ciudad-fantasma de la era posindustrial. Lo primero que llama su atención, mientras camina a la casa de su entrevistado, es la apariencia del sector, un «barrio de jubilados de la Ford y de la General Motors» (307). En esa parte de la ciudad vive uno de los miembros fundadores de las Panteras Negras. Antes de llegar, Fate detiene su mirada en un curioso mural:

> Era circular, como un reloj, y donde debían estar los números había escenas de gente trabajando en las fábricas de Detroit. Doce escenas que representaban doce etapas en la cadena de producción. En cada escena, sin embargo, se repetía un personaje: un adolescente negro, o un hombre negro largo y esmirriado que aún no había abandonado o que se resistía a abandonar su infancia, vestido con ropas que variaban con cada escena pero que indefectiblemente siempre le quedaban pequeñas, y que cumplía una función que aparentemente podía ser tomada como la del payaso, el tipo que está ahí para hacernos reír, aunque si uno lo miraba con más atención se daba cuenta de que no sólo estaba allí para hacernos reír. Parecía la obra de un loco. La última pintura de un loco. En el centro del reloj, hacia donde convergían todas las escenas, había una palabra pintada con letras que parecían de gelatina: *miedo*. (307; énfasis del original)

La producción de coches en Detroit es el símbolo del triunfo de la industria, del desarrollo y del cumplimiento del *American dream* y su promesa de bienestar. Se trata, claro, de una prosperidad esquematizada, compuesta por elementos materiales accesibles a través del trabajo duro, y propagada por anuncios publicitarios confeccionados a partir de imágenes tipificadas donde, como era común, se exaltaba la imagen de la familia feliz con casa, coche y Coca-Cola. Alimentado con esas imágenes de la aparente cima alcanzable de sus deseos y aspiraciones, el ciudadano se pone a perseguirlas con entusiasmo. Trabaja cada vez más, pero no sólo para poder gastar más dinero y tener más, sino también y sobre todo para parecerse cada vez más a la imagen a la que aspira. El mural que llama la atención de Fate podría simplemente ilustrar el proceso industrial que posibilita el cumplimiento de los sueños de todos y cada uno, pero en la Detroit de la era posindustrial, medio vacía y peligrosa, resulta menos claro y un tanto inquietante.

La representación de la cadena de producción, estructurada como un reloj, evoca la importancia de la división y sincronización del trabajo en la fábrica. No obstante, la presencia del adolescente negro, visiblemente incómodo, es un elemento perturbador, al igual que la palabra «miedo» en el centro del mural. El negro es el único que destaca en esa cadena de producción —como el otro, el payaso— y eso bien podría aludir, por ejemplo, a la huelga del odio que tuvo lugar en la fábrica de Packard Motors en Detroit a principios de junio de 1943. En ese entonces, luego de que tres obreros negros fueron ascendidos, 25 000 blancos dejaron sus puestos de trabajo para manifestar su disgusto. Uno de ellos habría dicho: «I'd rather see Hitler or Hirohito win than work next to a nigger» (Klinker & Smith 1999: 180). Un par de semanas más tarde estalló el sangriento Detroit Race Riot en el que fueron asesinados 25 afroamericanos. El miedo, entonces, sugerido por esas letras que en el centro del mural «parecían de gelatina», estaría vinculado con la constante tensión, llena de odio, entre la gente en las fábricas: un miedo que, como una bomba de relojería, puede explotar en cualquier momento. «Detroit is Dynamite», escribió el *Life Magazine* en agosto de 1942, refiriéndose a las fricciones raciales en la ciudad que «can either blow up Hitler or it can blow up the U.S.» (Klinker & Smith 1999: 180).

Por otra parte, el mural también resulta perturbador en otro sentido, menos obvio, pero discernible. Para ello es preciso atender al carácter gelatinoso de las letras con las que está escrita la palabra «miedo». La introducción de la gelatina –gelatino-bromuro, procedimiento inventado en el año 1871 por Richard Leach Maddox– en el proceso de revelado fotográfico constituyó uno de los pasos más decisivos en el desarrollo de la fotografía: permitió la producción masiva de las placas fotográficas, cuyo uso fue relativamente simple y requería poca destreza técnica, lo cual derivó en la popularización de la fotografía a gran escala (Valverde 2005: 14). En la lectura que sigue proponemos una relación entre el mural y la fotografía –además de la coincidencia fortuita entre la apariencia de las letras en el mural y la historia de la fotografía– en el contexto de «La parte de Fate», donde, según observa Neige Sinno, la formación de la realidad ocurre a través de la percepción del personaje principal y depende en un grado notable de la influencia de las películas y de los sueños (2011: 65-66). Significativamente, en el primer sueño que se describe en esta sección de *2666*, Fate ve un filme que es «como un negativo» de una película que ha visto antes (298), lo cual nos servirá de pauta para comentar el mural de Detroit y, con ello, para pensar dicho mural como una especie de negativo fotográfico.

En la película del sueño de Fate, los personajes son negros (298). La simple sugestión de percibir lo blanco y lo negro a través del concepto de negativo fotográfico introduce la idea de una identidad reversible: en el negativo fotográfico lo negro es en realidad lo blanco. Lo negro es el aspecto jamás percibido de lo blanco, un aspecto que, sin embargo, siempre está allí, idéntico con lo blanco aunque con una apariencia radicalmente opuesta. En otras palabras, a diferencia de la metáfora del espejo, donde lo que parece idéntico es radicalmente opuesto, la metáfora del negativo resalta la identidad de lo aparentemente contrario. Ahora bien, en el negativo fotográfico suele ser difícil reconocer el positivo, y la vaga sensación de familiaridad suele tener un carácter ominoso. El adolescente negro en la cadena de producción de coches es un personaje, recuérdese, que parece cumplir la función del payaso, pero también otra cosa indefinible. Si se interpreta el mural como un negativo, ¿qué imagen se revela en lo aparentemente opuesto de lo mismo? Los coches, al otro lado de las puertas de la fábrica, formarán parte del *American dream* y los obreros que los producen serán ciudadanos que los comprarán para realizar ese sueño. Los unos y los otros, sin embargo, son dos caras de la misma imagen, fundidas en una interdependencia inseparable.

En esta imagen compuesta de lo blanco y de lo negro, del positivo y del negativo, pueden discernirse ciertas afinidades con la sociedad del espectáculo descrita por Guy Debord. Las doce etapas de la producción, por ejemplo, están aquí atrapadas en un reloj circular donde ni un minuto queda fuera del tiempo totalizador del espectáculo de la sociedad capitalista, encauzada en la persecución de las imágenes de lo que es la realidad, sin saber ya muy bien dónde acaban éstas y dónde empieza aquélla. «Dans le monde *réellement renversé*, le vrai est un moment de faux» escribe Guy Debord en *La Société du Spectacle* (1992: 19; énfasis del original). Se refiere así a la omnipresencia de las imágenes en las que consiste, de las que depende y las que produce el espectáculo en donde la necesidad es socialmente creada como un sueño que, al fin y al cabo, de hecho deviene necesario (Debord 1992: 24). En otras palabras, lo que podría revelar el mural de «La parte de Fate» en tanto negativo fotográfico sería el espectáculo en el que está preso el adolescente negro –personaje contradictorio, atrapado en un tiempo que no le pertenece (subráyese la ambivalencia de su edad) y en una serie de roles impuestos.

Lo que da miedo –el miedo gelatinoso del centro del mural– y no risa, es quizás que el negro del mural no sea el único que está atrapado: el espectáculo, según Debord, es omnipresente e ineludible. Tal y como el funcionamiento del negativo fotográfico, la realidad y el espectáculo –que se piensan en oposición mutua– son sus soportes recíprocos, «la réalité surgit dans le spectacle, et le spectacle est réel» (Debord 1992: 19). Da miedo que la vida del hombre adolescente transcurra dentro de las horas, todas iguales, minuciosamente medidas por el reloj en cuyo centro está el miedo. Las doce horas del mural no implican, forzosamente, un símbolo del tiempo excesivo de trabajo –porque, en la metáfora del negativo, el trabajo y la producción son lo mismo que el ocio y el consumo–; más bien y desde la perspectiva que desarrollamos aquí, ello vendría a señalar que el espectáculo se apodera del tiempo en su totalidad, modelándolo según sus principios de (auto)producción.

> Le temps de la production, le temps-marchandise, est une accumulation infinie d'intervalles equivalents. C'est l'abstraction du temps irréversible, dont tous les segments doivent prouver sur le chronomètre leur seule égalité quantitative. Ce temps est, dans toute sa réalité effective, ce qu'il est dans son caractère *échangeable*. C'est dans cette domination sociale du temps-marchandise que «le temps est tout, l'homme n'est rien; il est tout au plus la carcasse du temps» (*Misère de la Philosophie*). C'est le temps dévalorisé, l'inversion complète du temps comme «champ de développement humain». (Debord 1992: 149; énfasis del original)

El tiempo del espectáculo, entonces, se sitúa por encima del desarrollo humano y no permite que el personaje del mural encuentre la identidad pasajera de la edad que tiene. El miedo que está situado en el centro del mural reflejaría también el miedo a la no-existencia del ser humano en un mundo dominado por el espectáculo, cuyas imágenes devoran la voluntad individual (Debord 1992: 31). Este miedo gelatinoso, transparente e indefinido, difícil de captar, pero siempre presente, incita la asociación con el panóptico, la prisión perfecta ideada por Jeremy Bentham, una prisión circular, cuyo punto central ocupa la torre de los guardianes. Los vigilantes permanecen invisibles para los prisioneros, quienes habitan celdas idénticas donde se ha sustituido la pared por una gran ventana que posibilita la vigilancia permanente (Foucault 1975: 201-209). Del mismo modo, el espectáculo tiene control constante sobre los ciudadanos, hurga hasta en sus sueños, los forma y les impone los deseos que lo alimentan.

A continuación investigaremos el papel que tienen la televisión y la fotografía en *2666*. Ambos son ponderados como instrumentos esenciales al servicio de los medios de comunicación –los cuales, según Debord, son la manifestación superficial más aplastante del espectáculo (1992: 26). En este marco, la presente sección se nutre y dialoga con la visión de sociedad que nos propone el pensador francés, y por ese sesgo desarrolla sus reflexiones sobre la literatura en la época del capitalismo tardío. Nuestra propuesta de lectura, anacrónica, si se quiere, sigue los vínculos que Giorgio Agamben observa entre los fenómenos analizados por Guy Debord en los años sesenta y las características esenciales del capitalismo, cuyas manifestaciones en la sociedad del espectáculo habrían llegado a un punto extremo: «the "becoming-image" of capital is nothing more than the commodity's last metamorphosis» (Agamben 2000: 75).

LA FILOSOFÍA DE LA FOTOGRAFÍA

Para Foucault, Deleuze y Agamben, el dispositivo es «cualquier cosa que tenga de algún modo la capacidad de capturar, orientar, determinar, interceptar, modelar, controlar y asegurar los gestos, conductas, opiniones y los discursos de los seres vivientes» (García Fanlo 2011: 5). A partir de esta confluencia, Luis García Fanlo constata que el principal aporte de Giorgio Agamben al tratamiento de los dispositivos consiste en plantear que no sólo existen por un lado individuos y por el otro dispositivos, sino que existe un tercer elemento que a su juicio resulta fundamental para entender los procesos de subjetivación, individuación y control y es lo que denomina «el cuerpo a cuerpo entre el individuo y los dispositivos». […] Lo que los dispositivos inscriben en los cuerpos son reglas y procedimientos, esquemas corporales, éticos y lógicos de orden general que orientan prácticas singulares: conducen conductas dentro de un campo limitado pero inconmensurable de posibilidades. (2001: 5-6)

La concepción de la «imagen técnica» que el filósofo checo Vilém Flusser elabora en su famosa filosofía de la fotografía (1983) coincide de buen grado con esa interacción entre el individuo y el dispositivo que graba en él sus reglas como si se lo programara. Flusser describe esta relación en términos técnicos –habla, efectivamente, de programa, aparato, sistema y funcionario– y la dota de un dramatismo sugestivo. De este modo, permite imaginar una capturación inadvertida del individuo en el engranaje del poder cuyas directivas son codificadas en su propio cuerpo cuando éste, jugando con los aparatos (fotográficos) del sistema, multiplica sus imágenes, cuyo consumo retroalimenta las reglas grabadas por la interacción con el dispositivo[1].

---

[1] La crítica de la sociedad posindustrial que Vilém Flusser realiza en contra de la creciente omnipresencia de las imágenes técnicas, parece reflejar la realidad de una época de «transición o pasaje desde una forma social caracterizada como "sociedad disciplinaria" productora de "sujetos productores", a una "sociedad de control" que necesitaría para su reproducción de "sujetos consumidores"» (García Fanlo 2011: 7). Ésta no sólo se caracteriza por la coexistencia de los viejos dispositivos con los nuevos, sino también implica que todos ellos «se integran dentro de la red de poder-saber de modo que los dispositivos disciplinarios siguen disciplinando pero, a la vez, son integrados a nuevas funciones de control: producción-consumo, disciplina-control» (García Fanlo 2001: 7). En el desarrollo de nuestra reflexión retomaremos lo dicho anteriormente.

La importancia que Flusser adscribe a las imágenes técnicas deriva de su concepción general de la existencia humana, en la cual la imagen desempeña un papel central:

> [l]as imágenes son mediaciones entre el hombre y el mundo. El hombre *ek-siste*[2]; esto significa que no tiene acceso inmediato al mundo. Las imágenes tienen la finalidad de hacer que el mundo sea accesible e imaginable para el hombre. Pero, aunque así sucede, ellas mismas se interponen entre el hombre y el mundo; pretenden ser mapas, y se convierten en pantallas. En vez de presentar el mundo al hombre, lo re-presentan; se colocan en lugar del mundo a tal grado que el hombre vive en función de las imágenes que él mismo ha producido. Éste ya no las descifra más, sino que las proyecta hacia el mundo «exterior» sin haberlas descifrado. El mundo llega a ser como una imagen, un contexto de escenas y situaciones. [...] El hombre se olvida de que produce imágenes a fin de encontrar su camino en el mundo; ahora trata de encontrarlo en éstas. Ya no descifra sus propias imágenes, sino que vive en función de ellas; la imaginación se ha vuelto alucinación. (1990: 12-13; énfasis del original)

Claramente arraigado en la tradición cartesiana, Flusser resalta la inaccesibilidad inmediata del mundo, pues éste sólo puede contemplarse a través de la representación. Su pensamiento parece fundarse sobre la idea de un vaivén de dependencias mutuas: la imagen mental que se forma a partir de las sensaciones directas, pero ilegibles sin elaborar, es proyectada hacia fuera donde resulta en la creación de representaciones pictóricas del mundo –según su aparición ante la

---

[2] Los ecos del concepto de *Dasein*, elaborado por Martin Heidegger en *Sein und Zeit* (1927), son bien discernibles en la obra flusseriana. En lo que sigue, sin embargo, no se desarrolla esta pauta, no sólo por razones de espacio y de enfoque, sino también por la discrepancia esencial entre estos dos pensamientos filosóficos, incompatibles en varios puntos centrales, como, por ejemplo, la postura ante la muerte.

mente. Ellas funcionan como el filtro perceptivo al que el hombre se entrega para imaginar la realidad. Dicho de otro modo, en las imágenes que creamos surge, para Flusser, nuestra ilusión habitable que, a diferencia de la caverna platónica, no está dada *a priori*, sino que depende de cómo se construyen estas representaciones, cuya estructura profunda deviene el andamiaje impensado de nuestro ser-en-el-mundo.

La imagen flusseriana es una superficie significativa que, en la mayoría de los casos, significa algo «exterior». Nuestra mirada, para descifrar su contenido, vaga por la superficie de la imagen, estableciendo relaciones temporales y jerárquicas entre sus elementos, según el orden en que los enfoca y la importancia que les otorga a cada uno. La interpretación de la imagen confluye en la creación de una red de significados que Flusser describe como relación «propia de la magia, donde todo se repite y donde todo participa de un contexto pleno de significado» (1990: 12). Lo anterior quiere decir que, en la contemplación de la imagen, sus elementos no se organizan de un modo linear, propio de la lógica causal, sino que se significan y resignifican mutuamente, de acuerdo a una mirada que vuelve a ellos y certifica su movimiento perpetuo. El filósofo checo resalta el carácter «mágico» de las imágenes, para ello sostiene que la «magia» estructura el mundo dominado por imágenes y, por consiguiente, ejerce una influencia capital en el comportamiento de los humanos. En otras palabras, el desciframiento «mágico» de las imágenes influye en nuestro modo de pensar y de interactuar con el mundo, graba –para ponerlo en términos agambenianos– en el individuo los hábitos perceptivos y conceptuales que de él requiere el dispositivo visual.

En su concepto de cultura, Flusser asigna un papel crucial a la información; ésta tiene no sólo el sentido de aportar algo nuevo, improbable e imprevisible, sino que se usa particularmente en el sentido etimológico de *dar forma* (Carrillo Canán 2007: 9). La información constituye, entonces, un arma poderosa en la lucha existencial contra el caos de la naturaleza, la cual, según Flusser, se caracteriza por tender hacia la entropía total, es decir, hacia la pérdida de información. La acumulación de información es, por consiguiente, negativamente entrópica y puede ser comprendida como «propósito humano, no como consecuencia del azar y la necesidad, sino de la libertad» (Carrillo Canán 2007: 14). De ahí que la libertad se entienda como la resistencia intencional o la rebelión consciente contra el sinsentido de la «absurdidad brutal» de la vida en la naturaleza, condenada a la muerte solitaria. En otros términos, la libertad del ser humano radicaría en la búsqueda de una inmortalidad ejercida a través de la acumulación de información.

Ahora bien, en *Hacia una filosofía de la fotografía*, Vilém Flusser considera la fotografía como la primera de las «imágenes técnicas». A diferencia de las imágenes tradicionales que, según el filósofo, provienen de la mente y del tacto, las imágenes técnicas son creadas a través del uso de un *aparato* (Flusser 1990: 17). Las secuelas más graves del surgimiento del «universo de las imágenes técnicas» conciernen directamente a la libertad humana. Para realizar una imagen técnica es imprescindible el uso del aparato, pero éste funciona solamente de acuerdo a cómo está *programado*. El concepto de *programa* ha de tomarse tanto al pie de la letra –aquello que técnicamente posibilita el funcionamiento del aparato– como metafóricamente –todos los «programas escondidos», tales como, por ejemplo, el «compuesto por la industria fotográfica» u «otro, compuesto por el complejo industrial» (Flusser 1990: 29). Este valor doble del concepto deriva en que cada programa «funciona tomando en consideración un metaprograma más elevado» (Flusser 1990: 29). La especificidad del programa –de todos los programas– reside en su carácter técnico, que le otorga un número quizá inabarcable, pero siempre limitado de opciones de uso. Es decir: «[l]a cámara ha sido programada para producir fotografías, cada fotografía es la realización de una de las virtualidades contenidas en ese programa» (Flusser 1990: 27). Esto significa que con el aparato fotográfico sólo pueden sacarse las fotografías previstas por el programa y, de forma consecuente, la producción de las imágenes técnicas tiende, en el fondo, a la desinformación por multiplicación de lo mismo. Éste es, para Flusser, un punto crucial en cuanto a la libertad humana en la era de las imágenes técnicas, puesto que ellas, automáticas, no sólo no expresan la intención de su autor, sino que, además, todas están previstas –y, por consiguiente, controladas– por el programa que posibilita su aparición[3].

A un nivel general, esta concepción de la imagen técnica podría incluso figurar una versión posindustiral de la perspectiva geométrica renacentista: representación plástica construida según cálculos racionales que, aunque parezca perfectamente fiel a su objeto, impone a la mirada del espectador varios hábitos perceptivos inadvertidos, que implican a la vez consecuencias ideológicas y comportamentales. Una observación similar encontramos en Kaja Silverman a propósito del uso del aparato fotográfico. En medio de sus reflexiones sobre las obras de Christian Metz y de Jean-Louis Baudry (quienes señalan la identificación –en el cine y en la fotografía– del punto de vista del espectador con aquel, monocular, del aparato), la teórica resalta el papel de la cámara en la formación del sistema representacional al que son subordinados los ciudadanos (1996: 135-136). En la visión de Vilém Flusser, sin embargo, el resultado de la programación de los humanos llevada a cabo por el universo de imágenes técnicas es «una

---

[3] El pensamiento flusseriano no sería, tal vez, más que uno entre muchos que han abordado la dependencia del ser humano de las herramientas que usa para ubicarse en el mundo si no fuera por el peso existencial-antropológico del que el filósofo checo dota su argumentación. A la hora de comentar su filosofía, es esencial observar la importancia que Flusser otorga a la comunicación, ideándola como un artificio o un arma contra la soledad ante la muerte. Dado que la naturaleza en sí, según el pensador, es algo «carente de significado», en donde sólo nos aguarda el sinsentido de la muerte solitaria, la tarea de la comunicación consiste en tejer alrededor de nosotros el velo de un mundo codificado, constituido por el arte, la ciencia, la religión y la filosofía. De ese modo olvidaríamos la soledad y la muerte.

sociedad de dados, de ajedrecistas, de funcionarios» (1990: 65) que no saben más que seguir las reglas prescritas por el programa. Es en este último punto donde su teoría va más allá de conceptos como el de pantalla propuesto por Silverman y aquél de dispositivo, porque éstos –a diferencia de la visión flusseriana– prevén cierta flexibilidad del sistema, cuyas reglas, aunque omnipresentes e inadvertidas, siguen siendo modeladas por la práctica de los individuos:

> La práctica es una continua interpretación y reinterpretación de lo que la regla significa en cada caso particular, y si bien la regla ordena las prácticas éstas a su vez hacen a la regla, por lo tanto pensarla como una fórmula subyacente, un reglamento, una representación o un mapa, es un error. (García Fanlo 2011: 6)

Entonces, si en el universo de las imágenes técnicas de Flusser el individuo se convierte en un funcionario del sistema, ¿cuáles serían los caminos hacia la «única revolución que todavía es posible» que el filósofo checo promete en su filosofía de la fotografía? (1990: 74). Vilém Flusser y Guy Debord coinciden en el diagnóstico de la sociedad occidental, tecnológica y posindustrial, donde el sistema totalizador de la imagen omnipresente y deshumanizante ejerce la violencia de la fabricación del sentido, y la pone al servicio del discurso dominante. Ambos, considerando que el sistema es inderrumbable, sugieren modos de corroerlo desde adentro. Debord, por su parte, activista del movimiento anti-espectacular situacionista, propugna la estrategia del *détournement*: un desvío minúsculo de los elementos del sistema que conlleva el gesto de la situación construida en el seno mismo de la vida cotidiana (volveremos sobre esto en la segunda parte del presente trabajo). Flusser, en cambio, es más vago. Argumenta que «la libertad es una estrategia mediante la cual la casualidad y la necesidad se someten a la intención humana. En otras palabras, [...] la libertad es lo mismo que jugar en contra de los aparatos» (1990: 74). En *Hacia una filosofía de la fotografía,* sin embargo, no aparecen propuestas concretas de cómo hacerlo, pero puede deducirse que aunque los aparatos sólo permitan aquello que es accesible dentro del programa, los artistas, si son conscientes del poder de las imágenes técnicas[4], pueden encontrar maneras de expresión subversiva frente a éste y, de ese modo, seguir aportando información en aras de preservar la libertad humana.

LA SOCIEDAD DE LA IMAGEN TÉCNICA EN BOLAÑO

Vilém Flusser no ha sido el único –después de *La obra de arte en la era de su reproducción técnica*– en señalar cierta intercambiabilidad deshumanizada de las imágenes técnicas. En el marco de una reflexión sobre el poder homogeneizador de la fotografía y su transposición de lo heterogéneo a un universo de equivalencia formal, Allan Sekula observa su afinidad con el rol del dinero en la teoría marxista del capital: «[j]ust as money is the universal gauge of exchange value, uniting all the world goods in a single system of transactions, so photographs are imagined to reduce all sights to relations of formal equivalence» (1981: 23). En otros términos, con el advenimiento y la popularización de la fotografía, lo visible se convierte en lo fotografiable (Sontag 1977: 156). En este sentido, lo visible se ofrece, potencialmente, para realizar algunas de las virtualidades del pro-

---

[4] Flusser, situando a la imagen en el centro de su reflexión sobre la interrelación humano-mundo, incita a pensarla no tanto en el contexto de las preocupaciones mediales –como las de W. J. T. Mitchell o, en un sentido más abstracto, de Friedrich A. Kittler–, sino, sobre todo, como una continuación posindustrial del antiguo debate filosófico sobre la representación, desarrollado con predominancia del aspecto visual. En consecuencia, tanto la retórica «mágica» del filósofo checo como las dimensiones maximalistas de su propuesta fotográfica podrían obtener un valor metafórico, lo cual les otorgaría significados más matizados, más universales, permitiéndonos dialogar con Flusser de un modo más adecuado y más productivo.

grama. La segmentación de lo visible en unidades intercambiables, en razón de su equivalencia formal y de su reproductibilidad, parece ser, entonces, otra cara del proceso de segmentación uniforme del tiempo desarrollado por Debord en *La Société du Spectacle*.

De acuerdo a Marcin Rychter, la obra de Bolaño constituiría un comentario profundo sobre la realidad económica de nuestros tiempos (2015: 105-107). Los alcances de esta observación se vuelven particularmente significativos en el aparato crítico dedicado a *2666*. Los críticos suelen poner el foco en la despiadada injusticia de las maquiladoras descritas en «La parte de los crímenes», para lo cual resaltan la preocupación socio-política que impregna el texto (Santangelo 2012, Rychter 2015). En este punto, vale la pena detenerse en el estudio de Sharae Deckard sobre el realismo periférico, pues allí se examina la relación entre la incoherencia interior del capitalismo tardío y los procedimientos formales empleados en *2666*. Deckard observa que, en medio del transcurso homogéneo de la narración neutral realista de la novela, el uso de palabras e imágenes poéticas o fantásticas determina el ejercicio de un realismo crítico que condena la modernidad capitalista. En paralelo, la escritura de Bolaño no deja de ofrecer una representación realista de la totalidad de las desigualdades estructurales del capitalismo tardío (2012: 358). De forma similar, en las páginas que siguen, se propone examinar el modo en que las imágenes técnicas de la televisión y de la fotografía –dos dispositivos importantes del espectáculo capitalista– impregnan no sólo la realidad representada en *2666* sino también el texto mismo, adonde se infiltran de diversas maneras. Nuestra propuesta busca argumentar que las imágenes técnicas habitan la narración y forman ciertas partes del relato según sus propios principios. De este modo, pensamos el texto como un reflejo de los cambios de percepción y comunicación que transcurren en la sociedad del capitalismo tardío. Al mismo tiempo, la incorporación de los códigos de las imágenes técnicas conduce al texto a desarrollar varias estrategias subversivas ante las reglas inadvertidas de esos dispositivos.

ESPECTÁCULO Y PROGRAMA EN LA PRISIÓN

En «La parte de los crímenes» se narra un ajuste de cuentas que tiene lugar en la prisión de Santa Teresa. El episodio es descrito tres veces en el texto, todas ellas a través de un narrador extradiegético omnisciente. En primera instancia, el relato parece adoptar parcialmente la perspectiva de Klaus Haas que asiste al acto; luego se comenta la nota de prensa sobre el acontecimiento; en tercera instancia, Haas se lo cuenta a su abogada y aquí la narración incluye una forma de diálogo. Vale la pena citar los tres pasajes en extenso:

> Al octavo día de estar en la cárcel los atraparon a los cuatro en la lavandería. De golpe, desaparecieron los carceleros. Cuatro reclusos controlaban la puerta. Cuando Haas llegó lo dejaron pasar como si fuera uno más, uno de la familia, algo que Haas agradeció sin palabras, aunque él nunca dejó de despreciarlos. Chimal y sus tres carnales estaban inmovilizados en el centro de la lavandería. A los cuatro los habían amordazado con esparadrapo. Dos de los Caciques ya estaban desnudos. Uno de ellos temblaba. Desde la quinta fila, apoyado en una columna, Haas observó los ojos de Chimal. Le pareció evidente que quería decir algo. Si le hubieran quitado el esparadrapo, pensó, tal vez hubiera arengado a sus propios captores. Desde una ventana unos carceleros observaban la escena que se producía en la lavandería. La luz que salía de aquella ventana era amarilla y débil en comparación con la luz que irradiaban los tubos fluorescentes de la lavandería. Los carceleros, notó Haas, se habían quitado las gorras. Uno de ellos llevaba una cámara fotográfica. Un tipo llamado Ayala se acercó a los Caciques desnudos y les realizó un corte en el escroto. Los que los mantenían inmovilizados se tensaron. Electricidad, pensó Haas, pura vida. Ayala pareció ordeñarlos hasta que los huevos cayeron envueltos en grasa, sangre y algo cristalino que no supo (ni le importaba saber) qué era. ¿Quién es ese tipo?, preguntó Haas. Es Ayala, murmuró el Tequila, el hígado negro de la frontera. ¿Hígado negro?, pensó Haas. Más tarde el Tequila le explicaría que entre las muchas muertes que debía Ayala, estaban las de ocho emigrantes a los que pasó a Arizona a bordo de

una Pick-up. Al cabo de tres días de estar desaparecido Ayala volvió a Santa Teresa, pero de la Pick-up y de los emigrantes nada se supo hasta que los gringos encontraron los restos del vehículo, con sangre por todos los sitios, como si Ayala, antes de volver sobre sus pasos, se hubiera dedicado a trocear los cuerpos. Algo grave pasó aquí, dijeron los del border patrol, pero la ausencia de cadáveres propició que el caso se olvidara. ¿Qué hizo Ayala con los cadáveres? Según el Tequila, se los comió, así era de grande su locura y su maldad, aunque Haas dudaba de que existiera alguien capaz de zamparse, por más loco o hambriento que estuviera, a ocho emigrantes ilegales. Uno de los Caciques a los que acababan de castrar se desmayó. El otro tenía los ojos cerrados y las venas del cuello parecía que iban a explotarle. Junto a Ayala estaba ahora Farfán y ambos ejercían como jefes de ceremonia. Deshágase de esto, dijo Farfán. Gómez levantó los huevos del suelo y comentó que parecían huevos de caguama. Tiernecitos, dijo. Algunos de los espectadores asintieron y nadie se rió. Después Ayala y Farfán, cada uno con un palo de escoba de unos setenta centímetros de longitud, se dirigieron hacia Chimal y el otro Cacique (651-653).

Entre la descripción de la ejecución en la prisión y la nota de prensa se narra el caso de otra de las mujeres asesinadas, sin que sea posible establecer alguna conexión indudable entre lo uno y lo otro.

La noticia apenas ocupó una columna interior en los periódicos de Santa Teresa y pocos medios del resto de la república se hicieron eco de ella. Ajuste de cuentas en la cárcel, decía el titular. Cuatro miembros de la banda los Caciques detenidos en espera de juicio por el asesinato de una adolescente fueron masacrados por algunos reclusos del penal de Santa Teresa. Sus cuerpos sin vida se encontraron amontonados en el cuarto donde se guardan los útiles de limpieza de la lavandería. Más tarde se hallaron los cadáveres de otros dos antiguos miembros de los Caciques en las dependencias sanitarias. Miembros de la propia institución penitenciaria y de la policía investigaron el crimen, sin aclarar los motivos ni la identidad de los autores (654).

Inmediatamente después viene la conversación de Haas con su abogada:

> Cuando al mediodía lo fue a ver su abogada, Haas le dijo que había presenciado el asesinato de los Caciques. Estaba toda la crujía, dijo Haas. Los guardias miraban desde una especie de claraboya del piso superior. Sacaban fotos. Nadie hizo nada. Los empalaron. Les destrozaron el ojete. ¿Son malas palabras?, dijo Haas. Chimal, el jefe, pedía a gritos que lo mataran. Le echaron agua cinco veces para que se despertara. Los verdugos se apartaban para que los guardias tomaran buenas fotos. Se apartaban y apartaban a los espectadores. Yo no estaba en la primera fila. Yo podía verlo todo porque soy alto. Raro: no se me revolvió el estómago. Raro, muy raro: vi la ejecución hasta el final. El verdugo parecía feliz. Se llama Ayala. Lo ayudó otro tipo, uno muy feo, que está en mi misma celda, se llama Farfán. El amante de Farfán, un tal Gómez, también participó. No sé quiénes mataron a los Caciques que encontraron después en el baño, pero a estos cuatro los mataron Ayala, Farfán y Gómez, ayudados por otros seis que sujetaban a los Caciques. Tal vez fueron más. Quita seis y pon doce. Y todos los de la crujía que vimos el mitote y no hicimos nada. ¿Y tú crees, dijo la abogada, que afuera no lo saben? Ay, Klaus, qué ingenuo eres. Más bien soy tonto, dijo Haas. ¿Pero si lo saben por qué no lo dicen? Porque la gente es discreta, Klaus, dijo la abogada. ¿Los periodistas también?, dijo Haas. Ésos son los más discretos de todos, dijo la abogada. En ellos la discreción equivale a dinero. ¿La discreción es dinero?, dijo Haas. Ahora lo vas entendiendo, dijo la abogada. ¿Sabes tú acaso por qué mataron a los Caciques? No lo sé, dijo Haas, sólo sé que no estaban en un colchón de rosas. La abogada se rió. Por dinero, dijo. Esos bestias mataron a la hija de un hombre que tenía dinero. Lo demás sobra. Puro blablablá, dijo la abogada. (655-656)

La secuencia de estos tres pasajes dedicados a narrar el mismo acontecimiento es significativa. Las tres versiones de la ejecución en la prisión, cuya disimilitud salta a la vista, revelan una insistencia en la forma de narrar que pone de relieve ciertos elementos y los carga de significado[5]. La primera versión de la ejecución de los cuatro Caciques, narrada en tercera persona, transcurre en la lavandería y, por momentos, adopta la perspectiva de Haas, quien lo observa todo desde la quinta fila y cuyas impresiones fugitivas llega a conocer el lector. En este punto, es preciso señalar que la narración parece registrar la escena con una fragmentariedad propia de las impresiones inmediatas: la mirada nota detalles específicos, el oído registra sonidos, la mente, a veces, produce asociaciones y preguntas automáticas acerca de las impresiones, pero cada vez algo nuevo llama la atención del participante. El tono neutro y bastante desapasionado de este fragmento sugiere que la narración no coincide plenamente con la perspectiva de Haas, sino que da cuenta de los hechos de un modo imparcial. Aun así, el relato deja traslucir cierta solemnidad de la escena: los carceleros –en vez de intervenir– se quitan las gorras, los verdugos ejercen de «jefes de ceremonia», mientras que en los ojos del condenado principal, Chimal, Haas cree notar un extraño fervor. Nadie se ríe. Descrita así –según la interpretación de Arndt Lainck– la escena cobra unas dimensiones casi religiosas, como si se tratara de un ritual (2014: 159), imprescindible para restablecer el orden quebrado de la realidad. De este modo, el «ajuste de cuentas» entre los criminales representaría una suerte de justicia sangrienta que, como el suplicio medieval descrito por Foucault en *Surveiller et punir* (1975: 9-72), cumple la función de restablecer el equilibrio simbólico de la realidad

---

[5] El procedimiento narrativo de relatar el mismo acontecimiento ficticio varias veces no es especialmente llamativo en una obra tan marcadamente autorreferencial o «autofágica» como la de Bolaño (Manzoni 2003). Sin embargo, la particularidad de estas tres aproximaciones a una misma escena, donde se intercalan los motivos de la realidad institucional, criminal y mediática, parece sugerir cierta correspondencia crítica entre la insistencia formal inscripta en la repetición con diferencia y la manipulación de los hechos representados. De esta forma, pareciera construirse un significado denunciatorio.

social. Se trata, claro, de restituir el anti-orden del mundillo criminal. La escena está dispuesta de tal modo que pareciera ser que en ella nada tiene carácter casual. La castración da la impresión de ser necesaria no tanto por el dolor que inflige, sino, más bien, por su valor simbólico: los condenados tienen que ser expulsados de la categoría de «hombre» que hasta ahora han compartido con los demás criminales, para de ese modo asemejarse más a la «mujer» –la cual, en Santa Teresa, es material sacrificable, inferior y predestinado a acabar en el basurero, según sugiere Cathy Fourez (2010: 237).

No obstante, ese carácter casi sacro de la ejecución queda desmentido en las otras dos versiones de los hechos. La noticia de prensa reduce el acontecimiento a una simple barbarie típica del mundo criminal, cuya dinámica parece no tener nada que ver con el resto de la sociedad: tanto los autores como las víctimas quedan anónimos y los motivos sin aclarar, todo permanece marginalizado del espacio de comunicación de la sociedad, inaccesible detrás de los muros de la institución penitenciaria. Sin embargo, a la luz de la conversación de Haas con su abogada, la noticia, a primera vista neutral, cobra un significado bien distinto. Cuando la narración le da la palabra a Haas, éste no sólo se muestra escandalizado, sino que también transmite una percepción por entero diversa de la sugerida por el primer pasaje. De repente, Chimal –en vez de arengar mudamente a sus propios captores– pide a gritos que lo maten, el verdugo –que ya no se denomina «jefe de ceremonia»– parece feliz, mientras que las gorras de los guardias ya no son objeto de interés, se destaca, en cambio, que están sacando fotos. En la primera versión sólo se menciona que uno de los carceleros lleva una cámara fotográfica, en la tercera, todo el acontecimiento parece circular en torno a la disposición de los guardias a tomar buenas fotos. La importancia que tiene la cámara fotográfica en esta escena, donde el aparato influye y altera la dinámica y el significado de los acontecimientos, podría describirse con las palabras de Susan Sontag:

Camera defines reality in two ways essential to the working of an advanced industrial society: as a spectacle (for masses) and as an object of surveillance (for rulers). The production of images also furnishes a ruling ideology. Social change is replaced by a change in images. The freedom to consume a plurality of images and goods is equated with freedom itself. The narrowing of free political choice to free economic consumption requires the unlimited production and consumption of images. (1977: 177-178)

En continuidad con lo anterior es posible afirmar que la tortura y la ejecución de los cuatro hombres se escenifica como un espectáculo *extremo*, y aquí vale la pena evocar el sentido específico que le atribuye Paul Ardenne: «l'extrême lui-même est extrême, il troue le réel borné, il l'écartèle, il y inscript une béance» (2006: 20). Este espectáculo, entonces, se instala en el seno mismo del dolor y de la muerte reales, transgrede los límites semánticos y ontológicos de los hechos, porque, subordinados a las exigencias visuales de las cámaras fotográficas, los hechos pierden su dimensión judicial y la muerte se banaliza hasta un grado impensable. De ese modo, la realidad violenta queda reducida a una especie de «paisaje fotografiable» (646), mero material convertible en imagen. Su existencia viene a confirmar que puede poseerse, como un recuerdo pasajero o una postal más o menos exótica, pues, tal y como lo señala Sontag, «photographs objectify, turn [...] into something that can be possessed» (2003: 72). Cuando sacan las fotos, los guardianes convierten la ejecución en un espectáculo que domina la realidad. La presencia de la imagen técnica viene aquí a confirmar su función como una de las opciones previstas por el dispositivo y, al mismo tiempo, legitima la *libertad* de los reclusos a regirse por sus propias leyes, incluso en un espacio controlado por la institución penitenciaria. La ejecución en la prisión, entonces, no sólo banaliza la muerte, también vuelve aceptable la escena fotografiada en la prisión: «like sexual voyerism, [photographing is] a way of encouraging whatever is going on to keep happening» (Sontag 1977: 12)[6].

De hecho, Klaus Haas tiene que ser bastante «ingenuo» (655), pues la presencia del aparato fotográfico en manos de los representantes de la justicia, implica, automáticamente, la participación más o menos pasiva del poder en el crimen. En varios trabajos suyos, el teórico de arte y literatura John Tagg ha examinado la relación entre la captura fotográfica y el discurso del poder dominante. En *The Disciplinary Frame: Photographic Truths and the Capture of Meaning* (2009), Tagg investiga los procesos de apropiación e instrumentalización del medio fotográfico llevados a cabo por los discursos y por las instituciones del poder, y hace especial hincapié en la violencia de la fabricación de sentido (*meaning*) a partir del material fotográfico. Uno de los temas explorados por Tagg es la utilización de documentos fotográficos en las instituciones del sistema disciplinario —tales como prisiones, tribunales y cárceles. La documentación de ese tipo, según Tagg, es una mezcla de disciplina y espectáculo, de documentación y publicidad (2009: xxxii), pues implica el establecimiento de representaciones tipificadas de lo que es un criminal, de lo que es la justicia y de la relación que se trama entre ellos. El uso de la aparente «objetividad» de la imagen fotográfica le sirve al aparato gobernante para fabricar nuevos imaginarios dominantes en nombre de la «verdad» y, por consiguiente, del dispositivo de control.

Como vemos, el procedimiento narrativo de insertar tres versiones de una ejecución en prisión resalta las diferencias entre ellas, en particular en lo referido al papel que juega la captura fotográfica de los acontecimientos por parte de los representantes del poder. Al mismo tiempo, la variedad de versiones contrasta fuertemente con la

---

[6] Este instante de escenificación de la muerte real, bajo la tutela de agentes del orden, además, introduce por una puerta inesperada la posibilidad, entrevista en otros pasajes de la novela, de que en Santa Teresa se filmen películas *snuff* (669). Esta posibilidad es formulable porque los guardias usan cámaras fotográficas.

uniformidad del lenguaje pericial de las descripciones de los cadáveres que tiene lugar en la misma sección de *2666*, y cuyas características atestiguan de un modo definitivo que *eso ha tenido lugar*. Por un lado, la muerte de los hombres –sobre todo en el espacio protegido de la prisión– parece requerir más palabras que la de las mujeres, necesita ser vuelta a narrar, porque, en el contexto del machismo santateresiano, no deja de sorprender y, tal vez, dé prueba de alguna aberración del sistema. Las mujeres en Santa Teresa están, en cierto sentido, predestinadas a morir prematuramente, lo cual está profundamente arraigado en las actitudes populares misóginas que, compartidas incluso por los policías[7], son reproducidas mecánicamente y crean un imaginario inderrumbable dentro del cual la muerte violenta de la mujer apenas se constata. La breve noticia de prensa, insertada entre los dos relatos más o menos directos de la ejecución en la prisión, permite entender, aun antes de que lo diga la abogada, que todos saben lo que pasó en la prisión: el carácter enigmático de la noticia (de hecho, apenas entrega información relevante) funciona como un filtro fotográfico que solamente deja discernir los contornos de las cosas. La mención, en la primera descripción de la ejecución, de una cámara fotográfica en las manos de uno de los guardias introduce la conexión entre el ver y el saber, cuya desfachatez indigna a Haas, pero que explica la futilidad de la noticia de prensa, pues tal y como señala John Tagg, el aparato del poder domina la «verdad» y la maneja según sus propias necesidades. Por otra parte, en la triple reiteración de lo mismo, con y sin la mediación fotográfica, parece reflejarse de manera condensada la etapa de transición del dispositivo, donde los antiguos dispositivos de la institución penitenciaria coexisten con el dispositivo visual que la convierte en objeto de consumo, lo cual resulta, recordemos, en «nuevas funciones de control: producción-

---

[7] En «La parte de los crímenes» hay una escena famosa donde los policías se cuentan chistes violentos de un carácter inequívocamente misógino (689-692).

consumo, disciplina-control» (García Fanlo 2001: 7). La noticia de prensa, entonces, funciona en el texto como una versión mediática de la instantánea sacada por el guardia. Si se retoman los desarrollos de Flusser, podemos decir que la realidad captada por el aparato del funcionario es una imagen técnica que —en vez de *informar*— únicamente refleja el programa dominante y sirve para cimentar el sistema.

TELEVISIÓN

lo inmediato distante

> [Fate] vio un trozo de un programa basura en el que una mujer obesa de unos cuarenta años tenía que soportar los insultos de su marido, un obeso de unos treintaicinco, y de su nueva novia, una semiobesa de unos treinta años. [...] El obeso gesticulaba y se movía como un rapero, jaleado por su novia semiobesa. La esposa del obeso, por el contrario, permaneció en silencio mirando al público hasta que se puso a llorar sin hacer ningún comentario.
> Esto tiene que acabarse aquí, pensó Fate. Pero el programa o aquel segmento del programa no acabó allí. Al ver las lágrimas de su esposa el obeso redobló su ataque verbal. (327)

La puesta en escena de la violencia real tiene, por supuesto, una larga tradición que se remonta, por lo menos, a los juegos circenses romanos y a sus raíces estrechamente relacionadas con la idea del sacrificio ritual (Girard 1972: 13-62). Pero la mediación del sufrimiento auténtico encarnada en las imágenes técnicas, como vimos en la ejecución de la prisión, no sólo lo banaliza —en vez de usarlo para controlar la violencia (Girard 1972: 15)— al convertirlo en otro «objeto fotografiable» y reproducible, sino que también lo normaliza y acepta. De ese modo se confirma, con la mera grabación y retransmisión, que lo que está pasando puede seguir pasando y que mirarlo está bien.

En otras palabras, lo que las imágenes técnicas nos dan a ver está allí para ser mirado: «through being photographed, something becomes a part of a system of information, fitted into schemes of clarification [...] Reality as such is redefined – as an item for exhibition» (Sontag 1977: 156). Si insistimos en este punto es porque permite señalar un parentesco incómodo entre el «ajuste de cuentas» fotografiado en la prisión y el «programa basura» donde se graba y mediatiza la violencia cotidiana de gente anónima y tipificada (unos «obesos»).

No sin razón es en «La parte de Fate» donde la televisión aparece con mayor frecuencia. Refiriéndose a la televisión, uno de los personajes de *White Noise* de Don DeLillo observa que «[t]he medium is a primal force in the American home. Sealed-off, timeless, self-contained, self-referring. It's like a myth being born right there in our living room, like something we know in a dream-like and preconscious way» (1986: 51). Tanto en el presente como en los recuerdos de Fate, la televisión es un elemento imborrable: al entrar en un cuarto, el periodista norteamericano siempre enciende la tele, duerme delante del televisor encendido y, evocando a su recién difunta madre, infaliblemente la ve acompañada por la luz azulada de la emisión televisiva.

«The predominant myth of cinema, fostered by cinema itself, is that its images and sounds present reality. The equivalent myth of TV is that its broadcasts are immediate and live», observa John Ellins (2000: 77), y aunque ambas partes de esta afirmación puedan discutirse, vale la pena destacar que la creación de mitologías de la visualidad es propia de ambos medios. Éstas, que en parte dependen de sus acondicionamientos técnicos –para el caso de la TV, la presencia de la cámara portátil en el lugar de los acontecimientos filmados y la ubicación del televisor en el espacio privado del domicilio– contribuyen al establecimiento de reglas impensadas, propias del dispositivo y decisivas a la hora de definir los hábitos y las actitudes inadvertidos del espectador. El efecto de la imagen televisiva pretende ser el de la inmediatez. La televisión no intenta acortar la distancia entre el espectador y los hechos filmados sino anularla, trasladar el mundo directamente a la sala de estar (Ellis 2000: 132). Según apunta Christian Ferrer, el carácter directo –que depende, añadimos, de la auto-mitología del medio– del mensaje televisivo es usado por el aparato de poder para implicar, de manera lógica, su veracidad (2000: 28-29); a esto habría que añadir que la tecnología de la cámara televisiva viene a asegurar la objetividad y el realismo de la transmisión del mensaje. Dicho de otro modo, la televisión pretende enseñarnos todo lo que hay que ver, o sea, lo que se ve en la pantalla equivale a lo que existe (Mora 2012: 111). Es más: la mirada de la televisión –cuyos tentáculos llegan a los rincones más remotos del mundo– sustituye la mirada del telespectador que delega su propio ver al omnipresente ojo de la televisión (Ellis 2000: 163). En este sentido, sería pertinente evocar el pensamiento representacional de Vilém Flusser, quien insiste en la dependencia del ser humano de las imágenes (en este caso, imágenes técnicas). La convicción de la inmediatez y veracidad del mensaje televisivo parecen haberla internalizado muchos de los personajes de *2666*: el recepcionista del motel de Fate sostiene que «la vida real aparece y hay que buscarla en los canales gratuitos» (428); Lotte, durante sus estancias en Santa Teresa, encerrada en su cuarto de hotel, ve programas mexicanos como una manera de «acercarse a su hijo» (1106); Pelletier busca confirmar en la televisión su premonición oscura de que el retraso de Espinoza se debe a un accidente de avión (83). Todo acontece como si el acceso más inmediato y más fiable a la realidad se ofreciera a quien pasara por el atajo de este medio, dado como garante de la existencia de todo lo que se ve en la pantalla.

Según Vilém Flusser, en la superficie de la imagen técnica, ideada como un campo cerrado «lleno de dioses», actúan distintos «poderes secretos», por ejemplo, el «imperialismo», el «sionismo» o el «terrorismo», donde todos sus elementos reclaman ser considerados «buenos» o «malos» (1990: 56-57). Como si siguieran el camino abierto por la reflexión de Flusser, varios personajes de *2666* parecen ejercer «comportamientos mágicos» impuestos por la televisión, copiando clichés y mecanismos de actuar inculcados por este dispositivo. Marc Augé aborda el proceso de ficcionalización de la realidad y lo concibe como una de las consecuencias más importantes de la popularidad de la televisión: «ce n'est plus la fiction qui imite le réel mais, semble-t-il, le réel qui reproduit la fiction. Cette mise en fiction est d'abord liée à l'abondance d'images et à l'abstraction du regard qui en procède» (1997a: 115). En la estela de esa «magia», los críticos de la primera sección de *2666* –aunque pretendan distanciarse, los muy intelectuales, de este medio de comunicación, definiendo, con odio, al ex marido de Norton como «un gilipollas que creía en la televisión» (53)– acaban ridiculizados en una proyección icónica[8], donde el género televisivo más vulgar se apodera de una escena romántica, los dos amantes que espían bajo la misma ventana a su amada en común: «[d]espués, mientras el taxi se alejaba, vieron la sombra de Liz, la sombra adorada, y luego, como si un soplo de aire fétido irrumpiera en un anuncio de compresas, la sombra de un hombre los dejó paralizados» (91). El mundo posible de la ficción revela de este modo la fuerza con que el imaginario dominante de la cultura popular modela la realidad. Tal y como en la sociedad debordiana, las imágenes hegemónicas que trazan el camino por seguir socavan al mismo tiempo la validez e incluso la existencia de la realidad fuera del espectáculo. En la realidad del capitalismo tardío, nos sugieren varios fragmentos donde el imaginario televisivo invade el texto de Bolaño, los «mitos» de los que habla DeLillo –«the coded messages and endless repetitions, like chants, like mantras» (1986: 51)– no paran de impactarnos y de moldearnos. Más aun, lo anterior también

---

[8] Hans Lund, quien introdujo el término *iconic projection*, lo define como «the act of decoding a framed field of vision in the exterior concrete world of objects as if it were a picture» (1992: 73).

se ve reflejado en la ficción literaria, ella misma un dispositivo entre otros, estrechamente interconectados, si se piensa con Agamben.

Heriberto Yépez, en su ensayo radical *Contra la Tele-visión* (2010), propone toda una serie de conceptos relacionados con la tele-visión[9] para diagnosticar los cambios profundos que están produciéndose en nuestra realidad bajo la influencia irreversible de este medio. La tesis central de su reflexión es que la «tele-visión» está convirtiendo la existencia en «mirar lo más distante como si fuera lo más cercano y mirar lo más cercano como si no fuese verdad» (2010: 27). En otros términos, las imágenes se superponen a la realidad, hacen que desaparezca ante el espectador y la vuelven inaccesible[10]:

> La televida [es] existir como si tú fueras una imagen en un mundo en que el resto de las imágenes fuesen auténticas [...]; [la televida] desea preservar la distancia [...] y para preservar la distancia, el individuo televital se aleja lo más posible de sí mismo convirtiéndose en una autoimagen. (Yépez 2010: 25-26)

Mario Perniola, por su parte, habla de la violencia a la que los medios de comunicación someten al individuo para incluir al Yo en la imagen del mundo que proponen (2006: 25). En *2666*, todo esto puede observarse con especial claridad en «La parte de Fate» donde, según señala Neige Sinno, el periodista afroamericano sufre

---

[9] «"Tele-visión" no significa solamente un aparato (la "caja idiota") o, inclusive, un *lifestyle* (espectáculo, mercancía o acidia). Lo que denomino "tele-visión", aunque no seamos conscientes de ello, implica un desplazamiento desde la *metafísica* hacia la *telefísica*. Este giro define a esta época» (Yépez 2010: 10; énfasis del original).

[10] Es importante subrayar que la visión de Heriberto Yépez se diferencia de la de Guy Debord, para quien el espectáculo *es* la realidad, y de la de Jean Baudrillard, para quien el simulacro sustituye a la realidad (1981: 10). Para Yépez, la realidad sigue en el mismo lugar, sólo que nosotros ya no somos capaces de percibirla.

de una recurrente sensación desagradable de irrealidad ante lo que lo rodea, como si la realidad más inmediata fuera una ilusión en la que no puede reconocerse (2011: 69-72). En el momento decisivo de su aventura nocturna en Santa Teresa, cuando Fate se da cuenta de que la vida de Rosa Amalfitano depende de sus actos, recurre a su *autoimagen* como si quisiera encarnar bien el papel que le está asignado:

> [a]hora debo procurar ser lo que soy, pensó Fate, un negro de Harlem, un negro jodidamente peligroso. Casi de inmediato se dio cuenta de que ninguno de los mexicanos estaba impresionado. […] Esta escena, pensó […], yo ya la he vivido (408).

Aunque la realidad parece desmentir la ilusión tele-visiva de Fate (nadie está impresionado)[11], él no puede salir de ella por completo y, de ese modo, permanece en un vaivén entre lo uno y lo otro, en un vaivén marcado por metacomentarios acerca de su percepción de la realidad, y que acaba desestabilizando la estructura temporal de la narración en su sección de *2666*.

impregnación

Al final de «La parte de Fate» —que es el único instante en *2666* donde la cronología de la narración dentro de una misma sección está quebrada— el relato se divide en un «antes» y un «después» de un acontecimiento crucial (la visita a la prisión para entrevistar a Klaus Haas) que entrelaza los dos hilos. Para explicarlo mejor: un fragmento corto sobre lo que ocurre «antes» está seguido por uno

---

[11] Brett Levinson, en su brillante artículo «Case closed…» (2009), desarrolla una reflexión acerca de la doble existencia de Fate —quien, de hecho, no es Fate, sino Williams—, su constante juego de roles que le imponen las circunstancias y las apariencias.

sobre lo que ocurre «después», luego viene el siguiente fragmento sobre lo que sucede «antes», etcétera. Esquemáticamente, esta cronología subvertida podría representarse de modo siguiente: a1 c1 a2 c2 a3 c3… a8 b –puesto que las «as» corresponden a lo de antes, las «ces» a lo de después y la «b» simboliza el punto crucial. Neige Sinno parece acertar en su interpretación de este procedimiento desconcertante, cuando propone que prácticamente todo el contenido de «La parte de Fate» puede ser concebido como un sueño del protagonista:

> De alguna manera, Fate no deja nunca su lugar en el sillón en la casa de su madre. La trama es doble: por una parte es una intriga de tipo policial-fantástica […], y por otra es un relato de duelo y de terror, pues vuelve una y otra vez a la casa de su madre sin cambios sustanciales. En las últimas páginas […] volvemos al principio. También cabe la posibilidad de que el episodio mexicano haya sido un sueño. (2011: 68-69)

Hay una pérdida gradual de la certeza sobre el momento presente de Fate, cada instante parece igual de (ir)real que los demás –al mismo tiempo que la falta del momento crucial cuestiona la autenticidad de todo aquello que supuestamente habría pasado después. Esto bien podría ser una consecuencia más de una percepción «contaminada» por la televisión. Vicente Luis Mora escribe al respecto: «[l]a televisión es el paisaje de la continuidad. Es imposible saber dónde está el *tiempo real*, la emisión en directo. […] al desaparecer el tiempo, desaparece también la distancia entre los hechos y entre la verdad de los hechos» (2012: 160; énfasis del original)[12]. El tiempo real, entonces, parece perder importancia en «La parte de Fate», está dislocado y por ende

---

[12] De modo parecido, cuando Fate y Rosa, tras haber huido de sus perseguidores, se esconden en su motel, Rosa le cuenta a Fate la historia de su noviazgo con uno de ellos: su historia, en extremo detallada, sigue ininterrumpida durante catorce páginas (412-426), aunque en realidad debería ocupar el breve instante entre que Rosa «salió del baño» (412) y se durmió (427).

liberado de su relación con el presente. Esta particularidad permite trazar un paralelo entre la estructura temporal del final de esta sección de *2666* y la técnica de construcción de tensión en las series televisivas, donde cada segmento (episodio) tiene que ser autosuficiente, con su propio culmen, pero dejando el desenlace para la entrega siguiente (Ellis 1989: 149). En «La parte de Fate», el lector llega a saber que los protagonistas, finalmente, se encuentran con el sospechoso principal, y que después dejan México en dirección a Estados Unidos. Sin embargo, no se narra el episodio más emocionante, a saber, la entrevista con Klaus Haas. John Ellis subraya la importancia de las emociones que despierta la televisión para enganchar al espectador: la tentación de especular sobre los hechos futuros o sobre aquellos que no se revelan en la pantalla es uno de los imanes más poderosos de las series televisivas (1989: 151). El orden torcido (lo de «antes» entrelazado con lo de «después», omitiendo el punto central) juega, a modo televisivo, con las emociones del lector, al mismo tiempo que va reforzando la pérdida «tele-vital» de acceso a la realidad de Fate.

Otro personaje que parece encarnar las normas del dispositivo en cuestión es el célebre presentador televisivo Reinaldo. Éste desempeña un papel bastante relevante en «La parte de los crímenes», puesto que es él quien logra persuadir a Florita Almada –la vidente que ve los rostros de los asesinos de las mujeres– para que participe en su talk-show *Una hora con Reinaldo*. Si se considera el andamiaje textual que sostiene el mundo posible de la ficción en *2666*, vale la pena atender en detalle a este personaje, pues él permite revelar la inscripción inadvertida de ciertos mecanismos de funcionamiento de la televisión. Estos mecanismos no sólo parecen modelar los comportamientos «mágicos» de los habitantes de aquel universo, además de la estructura del relato ya abordada a propósito de «La parte de Fate», sino que también y mediante la evocación de fórmulas genéricas de fenómenos típicamente televisivos, podrían revelar su incrustación en la pantalla perceptiva del lector. Marc Augé sostiene que, dentro del medio igualador de la televisión, los famosos, para poder existir como personalidades políticas, artísticas u otras, primero tienen que cobrar una existencia ficcional, es decir, estar vigentes en el universo del espectáculo (1997: 116). En él –valdría añadir en diálogo con Flusser– la diferenciación y la individualización son reguladas por el programa que de antemano incluye las excepciones. De forma análoga, Guy Debord resalta la «spécialisation du *vécu apparent*, l'objet de l'identification à la vie apparente sans profondeur, qui doit compenser l'émiettement des spécialisations productives effectivement vécues», y la concibe como la condición característica del famoso (1992: 55; énfasis del original). Por su parte, Reinaldo funciona en *2666* como un emisario o, podría decirse incluso, como una emanación del espectáculo. De acuerdo a nuestra lectura, su existencia aparente de estrella determina la forma de los pasajes que le son dedicados en *2666*. Esto es especialmente notable en el episodio donde Reinaldo se encuentra con Sergio González para llevarlo a ver a Florita Almada. Una vez en el coche del abogado de la Santa, un tal José Patricio, Reinaldo cuenta una historia amorosa de éste. Una parte de su relato se narra como si fuera un talk-show televisivo, e incluye en dos ocasiones la transcripción de las reacciones de un público invisible, «(Risas)» (707). Aquí el público parece formar parte de la existencia espectacular de Reinaldo, quien no habría podido ser el famoso que es de no haber tenido a su público[13].

---

[13] En este contexto llaman la atención los intentos feroces de Reinaldo por crear una existencia ficcional y aparente para Florita Almada, y lograr que la vidente obtenga el bien merecido estatus de celebridad televisiva. El presentador crea una especie de secta alrededor suyo, llamándola «Santa» y obstruye el acceso a su persona: «[s]omos un escudo humano alrededor de la Santa», le explica a Sergio González (705). A pesar de sus esfuerzos, Florita Almada falla al momento de adoptar la personalidad ficcional que le permitiría brillar en *Una hora con Reinaldo*. Por un lado, se enrolla, cual una pitonisa, en monólogos interminables –para Reinaldo completamente ininteligibles (544)– donde deja confluir todo tipo de cosas, desde su biografía hasta la importancia del buen funcionamiento del

Ponderada con detenimiento, la inclusión de las acotaciones escénicas parece ser un procedimiento ontológicamente desestabilizador. A primera vista, puede resultar cómica la megalomanía que fácilmente es posible adscribirle a Reinaldo, esto si se asume que las risas sólo estallan en su cabeza, donde el presentador siempre está actuando ante un público –real o imaginario, poco importa. Pero las risas se marcan solamente dos veces, ambas al principio del relato que luego continúa como una narración en primera persona que carece de procedimientos estilísticos especiales. Tampoco es del todo imposible que los comentarios entre paréntesis –«(Risas)»– se refieran a la escena en el coche: Sergio González y José Patricio *podrían*, teóricamente, reírse simultáneamente de varias formulaciones graciosas de Reinaldo. Sin embargo, su participación en la conversación no difiere en nada de la narración mantenida a lo largo de la obra, está marcada en frases completas que se sirven de diferentes sinónimos del verbo «decir» o «preguntar», por ejemplo: «Sergio tuvo que confesar que...» (706), «[m]ás o menos, dijo José Patricio» (707). Vale la pena, entonces, fijarse en el lugar exacto donde aparecen las acotaciones. La primera vez, es

---

aparato digestivo (572). Por otro lado, entra en trances inoportunos que no salen muy bien en la pantalla (546). El contraste entre los dos tipos de personajes que representan Reinaldo y la Santa –uno plenamente espectacular y otro resistente al encuadre de las imágenes técnicas– puede interpretarse como una metáfora de la posibilidad, aún no perdida, de oponerse al sistema. En este contexto es significativo el hecho de que Reinaldo sea un famoso de los medios de comunicación masiva y que Florita Almada sea ella misma un *medio*, en el sentido parapsicológico del término *médium*. Por esta vía se sugiere que la libertad del individuo, incluso en la realidad espectacular del capitalismo tardío saturado de dispositivos, puede buscarse recurriendo a medios alternativos, los cuales, subrayemos, no tienen que vincularse forzosamente con fenómenos sobrenaturales. La videncia como ejemplo ofrecería un acceso directo a lo esencial, más aún porque se trata de una actividad intuitiva, fluida y desprovista de explicación racional, que no se somete a las reglas de ningún dispositivo ni programa. De ahí que los trances de Florita puedan ser leídos como un modo de resistencia a los requisitos del espectáculo.

después de la frase «En esa época aún no conocía a Florita Almada y mi vida era la vida de un pecador» (706-707); y la segunda, después de «Como comprenderás, me quedé helado, porque de inmediato pensé: este puto primero me mata a mí y luego se mata él, todo con tal de darle un disgusto póstumo a José Patricio» (707). En ambos casos la risa ha de estallar tras un intento, por parte de Reinaldo, de bromear. Esto puede interpretarse como una risa artificialmente provocada: la risa del público de un talk-show que, durante el rodaje del programa, recibe instrucciones acerca de sus reacciones con el fin de mantener una dinámica deseable a lo largo del show. Si descartamos, por un lado, la posibilidad de que las acotaciones se refieran a lo que está pasando en la imaginación de Reinaldo y, por otro, la de que describan la escena en el coche, entonces ellas pertenecen al nivel de la narración de «La parte de los crímenes». Esto apunta a un procedimiento estilístico cuyo objetivo es hacer que el lector *vea* la escena como un talk-show televisivo (aunque, dentro de la diégesis, ésta no lo es). De este modo, el lector es involucrado como partícipe (ya sea ante la pantalla del televisor, ya sea en el estudio donde tiene que seguir las acotaciones), y así se sugiere que el espectáculo –de acuerdo con la visión de Debord– es real y no termina donde están los límites de la ficción. La proyección icónica de Reinaldo resulta, tal vez, más discernible que la referida antes a propósito del anuncio de compresas en la escena con los críticos enamorados, puesto que ella se produce en relación a un personaje profesionalmente vinculado con la televisión y está marcada –estilística y gráficamente– de un modo más inconfundible. Ambas –y otras que no se comentan aquí– parecen dar cuenta de la infiltración del imaginario espectacular (televisivo, en este caso), no sólo en la realidad del mundo posible de la ficción, sino también en la materia inadvertida del texto, cuya forma es portadora de significados tácitos, como si en ella también estuvieran grabadas las reglas del dispositivo. No obstante, si se deja entrever la impronta de la pantalla –aplicando la doble acepción de la palabra– en el soporte mismo de la ficción (el texto), se opera una auto-subversión de la representación a través de lo visual. En suma, una vez que lo visual es desenmascarado en su función «programática» (cimentación del «mito» mediático, inculcación de actitudes y comportamientos propagados por el poder), pierde la ventaja de invisibilidad que vuelve a los enemigos inadvertidos tan difíciles de combatir.

presencia de la ausencia

Neige Sinno observa la insistencia y la multitud de dispositivos visuales en «La parte de Fate», «como si el narrador quisiera incluir en el relato lo que Fate mira en las pantallas» (2011: 65). Pero, por otro lado, también hay numerosas ocasiones donde la narración no da cuenta de lo que pasa en la televisión. En este punto es crucial notar que Bolaño vuelve una y otra vez sobre personajes que encienden televisores, sin que por ello se vea obligado a revelar lo que la tele les ofrece. Hay una recurrente omisión del contenido visual de la pantalla televisiva que desempeña un papel importante en el texto. El mismo gesto de obstruir el acceso a ese flujo de imágenes que intentan convocar la mirada está cargado de significados. Despojado de su «mensaje» –parafraseando a Marshall McLuhan– el medio mismo vuelve a ser el mensaje, desnudo en su presencia física, en su materialidad insistente. La materialidad del medio se ve resaltada cuando el texto omite su función esencial, o, dicho en forma de pregunta y en palabras de Bill Brown:

> On the one hand: Doesn't the medium (be it telegraphy or photography or television or digital video) elide the materiality of the object (or the violence, or the degradation) it represents? On the other: Aren't you ignoring the materiality of the medium itself, the material support, the medium's embeddedness within particular material circumstances, its material ramifications? (2010: 50)

Estamos frente a una doble omisión, a un olvido doble, pues la imagen desrealiza y desmaterializa lo que representa –sustituyendo la presencia con la re-presentación– y, al mismo tiempo, el contenido visual hace que el espectador olvide la existencia del medio en su *modalidad material* (término propuesto por Lars Elleström, 2010a: 36). Con todo y volviendo a la novela, la ausencia del «contenido» de las imágenes, su omisión en el texto, resalta la presencia física de los televisores, lo cual es relevante sólo para los lectores, pues para los personajes ese procedimiento no cambia nada.

En su libro *Ce que nous voyons, ce qui nous regarde*, Georges Didi-Huberman reflexiona sobre el llamado arte minimalista. Entre otros procedimientos, se sirve de la distinción lacaniana entre la visión (que está del lado del sujeto) y la mirada (del lado del objeto), expuesta, de dos maneras diferentes, en el seminario VII, *L'éthique de la psychanalyse*, y en el seminario XI, *Les quatre concepts fondamentaux de la psychanalyse*. Según Lacan, el arte visual propone una representación de la mirada salvaje del mundo –de aquel vacío que es el objeto *a*, la inaccesible Cosa, lo Real–, y propone así una suerte de trampa o engaño, pues presenta algo, una representación visual, en vez de aquello que para nosotros siempre es nada. Didi-Huberman analiza obras que intentan aproximarse a la experiencia (sensorial, estética, existencial) del encuentro con aquello que es nada: aquellas obras que, justamente, no ofrecen a la vista del espectador el placer fácil y engañoso de ver la imagen-pantalla-representación de la mirada del mundo –ese placer que por un instante parece satisfacer la pulsión escópica– sino que en cambio, fuerzan al espectador a confrontarse con una presencia que no es representativa: la presencia misma de una ausencia, de un vacío, de lo inaccesible.

De modo parecido a los objetos artísticos que comenta Didi-Huberman, en *2666* el televisor encendido sobre el que nada sabemos de su pantalla representativa deviene, en el texto, la presencia de una nada que permanece inaccesible. Cada vez que los personajes encienden el televisor y luego la narración se ocupa de otra cosa, Bolaño nos habla no sólo de la costumbre de tener la tele encendida, sino que también introduce así –aún sin mencionarla– a la luz que siempre emana de la pantalla. La omisión del contenido no hace que el televisor desaparezca automáticamente de la escena descrita en el texto: lo que queda es su resplandor azulado. Ahora bien, si la mirada está, como quiere Lacan, en el punto de luz (1973: 108-109), podemos imaginar los televisores encendidos en *2666* como objetos que miran a los personajes. Sin embargo, a diferencia del arte visual que Lacan interpreta como la pantalla donde el artista intenta atrapar la mirada del mundo, aquí se trata de aparatos que dificultan el acceso a la realidad produciendo imágenes técnicas que reflejan el discurso del que surgen. La mirada, entonces, simbolizada por esa luz azulada –una mirada que, para el lector, no queda atrapada en la pantalla engañosa de la representación visual–, podría pensarse como una mirada que es propia del sistema al que pertenecen los aparatos. De ese modo ante el lector se revela el sistema del capitalismo tardío que rige la sociedad de consumo, es decir, otra versión del espectáculo debordiano. Éste conserva su carácter inadvertido, gelatinoso, pues el procedimiento literario de Roberto Bolaño apenas permite que el lector intuya esa presencia supervisora, cifrada en la luz de los televisores encendidos.

La mirada omnipresente del sistema, esparcida por esos aparatos que pueblan hogares, hoteles y bares, sustituye al panóptico circular, descrito por Foucault (1975: 197-229), y establece una supervisión informe e invisible. Ya no se trata de esa visión de Bentham posibilitada por la torre central, sino de un ordenamiento donde nadie espera ser mirado por aquello de lo que se cree espectador. Si volvemos ahora sobre los guardias y los presos comentados más arriba, es posible pensar que esa ejecución, real y escenificada, sirve para mantener la ilusión del orden social que les garantiza cierta impunidad. Sin embargo, y si seguimos la observación de Arndt

Lainck a propósito del borrachito de Amalfitano[14], los papeles del observador y del observado se confunden (2014: 127). Ambos están bajo la supervisión constante del ojo del aparato espectacular, cuyo control gelatinoso e informe se instaura en ellos mismos e infiltra su imagen del mundo. Gilles Deleuze, en «Postscript on the Societies of Control», describe los mecanismos operativos en la sociedad de control que viene a sustituir a la sociedad disciplinaria. El filósofo resalta el carácter continuo, no limitado a los sitios de reclusión, de una sociedad regida por el «free-floating control» (1992: 4), donde el ciudadano también deviene «undulatory, in orbit, in a continuous network» (1992: 6).

La presencia de la mirada fría del espectáculo está descrita de una manera especialmente sugestiva en «La parte de los crímenes», donde el judicial Juan de Dios Martínez no puede dejar de pensar en «los cuatro infartos que sufrió Herminia Noriega [una niña de diez años, brutalmente asesinada] antes de morir» (667):

> A veces se ponía a pensar en ello mientras comía o mientras orinaba en los baños de una cafetería o de un local de comidas corridas frecuentado por judiciales, o antes de dormirse, justo en el momento de apagar la luz, o tal vez segundos antes de apagar la luz, y cuando eso sucedía simplemente no *podía* apagar la luz y entonces se levantaba de la cama y se acercaba a la ventana y miraba la calle, una calle vulgar, fea, silenciosa, escasamente iluminada, y luego se iba a la cocina y ponía a hervir agua y se hacía café, y a veces, mientras bebía el café caliente

---

[14] Al final de «La parte de Fate», se narra el encuentro de Amalfitano con Charly Cruz. El padre de Rosa, tras interrogar al hombre joven acerca del movimiento aparente, comenta el ejemplo del borrachito. En una cara de un disco de papel cartón está dibujado un borrachito sonriente, mientras en la otra están las barras de una celda de prisión. Al hacer girar el disco, vemos el borrachito detrás de los barrotes, feliz e inconsciente de estar preso. Sin embargo, dice Amalfitano, somos nosotros los que nos dejamos engañar por la ilusión óptica, porque en realidad no hay ninguna conexión entre las dos caras del papel cartón (422-423).

y sin azúcar, un café de mierda, ponía la tele y se dedicaba a ver los programas nocturnos que llegaban por los cuatro puntos cardinales del desierto, a esa hora captaba canales mexicanos y norteamericanos, canales de locos inválidos que cabalgaban bajo las estrellas y que se saludaban con palabras ininteligibles, en español o en inglés o en spanglish, pero ininteligibles todas las jodidas palabras, y entonces Juan de Dios Martínez dejaba la taza de café sobre la mesa y se cubría la cabeza con las manos y de sus labios escapaba un ulular débil y preciso, como si llorara o pugnara por llorar, pero cuando finalmente retiraba las manos sólo aparecía, iluminada por la pantalla de la tele, su vieja jeta, su vieja piel infecunda y seca, sin el más mínimo rastro de una lágrima. (667-668; énfasis del original)

«A la televisión no le importa quién eres», constata Vicente Luis Mora (2012: 156-164), refiriéndose al hecho de que el flujo de imágenes siga ininterrumpido, indiferente a las tragedias que puedan tener lugar en la realidad iluminada por la luz del ojo incansable del televisor. Desde la perspectiva propuesta en estas páginas, la escena recién evocada incita no tanto a la observación banal sobre la frialdad de los aparatos técnicos desprovistos de emociones, sino, más bien, sugestivamente escenifica la mirada unilateral del espectáculo. Proveniente no del mundo (no de lo Real lacaniano), sino del espectáculo, podemos asociar esta mirada con el concepto de mirada en la filosofía de Emmanuel Lévinas, según lo expresa Jacques Derrida en *L'écriture et la différence*: «[l]a violence serait [...] la solitude d'un regard muet, d'un visage sans parole, *l'abstraction* du voir[15]. Selon Levinas, le regard,

---

[15] En «La parte de Fate», Fate escucha la siguiente conversación: «El tipo joven se llevó las manos a la cara y dijo algo sobre la voluntad, la voluntad de sostener la mirada. Luego se quitó las manos de la cara y con los ojos brillantes dijo: no me refiero a la mirada natural, sino a una mirada abstracta. El tipo canoso dijo: claro» (336). El tipo canoso, puede deducirse de la lectura de *2666*, es Albert Kessler, la versión ficcional del criminólogo norteamericano Robert Ressler, invitado a Santa Teresa para ayudar a la policía local a capturar el asesino. El joven tiene

à lui seul, contrairement à ce qu'on pourrait coire, ne *respecte* pas l'autre» (Derrida 1967: 147; énfasis del original). La luz de la pantalla que «mira», indiferente, a Juan de Dios Martínez llorando, parecería una imagen acertada de aquella mirada impenetrable y muda de la que habla Lévinas, antitética al diálogo abierto cara a cara que, según el filósofo, posibilita el encuentro verdadero con el Otro[16].

La violencia de la mirada abstracta, en el caso de la escena comentada aquí, parece estar dotada de un carácter doble: por un lado, puede pensarse en términos de la violencia indiferente de las imágenes técnicas, de su espectáculo que invade y ocupa la existencia del humano, que lo modela según su programa; por otro, puede imaginarse a partir de la violencia de la mirada inhumana que la televisión implanta en sus espectadores, como si los contagiara de sus propios males. Esta última se corresponde con la mirada tele-visiva de Heriberto Yépez, la que no percibe la realidad y está fijada en las imágenes técnicas que va consumiendo. Una mirada, valdría añadir, que objetiva al otro y lo iguala así con las demás medio-ficciones del flujo televisivo. Una mirada desinteresada y pasiva, tal y como la del telespectador. Es la mirada irreflexiva, finalmente, de la que habla Susan Sontag en *Regarding the Pain of the Others*, incapaz de la identificación con el otro y, por consiguiente, de la compasión que motive a actuar.

subversión posible

En cuanto a aquello que aparece en las pantallas de los televisores descritas en *2666*, la crítica de Bolaño suele adjudicarles el rol de

---

que ser Lalo Cura, uno de los pocos policías con vocación. Están hablando de los femicidios, de la violencia en Santa Teresa.

[16] La problemática de la Otredad y las implicaciones éticas del texto de Bolaño serán comentadas con detenimiento en la última parte del presente trabajo.

aportar, por vía pictórica, las informaciones que faltan en el texto (Manzi 2005: 72) y el de conectar las diferentes secciones de la obra en función de anticipar los hechos. Es común destacar esto último al momento de abordar el fragmento en que Fate duerme, mientras en la tele encendida pasan «un reportaje sobre una norteamericana desaparecida en Santa Teresa»:

> El viento despeinaba el pelo negro y liso del reportero, que iba vestido con una camisa de manga corta. Después aparecían algunas fábricas de montaje y la voz en off de Medina decía que el desempleo era prácticamente inexistente en aquella franja de la frontera. Gente haciendo cola en una acera estrecha. Camionetas cubiertas de polvo muy fino, de color marrón caca de niño. [...] Medina decía un nombre. El nombre de una joven. Después aparecían las calles de un pueblo de Arizona de donde la joven era originaria. Casas con jardines raquíticos y cercas de alambre trenzado de color plata sucia. El rostro compungido de la madre. Cansada de llorar. (328)

Justo después de la descripción del reportaje de Santa Teresa que Fate *no* ve, pues está durmiendo, se lee lo siguiente: «[m]ientras por la tele pasaban este reportaje Fate soñó con un tipo sobre el que había escrito una crónica» (329). A esta mención la sigue la historia[17] del contacto de Fate con Antonio Jones, el último miembro del Partido Comunista de los Estados Unidos de América. Hay una anáfora estructural que vincula dos párrafos de este relato: «Mientras Fate dormía dieron un reportaje...» (328); «Mientras por la tele pasaban este reportaje Fate soñó...» (329). Ella permite resaltar la simetría entre ellos que, inadvertida por el personaje dormido, no debe escapar a la atención del lector, ya despertada por la mención de Santa Teresa.

---

[17] Apúntese de paso que a causa de la abundancia de detalles precisos y la coherencia narrativa, este sueño de Fate parece más un recuerdo que una visión onírica. Retomaremos esto en las páginas que siguen.

La yuxtaposición del reportaje televisivo y del sueño parece sugerir un vínculo entre ellos y habilita una lectura en términos visuales: con los ojos cerrados, Fate deviene el espectador ya no de las imágenes técnicas que pasan por la pantalla de su televisor, sino de las imágenes oníricas que se despliegan en el escenario de su sueño. De ese modo, al sugerir un desplazamiento de atención del personaje, el texto parece señalar la existencia de vías alternativas de comunicación. Este mismo factor ya lo habíamos consignado a propósito de la vidente Florita Almada, cuyos trances parapsicológicos le ofrecen acceso a la identidad de los asesinos de mujeres, al mismo tiempo que se resisten a ser transmitidos por el aparato televisivo. En *2666* aparecen diversos tipos de comunicación asistémica e irracional, donde se incluyen toda clase de visiones, trances e interacciones con espectros. Los críticos sufren de pesadillas poderosas y llenas de significado; la consciencia de Amalfitano es invadida por la voz del espectro de su padre difunto y usada como medio para que unas figuras geométricas aparentemente incomprensibles puedan obtener existencia física; Florita Almada es incapaz de resistir sus trances visionarios; la diputada Esquivel Plata escucha voces que «provienen del desierto» (783). En todas estas situaciones resulta llamativa la insistencia del mensaje que –aunque sea incomprensible, como en el caso de Amalfitano, o imposible de transmitir, como en el caso de la ineficacia televisiva de Florita Almada– no deja a los personajes en paz y los incita a la acción.

> [La irrupción, la revelación, la visión, el trance, la epifanía y la locura] Bolaño no las trabaja como […] restos primitivos de un tiempo mítico, sino que en ellas denuncia lo arcaico en las formas más modernas y advierte un lugar para la emergencia de lo nuevo (contra el marco infernal de lo siempre igual) en formas degradadas o inferiorizadas por la supuesta superioridad de la civilización occidental y sus modos dominantes de conocimiento. (Stegmayer 2012: 130)

Esta observación puede ser esclarecedora para la problemática que nos ocupa. El aporte novedoso de la comunicación parapsicológica e irracional, resaltado por Stegmayer, apuntaría a su *eficacia informativa*, es decir, a ofrecer algo nuevo en contra del sistema basado en la autoreproducción programática. Vale la pena, en este lugar, recordar el rol crucial de esa «única revolución que todavía es posible» (Flusser 1990: 74) que Flusser adscribe a la información cuando la piensa —volvamos a citarlo— como «propósito humano, no como consecuencia del azar y la necesidad, sino de la libertad» (Carrillo Canán 2007: 14). De este modo, al remplazar la emisión televisiva por el sueño ante los ojos de Fate, Bolaño parece insistir en esta vía alternativa de información como una vía capaz de guiarnos por caminos revolucionarios hacia la libertad.

No resulta especialmente difícil notar aquí el juego con significados ideológicos. De un lado de los párpados cerrados[18] de Fate se sitúa la realidad en que el espectáculo capitalista objetiviza sus propias víctimas; del otro, el personaje encuentra al último miembro del Partido Comunista. El sueño, en contraste con la violencia de

---

[18] Jonathan Crary, en *24/7* (2013), labra un diagnóstico bastante lúgubre de la insistencia incansable del sistema capitalista basado en el principio de accesibilidad y participación ininterrumpidas. Allí observa que en la época del auge del consumo y de la productividad que lo soporta, la revolución de un futuro mejor tal vez tendría que empezar considerando al mero dormir como un acto subversivo de rechazo de las reglas del régimen económico dominante: «there is actually only one dream, superseding all others: it is of a shared world whose fate is not terminal, a world without billionaires, which has a future other than barbarism or the post-human, and in which history can take on other forms than reified nightmares of catastrophe. It is possible that—in many different places, in many disparate states, including reverie or daydream—the imaginings of a future without capitalism begin as dreams of sleep. These would be intimations of sleep as a radical interruption, as a refusal of the unsparing weight of our global present, of sleep which, at the most mundane level of everyday experience, can always rehearse the outlines of what more consequential renewals and beginnings might be» (2013: 123).

la realidad des-humanizada, parece cobrar dimensiones utópicas, como si una realidad mejor ya sólo fuera posible en los sueños, puesto que Fate «nunca más volvió a ver a Antonio Jones» (332). Si se considera que éste es el segundo sueño de Fate que pone la visión onírica en relación con imágenes técnicas –en el primer caso, recuérdese, el sueño del periodista afroamericano parece ser el negativo de una película que éste ha visto en la vigilia (298)–, es preciso explorar con mayor detención la interrelación entre ambos. El reportaje televisivo constata que en Santa Teresa se matan mujeres, pero Fate no accede a ese mensaje que, para el lector, resulta una clave sobre las peripecias que aguardan al personaje en su sección de *2666*. El mensaje que sí le llega al periodista a través del sueño sobre Antonio Jones es la urgencia de comprar y leer el libro que el último miembro del Partido Comunista de los Estados Unidos de América le regaló durante su encuentro en la vida real y que le vuelve a regalar en el sueño: «un grueso volumen titulado *La trata de esclavos*[19], escrito por un tal Hugh Thomas» (331). «Antes de abandonar

---

[19] Cuando le regala el libro a Fate, Antonio Jones dice que el volumen le «será de mucha utilidad» (331). Por su parte, el periodista afroamericano queda sorprendido al recibir la *Trata de esclavos* y no el *Manifiesto* de Marx (331). La utilidad del trabajo de Thomas Hugh podemos pensarla retomando la yuxtaposición del reportaje televisivo con el sueño de Fate: si la comunicación onírica ofrece una alternativa a la transmisión televisiva, el mensaje que transmite debería también *preparar* a Fate para su viaje a Santa Teresa, como potencialmente podría haberlo hecho el reportaje. Frente a la realidad del capitalismo tardío, parece sugerir el fragmento comentado, el pensamiento marxista ya no es suficiente y, para comprender sus mecanismos, hay que atreverse a reconocer en el sistema construido en base al principio de explotación –las maquiladoras santateresianas son un ejemplo– la fuerza de un modelo precedente que parece no haber perdido su actualidad. Entre paréntesis puede añadirse que el rapero afroamericano Kanye West dice en una de las canciones («Feedback») de su álbum más reciente, *The Life of Pablo* (2016): «rich slave in the fabric store picking cotton», lo cual –independientemente de la posible referencia autobiográfica al hecho de que West sea diseñador de ropa– puede entenderse en términos de la mentalidad del consumo

Detroit [Fate] fue a la única librería decente de la ciudad y compró *La trata de esclavos*, de Hugh Thomas» (322). Esta frase está justo después del recuento del sueño comentado aquí, aunque es en un momento posterior cuando, ya llegado al aeropuerto, Fate «recordó el sueño que había tenido aquella noche con Antonio Jones» (334). En otras palabras, el sueño influye a Fate, lo incita a llevar a cabo un acto específico, a través de su inconsciente, es decir, la *eficacia* de la *información* parece, en este caso, estar vinculada con el hecho de no haber pasado por el filtro de la razón[20] ni por el de las imágenes técnicas del sistema de comunicación de masas. Así, parece sugerir el texto de Bolaño, en contra y a pesar del imaginario del capitalismo tardío que incita al consumo pasivo e irreflexivo (Fate se duerme delante del televisor encendido) de la seudo-información des-humanizada, siguen existiendo vías de comunicación eficaz y libre. El sueño, paradójicamente, es un despertar del letargo del pasivo consumir de las imágenes técnicas, un despertar, tal vez, a la acción revolucionaria.

---

capitalista, cuyo accionar produce esclavos no sólo explotando a los trabajadores en las fábricas, sino también incitando a los «ricos» a que sigan consumiendo. En este contexto y dada su lamentable actualidad, el libro que Antonio Jones le regala a Fate de hecho puede serle de mucha utilidad, no sólo en su viaje a Santa Teresa. En *L'Anti-Œdipe*, Deleuze y Guattari dicen a propósito de la realidad del capitalismo: «il n'y a même plus de maître, seuls maintenant des esclaves commandent aux esclaves» (1972/1973: 306).

[20] Podría, por supuesto, considerarse aquí el mecanismo freudiano de la elaboración onírica que también implica cierta censura del contenido primario, pero en el contexto de la yuxtaposición contrastiva del sueño con las imágenes técnicas de los medios de comunicación masiva, la cuestión psicoanalítica parece secundaria.

FOTOGRAFÍA

imagen en la palabra: la mirada forense

La crítica de la obra de Roberto Bolaño ha resaltado –siguiendo a Barthes– el carácter indicial de la fotografía, comprendida como una huella capaz de confirmar la realidad de las cosas (Ríos 2007: 74) o como un «entramado de pistas» que incita al narrador y al lector a emprender la pesquisa (Moreno 2011: 339). Pese a diferencias interpretativas, la lectura académica de la fotografía en Bolaño sigue el hilo que une la fotografía con la realidad –aunque ésta surgiera a partir de la fotografía, fuera imaginaria o incluso inexistente (Walker 2013: 224). En una ocasión, Florence Olivier compara las descripciones forenses de los cadáveres en «La parte de los crímenes» con una «suerte de instantáneas descriptivas» (2007: 34), pero no desarrolla esta afirmación. Lo que propongo hacer a continuación es seguir el camino abierto por Olivier y ponderar la insistencia de las descripciones periciales en relación con la fotografía en tanto imagen técnica. De este modo, buscamos indagar las consecuencias del empleo en *2666* de un procedimiento estético y estructural cuyos rasgos centrales parecen ser la precisión y la repetición.

La cuarta sección de *2666*, recuérdese, está atravesada por más de cien descripciones detalladas de cadáveres femeninos que son hallados en los alrededores de Santa Teresa, en un lapso de tiempo que va de enero de 1993 a finales de 1997. El estilo de los fragmentos dedicados a las muertas imita el de los informes forenses: es escueto, saturado de detalles relativos a las apariencias físicas de los cuerpos y a la determinación de las causas de la muerte, donde abunda la terminología médica. Al respecto considérese el siguiente ejemplo:

> Poco días después del asesinato de Paula Sánchez Garcés apareció cerca de la carretera a Casas Negras el cadáver de una joven de diecisiete años, aproximadamente, de un metro setenta de estatura, pelo largo

y complexión delgada. El cadáver presentaba tres heridas por arma punzocortante, abrasiones en las muñecas y en los tobillos, y marcas en el cuello. La muerte, según el forense, se debió a una de las heridas de arma blanca. Iba vestida con una camiseta roja, sostén blanco, bragas negras y zapatos de tacón rojos. No llevaba pantalones ni falda. Tras practicársele un frotis vaginal y otro anal, se llegó a la conclusión de que la victima había sido violada. Posteriormente un ayudante del forense descubrió que los zapatos que llevaba la víctima eran por lo menos dos números más grandes que los que ésta calzaba. No se encontró identificación de ningún tipo y el caso se cerró. (637)

Carlos Walker, en su artículo «El tono del horror: *2666* de Roberto Bolaño» (2010), señala el carácter «visual» de las descripciones médicas de los cadáveres en «La parte de los crímenes», y las pone en relación con la mirada médica, según la piensa Michel Foucault. En *Naissance de la clinique: une archéologie du regard médical*, Foucault investiga la relación entre la visión y el conocimiento, y se aproxima a esa relación a partir de las determinaciones que sobre ambos elementos impone el lenguaje. La observación que resulta especialmente iluminadora para nuestro trabajo señala que en la consulta médica describir «es ver y saber al mismo tiempo, ya que al decir lo que se ve, se lo integra espontáneamente en el saber» (Hernández Navarro 2007: 73). En consecuencia, si la mirada médica es idéntica al saber, ella es también puro lenguaje –vehículo del saber científico. En términos de Miguel Ángel Hernández Navarro, «en la mirada clínica hay descriptibilidad total, no hay posibilidad de un residuo de "no visto" en el decir» (2007: 73). Si en la descripción médica las palabras pretenden nombrar todo lo que hay que ver, sin añadir ni quitar nada, de modo tal que lo visto sea equivalente a lo dicho y al revés, podríamos decir que en las descripciones forenses de «La parte de los crímenes» se abre un espacio de «visión pura». En este punto cabe resaltar que no se trata de una mirada cualquiera sino de la mirada de la ciencia que, queriéndose indiscutible, racional y totalizadora, puede cualificarse como una mirada técnica. La mirada «técnica» de la medicina forense tiene mucho en común con la mirada técnica de la que habla Flusser, no solamente porque ambas intentan eliminar la subjetividad perceptiva, sino también porque la mirada médica está fundada en el discurso racional de la ciencia que opera con elementos nítidamente delimitados y definidos para describir el mundo.

soporte técnico: cuerpo-signo, cuerpo-objeto

En el extremo opuesto de la realidad desrealizada de la tele-visión y, siguiendo a Flusser, de las imágenes técnicas en general, se encuentra el cuerpo humano –cuyo dolor insoportable y cuya muerte no se fingen– pues se sitúa en una realidad sensorialmente accesible. Según sugieren los rumores que en algún momento empiezan a correr por la prensa mexicana, en Santa Teresa se filman películas *snuff* (676). Las películas de este tipo registran el acto de matar a una persona, sin cortes ni efectos especiales, cometido con el propósito de ser filmado y puesto en circulación para el entretenimiento de unos pocos espectadores (Kerekes y Slater 1995: 7).

En «La parte de los crímenes», la idea del supuesto rodaje de las películas *snuff* está anclada en la materialidad física de los cuerpos violados y torturados hasta su muerte. Las *snuff movies* son inseparables de la realidad física delante de la cámara, tanto por su anhelo de autenticidad corporal como por el papel que en ellas desempeña el tiempo. Si se considera que la trama sólo puede filmarse una vez, sin repeticiones ni cortes, el tiempo captado en la película tiene el peso especial de una realidad irrepetible e inmanejable. El contenido fijado en la cinta fílmica, entonces, es el mismo que paralelamente queda grabado en el cuerpo-objeto. El cuerpo de la víctima es aquí el actor, el escenario y, en cierto sentido, el soporte físico de la narración fílmica. Los cadáveres que llevan huellas de la trama entera –ya que todo lo que ocurre en esa producción, ocurre en el terreno del cuerpo, con y a través de él– se convierten en una especie de cinta fílmica. En *2666*, lo que ofrecen las descripciones periciales de las muertas es una reconstrucción de los hechos a partir del material físico en que están grabados. De ese modo, como si los cadáveres realmente constituyeran el soporte técnico de unas películas *snuff* imaginarias, la mirada y la palabra médicas del forense funcionan como aparato necesario para acceder al contenido de éstas y lo proyectan, metafóricamente, en una serie de imágenes mentales ante el ojo interior del lector.

Es imposible saber lo que realmente ocurre en Santa Teresa. El rodaje de las películas *snuff* quizá no sea más que una hipótesis atractiva, acaso por su carácter perverso. Tanto Kerekes y Slater (1995: 245) como Linda Williams (1989: 193) insisten en que las películas *snuff* son nada más que una leyenda urbana, producto de la imaginación humana atraída por el mal extremo. El interés morboso de los medios de comunicación por los supuestos casos de *snuff* revela, según Kerekes y Slater, un deseo secreto o, lo que es lo mismo, una *necesidad* de que el fenómeno exista, aunque sólo fuera como una idea (1995: 246). Los cuerpos en el desierto de Sonora, sin embargo, tal y como están descritos en el texto, parecen deslizarse por la superficie de la realidad para inmediatamente ubicarse del lado de la representación. El mismo *cómo aparecen* resalta su carácter semiótico, la posibilidad de o la insistencia en tratarlos como signos que hay que interpretar en aras de descifrar un mensaje. Los cadáveres no sólo no están escondidos, sino que a veces parecen deliberadamente expuestos para ser encontrados –«Al cabo de un rato, cuando Ordóñez ya se aburría, Lalo Cura le dijo que el asesino o los asesinos tiraron el cadáver allí precisamente para que fuera encontrado lo antes posible» (657)–; tal vez haya aquí otro signo de la soberbia de los criminales que se saben impunes. También es preciso tener en cuenta que casi todos los cuerpos están vestidos. Lo relevante es que no están simplemente desvestidos a medias –porque los asesinos no se habrían molestado en hacerlo por completo– sino que están vueltos a vestir *después* del acto y, en varias ocasiones, con ropa que ni siquiera les pertenece. Esta manipulación aparentemente innecesaria de los cuerpos resalta el aspecto casi lúdico de su *uso*. Las mujeres devienen material con el que los criminales juegan, tanto antes de matarlas como después.

También a nivel textual, la «lectura» de los cuerpos hecha por la mirada forense los convierte en signos. Según Patricia Poblete Alday, estos cuerpos maltratados se tornan «testimonio material del horror allí donde el texto sólo puede darnos palabras: el cuerpo es entonces el que habla». De todos modos, una vez que el cuerpo se convierte en signo, «su decodificación es meramente funcional, y no sirve sino para nutrir un discurso científico hiperespecializado, o bien para reforzar los prejuicios que están a la base del sistema que produce y ampara estos crímenes» (2010: 92-93). En este contexto es preciso señalar que si bien se ha «convertido en el testimonio material del horror», el cuerpo no habla, sino que es un referente vacío (Lainck 2014: 183). Percibidos en su materialidad como medios, los cadáveres requieren una instancia interpretativa para producir sentido: sea ésta científica, sea emocional y sensible, sea –¿por qué no?– estética[21]. En

---

[21] El filósofo y semiótico Charles Sanders Peirce, en su elaborada tipología de los signos, observa que el interpretante –que es el término que usa para designar el significado del signo– no se limita a la actividad intelectual y lógica, sino que incluye también toda clase de reacciones incontroladas, emocionales, fisiológicas o reflexivas. En *2666*, además de la marcada predominancia de descripciones forenses, se pueden observar otras «interpretaciones» o «lecturas» del cuerpo-signo: tanto emocionales (la gente llora o está en estado de shock) como fisiológicas (algunos se sienten mareados), pero éstas, al igual que la sequedad enajenadora de los informes forenses, de algún modo parecen no del todo adecuadas, como si fueran insuficientes frente a la inmensidad del horror sistémico del que los cadáveres son prueba. Según observa Sharae Deckard, Juan de Dios Martínez «yearns for but is denied catarsis, his dessication symbolic of a subjectivity indelibly marked by the systemic violence that permeates the entirety of social relations in Santa Teresa» (2012: 357).

las páginas que siguen, abordaremos el uso del «discurso científico hiperespecializado» en *2666*. Para ello desarrollaremos una función radicalmente opuesta a la que le adscribe Poblete Alday, es decir, una función que *subvierte* el sistema que «produce y ampara» los crímenes.

No hay que olvidar que los «cuerpos» con los que nos enfrentamos en *2666*, a pesar de su fuerza de impacto emocional, están tejidos nada más que de palabras. Según apunta Chiara Bolognese, en la obra de Bolaño, en general,

> [l]os cuerpos, así como las identidades, se presentan como vagos y sin atributos decisivos. Los individuos no tienen nada que los caracterice, aparte de su misma indefinición, y adquieren semblantes que los hacen parecerse más a sombras que a seres humanos en carne y hueso. (2009: 172)

Esta afirmación lleva a la investigadora a constatar la relación entre el cuerpo borroso y «la imposibilidad de la formación de la identidad en el universo actual» (2009: 181). No obstante, esta observación no parece aplicarse ni a los cuerpos vivos[22], ni mucho menos a los cuerpos muertos. Tal y como están descritos en *2666*, con un lenguaje nítido de los informes forenses, cuya minuciosa sequedad parece excluir la

---

[22] No hay que olvidar que en numerosos casos los personajes se definen ante todo justamente por un detalle extraordinario de su corporalidad: Entrescu, por su pene anormalmente largo; Morini, por su silla de ruedas; Fate, por el color de su piel; los padres de Hans Reiter no son otra cosa que «el cojo» y «la tuerta»; Archimboldi, finalmente, del mismo modo que su sobrino Klaus Haas, destaca por su enorme altura y sus ojos de un azul transparente. Los ejemplos para contradecir la tesis de Chiara Bolognese resultan ser muchos (y no sólo dentro de *2666*; en *Una novelita lumpen* tenemos al culturista ciego, cuyo cuerpo, entonces, resulta *doblemente* importante para formar su identidad, tanto existencial como narrativa; en *El Tercer Reich* tenemos al Quemado con el que cualquier relación siempre se construye *a partir de su apariencia física*...). Son muchos como para citar y comentarlos todos aquí. La cuestión de la corporalidad en Bolaño merece un estudio más detenido.

subjetividad perceptiva (emocional, sensible) y la duda, los cuerpos muertos aparecen, tal vez, como el elemento mejor delineado de la realidad representada. Es importante destacar en este punto el contraste significativo entre lo concretos que resultan los cadáveres y lo vagas que parecen las vidas de las víctimas[23] (eso sí de acuerdo con la observación de Bolognese). Lo que llegamos a saber de las mujeres asesinadas es fragmentario y borroso, muchas veces filtrado por la memoria falible de las personas que las conocieron –o no es nada, las muertas ni siquiera llegan a identificarse. En este sentido, su identidad –si quiere usarse un solo término para abarcar la existencia humana en su totalidad– parece quedar fuera de ese poder descriptivo de la mirada que une el ver con el saber. Este procedimiento estilístico y estructural de situar la vida de las víctimas en el terreno de la vaguedad, mientras que sus restos mortales son *confiscados* por la precisión y la claridad de la ciencia, tiene consecuencias importantes para la lectura de «La parte de los crímenes». La vida de las víctimas queda fuera del marco representativo del texto en el que solamente encontramos sus despojos. Dicho de otro modo, los cadáveres que pueblan «La parte de los crímenes» parecen estar desconectados de las mujeres que fueron antes de su muerte.

---

[23] Esta vaguedad y fragmentariedad en la construcción de los personajes en la obra de Bolaño la han notado y comentado varios críticos. Juan Villoro, por ejemplo, apunta que, en *2666*, «los personajes son trabajados como cosas, sujetos ajenos a las vacilaciones de la vida interior que al modo de los héroes griegos avanzan a su desenlace sin cerrar los ojos» (2008: 87). Esta observación se complementa bien con lo que Bolognese puntualiza en otro lugar: «[l]os individuos no *son* sino que *adquieren* poses e identidades» (2009: 177; énfasis del original), como si, de hecho, los personajes en Bolaño fueran nada más que muñecos ajustables al flujo de los acontecimientos. La cuestión de la vaguedad o no de (algunos de) los personajes bolañianos la comentamos con mayor detenimiento en la última parte de este libro. Por ahora basta con decir que el tema resulta demasiado complejo como para poder fijar unas características generales de los personajes en la obra de Roberto Bolaño.

Esta disociación entre el cuerpo sin vida y la persona que fue, inscripta, según proponemos, en esta representación ficticia del femicidio mexicano, podría pensarse como el reflejo de una idea que los seres humanos habrían compartido desde siempre. Hans Belting, en *Anthropology of Images*, observa una escisión irreversible entre el cadáver y la persona que fue: la materialidad estática del cadáver lo sitúa del lado de las imágenes muertas, porque éste sólo *representa* el cuerpo vivo que ya no es (2011: 85). Es ahí donde reside el insuperable escándalo existencial del que habla Georges Bataille en *Théorie de la religion*: el ser humano es reemplazado por una cosa que no lo es (1986). La disociación entre la vida de las mujeres asesinadas y los cadáveres que están descritos en *2666* la podemos ver ya no como una constatación pseudofilosófica de la distinción entre vida y muerte, sino como un gesto artístico consciente y ético por parte de Bolaño. Más que ficcionalizar los hechos, alejando así la narrativa de la realidad, el escritor chileno altera el cuerpo mismo de su texto, y escenifica en él la brecha ontológica entre la vida de cada una de las mujeres asesinadas y la materialidad descriptible (y, por consiguiente, manejable, apropiable) de sus despojos[24].

---

[24] Carlos Walker propone una interpretación alternativa de las descripciones de los cadáveres en *2666*, la cual, en cierto modo, es complementaria a nuestra argumentación: «La presencia intermitente y fragmentaria de este tipo de lenguaje en "La parte de los crímenes", permite figurar en la distancia instalada por esa mirada lo que Foucault llama la *rectitud violenta* del vistazo clínico: no se detiene en todos los abusos del lenguaje, sino que es muda como el dedo que apunta al culpable parado detrás del espejo: con un sólo gesto eleva su veredicto. La distancia de la pericia, el repetido hallazgo de los cadáveres en las cercanías de la espectral Santa Teresa, la descripción exhaustiva de cada *caso*, dibujan, a contrapelo de lo que muestra esa mirada que se quiere neutra y cercana a lo verdadero, un modo soterrado de violencia que se anuncia en aquello que la mesura de su lengua pretende callar» (2013: 260; énfasis del original).

PM 2010

Graciela Speranza, en su *Atlas portátil de América Latina*, señala una conexión entre la obra de la artista mexicana Teresa Margolles, quien

> busc[a] la forma de lidiar con los fantasmas de la violencia de México sumergiéndose en las morgues y recorriendo las calles regadas de sangre; [hace] arte con «lo que queda» después de las muertes, residuos y efluvios de las «guerras» del narcotráfico (2012: 122)

y «La parte de los crímenes», donde Bolaño «no da voz a los muertos como Rulfo en *Pedro Páramo*, pero deja que hablen los cadáveres con una orfebrería certera del detalle» (2012: 119). Speranza hace referencia a la totalidad de la obra de Margolles, creadora y miembro activo del colectivo artístico SEMEFO (las siglas del Servicio Médico Forense), quien en su trabajo utiliza cadáveres y restos de cuerpos humanos (sangre, piel, dientes) como material artístico. No obstante, existe una obra más reciente de Margolles, presentada en la séptima Bienal de Berlín, en 2012, que parece tener aun más en común con «La parte de los crímenes» que sus trabajos anteriores[25]. La obra en cuestión se titula «PM 2010» y en la página oficial de la Bienal Artur Żmijewski y Joanna Warsza la describen y comentan de la siguiente manera:

> Artist Teresa Margolles collects, as a yearbook, the front pages of the Mexican daily tabloid PM, published in Ciudad Juárez, one of the

---

[25] La presentación de «PM 2010» coincidió con la publicación del *Atlas portátil de América Latina*, de ahí que no fuera incluida en el trabajo de Graciela Speranza ni tampoco Bolaño la conociera. Estas circunstancias carecen de importancia para nuestro razonamiento, cuyo objetivo no es buscar una verdad histórica sino desarrollar un pensamiento, siguiendo distintas ideas por el hilo de sus amistades dialogantes.

most dangerous border cities in Mexico. [...] Margolles brings all 313 covers from 2010 –the most violent year in the entire history of drug trafficking in Mexico– to the audience. Each front page of the paper presents an image of one of the city's victims of the drug war, who were shot, stabbed, or tortured in the most horrific ways. [...] These daily images from a tabloid reflect the routine experience of violence and death in a society which is collapsing under the pressure of organized drug crime. Poverty, crime, and the bloody rivalries of paramilitary gangs are always the day's most important populist news items, next to recurring erotic advertisements. The paper turns each scene into a kind of obscure death porn, which is normalized through its constant repetition.

[...] Margolles [...] acts more like a journalist than an artist. She brings us knowledge about the situation in her country, and exhorts us to reduce or even stop the consumption of drugs. We are the ones who create drug lords' profits, and we should all share responsibility for the Mexican bloodshed.[26]

A la luz de lo dicho anteriormente acerca del carácter fotográfico de los fragmentos forenses en *2666*, puede decirse que en ambas obras se presenta una serie abundante de retratos –sea en forma de imágenes técnicas o mentales– de las víctimas de la violencia relacionada con el narcotráfico en Ciudad Juárez. Ambas, además de girar alrededor del mismo problema, están estructuradas según la rigurosa cronología de la aparición de los cadáveres: aunque el ritmo que las rige no sea exactamente el mismo –en el caso de «PM 2010» es la frecuencia de publicación del diario que ordena, de una manera artificial, la segmentación de la obra, mientras que en *2666* las descripciones forenses surgen a medida que se encuentran los cadáveres–, la temporalidad de ambas obras se ve subordinada a la cronología marcada por el monótono goteo de las muertes. Las imágenes de los cadáveres, al

---

[26] Página oficial de la Bienal de Berlín, <http://www.berlinbiennale.de/blog/en/projects/pm-2010-by-teresa-margolles-23751>.

marcar el ritmo repetitivo de las obras, devienen su principio fundador, estableciendo de ese modo una relación de expectativa con el lectoespectador[27], quien al cabo de un tiempo comprende que habrá más muertes y más cuerpos. En consecuencia, la aparición de cada nuevo cadáver no es inesperada.

Compartiendo ciertos rasgos con la estética de la fotografía de prensa que, según apuntan Żmijewski y Warsza, convierte cada imagen horrorosa en una especie de pornografía obscura que se normaliza a fuerza de repetición, las descripciones periciales en Bolaño parecen balancearse en la frontera entre pornografía macabra y pseudodocumentación.

Figura 2. Teresa Margolles *PM 2010* (2012).

---

[27] Vicente Luis Mora usa este término en su libro homónimo (2012), refiriéndose a la fusión de la imagen y de la palabra que, en el mundo contemporáneo –marcado por una constante autorepresentación e interacción del mundo «real» con el virtual–, están tan estrechamente entrelazadas que su recepción requiere que el leer y el mirar se mezclen y completen. Utilizado en el contexto de «La parte de los crímenes», el término resalta tanto el carácter altamente «visual» de las descripciones forenses como la proximidad entre el lector y el consumidor de imágenes de prensa.

Es plausible, en cierto modo, calificarlas como «pornográficas», no tanto por el carácter sexual de los crímenes ni por la asociación implícita con la producción de las películas *snuff*, ni tampoco por la reiteración de las imágenes de violencia contra las mujeres –la cual en sí es uno de los rasgos constitutivos de la pornografía, donde «lo esencial» se repite infinitamente (Kawin 1989: 69)–, sino sobre todo porque tal y como propone Sontag: «[a]ll images that display the violation of an attractive body are, to a certain degree, pornographic» (2003: 85). La objetivación y la consiguiente posesión del otro –en el sentido sadeano de la palabra: poseer al otro es alterarlo[28]– resulta así pornográfica. En «La parte de los crímenes» los cadáveres ficcionalizados de las asesinadas son tratados como objetos, tanto en el nivel antropológico como en el estilístico o textual. De modo análogo, las fotografías drásticas de las portadas de *PM* resultan pornográficas no sólo porque están publicadas justo al lado de los anuncios eróticos sino sobre todo porque usan los cuerpos de las víctimas como objetos, como medios para aumentar la rentabilidad del periódico, son un imán para los lectores consumidores de noticias –cuanto más violentas, mejor[29]. El objetivo de estas fotos, parece, no es tanto el

---

[28] Según Bataille (quien dialoga con el Pierre Klossowski de *Sade, mon prochain*) en el sadismo, para conseguir la plena autorrealización del sujeto sádico, no basta con llevar el deseo al frenesí hasta apoderarse de un objeto como tal (otro ser humano): el objeto tiene que ser modificado para obtener de él el deseado sufrimiento. Esa modificación equivale a la destrucción –destrucción de la otredad del objeto como ente separado (1979: 249).

[29] La reiteración de la imagen horrorosa no puede sino anestesiar al espectador (Sontag 2003: 16-18), fundiendo las tragedias particulares y únicas de los individuos en una amalgama de alimento visual ya digerido, visto miles de veces, que, al perder la fuerza de impacto, deja no sólo de impresionar, sino, sobre todo, de constituir una novedad. De ahí, según observa Paul Ardenne, que tanto en los medios de comunicación como en el arte la tendencia a perseguir experiencias cada vez más «extremas» sigue teniendo el poder de llamar la atención del público (2006: 24-28).

de proporcionar documentación rigurosa de los hechos como el de facilitar noticias emocionantes o escandalizadoras. Lo que ocurre en *2666* no es tan simple, pues la idea de escandalizar para aumentar las ventas no puede ser el caso. Por lo demás, la obra tampoco pretende ser realmente documental, más bien, toma los informes policiales como punto de partida para crear una totalidad nueva y diferente (véase Andrews 2014: 205-230), tal y como lo hace Teresa Margolles en «PM 2010».

subversión artística

Llevado al terreno del arte, lo que ocurre en los medios de comunicación cobra un sentido nuevo. En su ensayo «*Balada de Kastriot Rexhepi* de Mary Kelly: Trauma virtual y testigo indicial en la era del espectáculo mediático», la historiadora del arte Griselda Pollock propone que en las prácticas artísticas enfocadas en el tema del trauma y de la violencia

> se encuentra el complemento necesario para un conocimiento sintético y sociológico de la globalización y la violencia, llamémosle conocimiento estético, un conocimiento de uno mismo y en uno mismo, un conocimiento formulado como testimonio humano. (2007: 49)

Según Pollock, el espectáculo mediático transforma al testigo en consumidor de las representaciones mitificadas y tipificadas del trauma. De esta manera, el papel de las prácticas artísticas parece imprescindible para preservar no sólo la humanidad de las víctimas sino también la de todos quienes llegamos a saber de los acontecimientos horrorosos (2007: 46). «PM 2010» de Teresa Margolles y «La parte de los crímenes» de Bolaño cumplen, con formas parecidas entre sí, su tarea de posibilitar un conocimiento «humano» de las atrocidades que están ocurriendo en México, un conocimiento en contra y a pesar del espectáculo mediático que se ha apropiado de ellas.

Este «espectáculo mediático» que ambas obras pretenden socavar se inscribe en la idea debordiana del omnipresente espectáculo social, cuyas raíces han de buscarse en el dominante régimen escópico. Éste, según apunta Miguel Ángel Hernández Navarro, está arraigado en el oculocentrismo racionalista que, desde su formulación en la *Dióptrica* de Descartes, ha ido impregnando el pensamiento occidental con la fe en el poder cognitivo de la visión, dotada, en esta tradición, de características racionalistas de la lógica y de la iluminación (2007: 35-68). Como todo régimen dominante, éste ha sido expuesto a varios intentos de subversión, cuyas manifestaciones en el ámbito del arte derivaron en la tendencia, arraigada desde principio del siglo XX, a estorbar la mirada. Según Hernández Navarro, la estrategia que el arte moderno adopta para irritar la mirada es de carácter doble. En *La so(m)bra de lo real. El arte como vomitorio*, el teórico desarrolla un concepto de arte visual que «alimenta» la mirada con lo visible. Para ello divide el arte en dos: «bulímico» y «anoréxico». Por un lado, está la técnica de saturación («bulimia»): darle a la mirada mucho para ver, demasiado, darle tanto que «vomite». Ahí se sitúan no sólo todas las corrientes «extremas» como, por ejemplo, el accionismo vienés o el más reciente *body art* que intencionalmente exponen al espectador a imágenes drásticas y gestos violentos, sino también el arte que «lo dice todo», cuyo principio es la univocidad, multiplicación y repetición de lo visible hasta la náusea. Por otro lado, está la estrategia opuesta, la «anorexia», que consiste en decepcionar la mirada, al eliminar todo lo que hay que ver: tal sería el caso del arte minimalista. Ambas, aunque sea de maneras opuestas, tienen el objetivo de sacudir la mirada del espectador, de liberarla de los hábitos perceptivos e intelectuales que le ha impuesto el régimen escópico dominante. Ambas buscan devolverle la libertad a la mirada en su relación al arte y, sobre todo, en su relación a la realidad.

bulimia

A partir de las propuestas críticas de Miguel Ángel Hernández Navarro, puede discernirse una afinidad estratégica entre «PM 2010» de Teresa Margolles y «La parte de los crímenes» de Roberto Bolaño: ambas obras –cada una en su medio– operan con el exceso «bulímico». Al bombardearnos con imágenes violentas –una, técnicas; el otro, mentales– Margolles y Bolaño obtienen un efecto de saturación que desemboca en una náusea estética y moral, que puede acabar convertida en indiferencia –la misma de la que padece el consumidor de los medios de comunicación. En «PM 2010», al juntar las portadas del diario donde se exhiben los cadáveres en la misma superficie que los cuerpos de mujeres erotizados, Teresa Margolles pone de relieve la objetivación estéril de las existencias humanas, usadas como segmentos intercambiables, como trocitos de carne que alimentan el espectáculo con su insaciable deseo de llamar la atención. Con este procedimiento la artista desenmascara la mirada del consumidor de los medios de comunicación, dispuesto a tragárselo todo, y cumple así con la tarea humanizante del arte a la que apela Griselda Pollock –en lugar de inscribirse en las prácticas periodísticas que le adscriben Żmijewski y Warsza.

A diferencia de Margolles, Bolaño no incorpora en su obra trozos sacados directamente de la realidad sino que hace una transformación del material histórico, y con ello se ubica en una zona entre ficción y comentario de la realidad disfrazado que, además, le permite situarse en un nivel más abstracto de reflexión. De todos modos, el efecto es parecido. Cuando se trata de «La parte de los crímenes», la crítica específica coincide en señalar que, tras haber leído unas cuantas descripciones de cadáveres, el lector de *2666* deja de sentirse impactado, al mismo tiempo que las víctimas van diluyéndose en el anonimato y en la sombra del mal omnipresente e impune. La posible impaciencia del lector, quien, al fin y al cabo llega, tal vez, a saltarse las descripciones forenses, tal y como un telespectador aburrido que cambia de canal, ¿qué función subversiva tendrá? Ante todo, según sostiene Arndt Lainck, ese mal que deja de ser percibido, aunque lo tengamos ante nuestros ojos, se revela, en *2666*, como el mal sistémico en el que, más o menos pasivamente, participamos todos (2014: 126-127). El lectoespectador de Bolaño, entonces, tiene que enfrentarse ya no tanto con las imágenes tremendas que saturan «La parte de los crímenes», sino con su –no menos chocante– propia indiferencia. Mario René Rodríguez escribe al respecto:

> [e]l lenguaje forense con «su objetividad científica», hace que el lector no se sienta emocionalmente afectado por los hechos narrados. Por eso, difícilmente nos sentimos conmovidos por las descripciones de mujeres muertas en *2666*. Bolaño nos niega la emoción y a cambio nos ofrece el tedio. El escritor nos hace bostezar impacientes al repetir interminablemente, por cientos de páginas, esas descripciones forenses, y a la vez nos ofrece un espejo de nuestro tedio, en imágenes que muestran la «normalidad» con que transcurre la vida de los habitantes de Santa Teresa. (2014: 53)

Y tal vez sea por eso que la cuarta sección de *2666* es la más larga y la más densa, la que más lleva al lector a la náusea, mezclando el horror interminable con el tedio de la repetición: las trescientas cincuentaidós páginas equivalen a mucho tiempo como para no darse cuenta de que algo no está como debería. En su ensayo titulado «La parte del espectador», Miguel Ángel Hernández Navarro reflexiona sobre el anestesiamiento de la sociedad de la imagen y observa que, a pesar de todo, sigue habiendo imágenes que rompen nuestras barreras perceptivas y emocionales y nos tocan, «nos punzan y nos zarandean» (2009: 71). Esas imágenes logran hacerlo, porque encuentran vías para llegar a lo que realmente somos, donde no existen los filtros por los que estamos acostumbrados a verlas. Lo crucial es, sin embargo, que esa ruptura [del régimen de lejanía de la imagen] no se produce en la parte de la imagen, sino en la parte de la mirada. Somos nosotros quienes realmente rompemos la pantalla. Es pues la parte del espectador la que está aquí en juego. (Hernández Navarro 2009: 71)

Así, el lector de Bolaño, aunque las imágenes de sufrimiento en «La parte de los crímenes» no lo toquen –sobre todo si no lo tocan– tiene repetidas ocasiones de darse cuenta de su propia pasividad, típica del consumidor habitualmente escondido en su cómodo sillón delante –o, más bien, detrás– de la pantalla, en ambas acepciones de la palabra.

En este punto vale la pena evocar la reflexión de la pintora y teórica judía Bracha Lichtenberg Ettinger, quien propone que a la hora de volver a mirar el Holocausto adoptemos la postura de *Wit(h) Ness* (1999), noción que Hernández Navarro sugiere traducir como «testigo-contigo» (2009: 67). Lichtenberg Ettinger sostiene que el «testigo-contigo», en vez de simplemente mirar –lo cual resulta en una mudez pasiva– se sitúa en la posición de cercanía con la víctima y, de ese modo, siente su dolor. «Para dar testimonio es necesario introducir el propio cuerpo, inscribirse en el otro, "tocar" su dolor, que éste nos "afecte"», resume Hernández Navarro (2009: 67). La reflexión de Lichtenberg Ettinger puede ser iluminadora, *toutes les proportions gardées*, a la hora de leer de «La parte de los crímenes», donde a través de la experiencia *corporal* de la lectura tenemos acceso a nuestra propia falta. El lector, sólo al llegar a sentirse impacientado con la recurrencia de las imágenes de un sufrimiento ajeno, puede darse cuenta de su propia pasividad voyerista. Haciéndolo, comprende que «somos nosotros quienes realmente rompemos la pantalla». En eso radicaría la efectividad del procedimiento «bulímico» en «La parte de los crímenes»: en sacudir e incomodar al lectoespectador para que se dé cuenta de que forma parte de un régimen enfermo, de una sociedad aletargada por el consumo permanente.

anorexia

La obra de Teresa Margolles se sitúa, indiscutiblemente, del lado del arte del exceso y la de Bolaño también parece hacerlo. Sin embargo, creemos que Bolaño al mismo tiempo emplea una estrategia escotómica[30]. Paul Ardenne sostiene que el instante crucial y efímero de la muerte es irrepresentable (2006: 349), de ahí que las artes visuales siempre hayan intentado capturarlo. Esa observación no es del todo aplicable a la literatura, en donde existen palabras capaces de expresar incluso aquel misterio. Bolaño, en cambio, decide situar todo lo que concierne a las víctimas del lado del orden visual: emplea estrategias de precisión descriptiva que, a través del lenguaje médico, impregnan el texto de imágenes. Según hemos planteado, las descripciones de los cadáveres funcionan en el texto de Bolaño como proyección retrospectiva de las atrocidades a las que han sido expuestas las víctimas. De ese modo, el lector se ve llevado a enfrentarse con una multitud de imágenes mentales de la violencia. En este sentido, hemos destacado la proximidad de los informes forenses de «La parte de los crímenes» con las fotografías de prensa, recogidas por Teresa Margolles en «PM 2010», donde los cadáveres se diluyen en el anonimato de la iterabilidad.

Griselda Pollock, en su artículo «Abandoned at the Mouth of Hell or A Second Look that Does Not Kill: The Uncanny Coming to Matrixial Memory» (2001), propone una reapropiación del mito de Orfeo y Eurídice que le sirve para llevar a cabo una lectura más profunda de la realidad dominada por los medios de comunicación. Tal y como ocurre en el caso de Orfeo –quien, incrédulo y curioso,

---

[30] En su *El archivo* escotómico *de la modernidad* (2007), Miguel Ángel Hernández Navarro desarrolla la idea de la «mancha ciega» –el escotoma o el punto ciego– refiriéndose a la estrategia del arte moderno de decepcionar la mirada del espectador, dejando lo esencial sin mostrar: ocultándolo o colocando en su lugar un vacío.

a la salida del Hades, al volverse para mirar a Eurídice, pierde la posibilidad de rescatarla— la mirada ante el sufrimiento del otro, en vez de aliviar su dolor, sólo suele cimentarlo irremediablemente en su condición de víctima. Lo que Pollock llama la «mirada órfica» es la mirada dominante en la sociedad de la imagen, la mirada que nos imponen los medios de comunicación, sirviéndonos imágenes de tragedias ajenas para que sigamos al tanto de los hechos, sin por ello tener que interrumpir la cena ni, mucho menos, reaccionar. La mirada órfica constata. La mirada órfica se alimenta del dolor de los demás, convirtiéndolo en un hecho lejano y curioso. La mirada órfica vuelve a matar: restablece y sella el estado de las cosas. Su curiosidad pasiva y distanciada excluye la habilidad del co-sufrimiento del «testigo-contigo», incluye el sufrimiento de los demás en la serie de virtualidades intercambiables previstas por el programa flusseriano.

Vilém Flusser, vuélvase a subrayar, no excluye por completo la posibilidad de subvertir el programa y así recobrar la libertad. Según el filósofo, los artistas pueden socavar el sistema empleando el aparato de maneras no previstas por el programa. Por ejemplo, podríamos pensar, mediante las estrategias que el arte visual moderno emplea para frustrar la mirada: la saturación y la obstrucción. Ahora bien, «La parte de los crímenes» está saturada de imágenes «fotográficas» proporcionadas por la mirada médica de las descripciones forenses de los cadáveres, pero en ella no se describe la violencia misma que de hecho tiene lugar: los asesinos, impunes e inaccesibles, sin caras ni cuerpos, cometen sus actos fuera del texto, es decir, fuera del espacio de la representación. Éste da la impresión de siempre llegar tarde y sólo encontrar los cuerpos muertos, las huellas materiales a partir de las que reconstruye los hechos. Los cadáveres, como lo hemos subrayado, son tratados como objetos legibles, en doble desconexión —antropológica y estilística— de las personas que fueron antes de su muerte. Con todo, no sólo el momento justo de la muerte y las torturas precedentes constituyen lo esencial inaccesible e irrepresentable, también la vida, cada una de las vidas irrepetibles de las víctimas, queda protegida de la mirada voyerista del consumidor del texto. Por consiguiente, al negarle al lector el acceso a la vida, al sufrimiento y a la muerte de las mujeres asesinadas en Santa Teresa, Bolaño subvierte el régimen escópico dominante propio de la sociedad del espectáculo de la imagen. Más aun, compuesto de esa manera, el texto se niega a acunar la mirada órfica que puede volver a matar a las víctimas de la violencia juarense. En vez de ofrecerle la diversión morbosa de una lectura emocionante acerca de los acontecimientos sensacionales en el desierto de Sonora −para muchos, exótico y lejano−, Bolaño introduce en la mente de su lector una pesadilla de imágenes tremendas; una pesadilla que quiebra su paz interior por un tiempo significativo. Las imágenes que el texto proyecta en la cabeza del lector resultan, además, difíciles de manejar con la facilidad habitual con la que éste suele deshacerse del horror cotidiano de las noticias, puesto que logran colarse por las fisuras del «programa» que rige la sociedad del espectáculo de la visión omnipresente y todopoderosa: surgen del vacío que se abre donde está aquello que de hecho no llegamos a ver. La imaginación es la que las dota de una fuerza incomparable. Ésta −como lo sabían muy bien los románticos− trabaja mejor cuando se la nutre con muy poco o nada.

SUBVERSIÓN SUAVE

> Toute vue des choses qui n'est pas étrange est fausse.
>
> Paul Valéry

CONSIDERACIONES GENERALES

En la parte anterior se propuso ponderar los sueños, en *2666*, como vías de comunicación alternativa. Para ello destacamos su potencial subversivo frente al dispositivo dominante. Los sueños aparecen como espacio privilegiado de (a)visualidad en la representación, dotado de una intensidad y dinámica extraordinarias, situado en una zona liminal entre presencia y representación, entre receptividad y actividad. En vistas de esa marcada pauta interpretativa, parece lógico ahora preguntarse si el supuesto potencial subversivo de los instantes oníricos en la obra de Bolaño se inscribe en otros niveles del texto, además de poder discernirse de la realidad representada. De ser así, ¿en qué exactamente consistiría? Para buscar respuestas a estos interrogantes habrá que indagar los sueños en la novela no sólo por su morfología, su estatus ontológico y su funcionamiento, sino también –y sobre todo– habrá que interrogar la pertinencia de analizarlos como sustancialmente diferentes del resto del texto.

La crítica específica de Bolaño ha demostrado que la escritura de lo onírico en su obra va más allá de un realismo convencional, sin que ello implique una cercanía con la estética de lo maravilloso. Por un lado, se ha observado la «presencia de un juego constante entre los niveles ontológicos que hace de la distinción realidad-irrealidad una nimiedad irrelevante» (Moreno 2011: 340). De este modo, «[s]e cuestionan los límites de las estructuras a partir de las cuales pensamos el mundo» (Sinno 2011: 75). Este borrado de la frontera entre el sueño y la realidad es uno de los procedimientos empleados en la ficción para crear su mundo posible. Sus habitantes apenas confían en su propia percepción, están atrapados en una realidad movediza y laberíntica donde, en ocasiones, la falta de puntos de referencia estables la asemeja a una pesadilla, según la piensa Gaston Bachelard (2013). Por otro lado, los sueños en la obra de Bolaño se han analizado a partir de la función que cumplen en la trama, es decir, desde una perspectiva estructural, preocupada más por la construcción del texto –compuesto por elementos dotados de distintas características representacionales, relacionadas con el estatus ontológico que obtienen dentro del juego ficcional– que por los pormenores de la realidad representada. Así, Joaquín Manzi (2005) ha analizado el marcado carácter cinematográfico de las descripciones de los sueños, adscribiéndoles, junto a los demás dispositivos visuales, la función de ofrecer perspectivas alternativas a los acontecimientos, incluso la de completar los contenidos omitidos en la trama. De forma similar, Florence Olivier (2011) ha propuesto pensar los distintos tipos de percepción de lo oculto –sueños, visiones, contacto con los espectros– como una manera de aproximarse al secreto de los crímenes, paralela a las descorazonadas investigaciones policíacas. De este modo, lo imaginario, más que lo real, haría las veces de medio de conocimiento en esta narrativa. En otras palabras, los sueños en la obra de Bolaño están dotados de un carácter más bien confuso: pertenecen a una realidad que muchas veces parece borrosa, sin distinción clara entre sueño y vigilia, al tiempo que revelan aspectos ocultos de ella y, por esa vía, completan la construcción del mundo posible elevado por el texto.

Una dificultad surgida de lo anterior nos lleva a interrogar el privilegio (riqueza y potencial interpretativos) –o, en cualquier caso, la diferenciación en la lectura– de los instantes oníricos adscritos al ámbito del inconsciente frente a aquellos –muchas veces no menos «irreales»– que supuestamente se relacionan con la percepción de los personajes en estado de vigilia. Para poder comentar lo onírico, entonces, hay que investigar las premisas ficcionales y el andamiaje narrativo que determina la distinción, en *2666*, entre sueño y vigilia. Sin perder de vista la cuestión del supuesto potencial subversivo del primero, para reconocérselo (o no), es necesario descubrir en qué consiste su especificidad y en relación a qué el sueño puede resultar subversivo, si es que, en *2666*, de hecho no difiere mucho de la vigilia. Finalmente, es menester subrayar que la ambición de las páginas que siguen no es la de interpretar los sueños en la obra de Bolaño: ni en tanto procedimiento de caracterización psicológica de los personajes, ni en tanto claves para la comprensión de la trama. Al contrario, se intentará no asignarles significados específicos; nos centraremos, en cambio, en su morfología, heterogeneidad y funcionamiento en distintos niveles del texto. En el marco de esta persecución del potencial subversivo de lo onírico en la obra de Bolaño seguimos la idea de la joven Julia Kristeva, quien frente a una literatura subversiva proponía que una teoría radical no podía seguir operando de acuerdo a los valores y las normas del sistema de intercambio, es decir, no podía fijar un significado para el texto como si se tratara de un objeto o de una verdad por descubrir (Sjöholm 2005: 8). Por consiguiente, en vez de lecturas detalladas de sueños particulares, nos inclinamos por una visión algo más abstracta. En este sentido, si tomamos distancia de lo particular, es para obtener una perspectiva general que nos permita pensar el sueño en *2666* como un fenómeno cuyo potencial subversivo –y ésta es la hipótesis que ordena lo que sigue– se constituye en un doble movimiento. En primer lugar, esquiva la categorización derivada de la noción ontológica de «sueño»; en segundo lugar y al mismo tiempo, la imaginación dinámica presente en la práctica de lo onírico a lo largo del texto no respeta las premisas del pacto mimético con el lector.

En lo que sigue, se dialoga con la teoría del movimiento situacionista, cuya estrategia de una subversión suave consiste no en una contestación radical – según Manfredo Tafuri, ya prevista de antemano como parte integral del sistema (McDonough 2002a: xi)–, sino en un proceso continuo que busca corroerlo con sus propias herramientas. En otras palabras, nuestra lectura de lo onírico en *2666* no intenta demostrar una destrucción de las bases miméticas que redundaría sobre un mundo posible compuesto por elementos «oníricos» y «reales». En cambio, se trata de señalar una serie de desplazamientos suaves y dinámicos que son operados en el texto por lo onírico, y están cargados de un potencial subversivo frente a sus mismos fundamentos representacionales. Los conceptos situacionistas se irán introduciendo a medida que sean necesarios para el desarrollo de la argumentación. De forma suplementaria, expandimos la reflexión acerca de lo onírico en la obra de Bolaño hacia el vídeo-arte, pues éste tiene varias afinidades esenciales e iluminadoras con el tratamiento de los sueños en *2666*. En lo inmediato, trazamos un mapa general del terreno que nos ocupa en las páginas que siguen.

sueños en 2666: *catálogo*

En *2666* se describen alrededor de 50 sueños, algunos de los cuales se definen como recurrentes, pero se relatan sólo una vez. En «La parte de los críticos», casi todos los sueños permiten e invitan a ser interpretados en relación con las vivencias de los personajes, sus deseos, miedos e impresiones. Así, por ejemplo, puede leerse el sueño «extrañísimo» (107) de Pelletier que se cierra ante una playa donde se ve «un bulto, una mancha oscura que sobresale de una fosa amarilla» (109). En el sueño el crítico se pone a sudar, el mar también parece sudar y del agua emerge «un trozo de piedra informe, gigantesco, desgastado por el tiempo y por el agua, pero en donde se puede ver, con total claridad, una mano, la muñeca, parte del antebrazo» (109). Esa suerte de estatua es descrita como «horrorosa y al mismo tiempo muy hermosa» (109). Puesto que Pelletier lo sueña inmediatamente después de haberle propinado una golpiza a un taxista paquistaní (103), lo más lógico sería vincular los dos hechos y leer esta visión onírica como expresión de remordimientos, de vergüenza y del miedo por ser descubierto, junto con el goce y la fascinación relacionados con la experiencia transgresiva de dejarse llevar por la pulsión destructiva, en «una mezcla de sueño y deseo sexual», según Pelletier y Espinoza la describen *post factum* (105). De modo parecido pueden leerse, por ejemplo en «La parte de los crímenes», los sueños «plácidos y felices» en los que Juan de Dios Martínez vive con su distanciada amante «en una cabaña de la sierra» (528) o el que tiene Kessler, donde «un tipo que da vueltas alrededor del cráter» (742) –diríase, una elaboración onírica del abismo insondable de los crímenes irresueltos. En «La parte de Archimboldi», un modelo semejante parecen seguir los sueños de Hans Reiter conformados a partir de su obsesión con la muerte de Ansky (921 y 922) y, sobre todo, los de Lotte, cuyo mundo onírico suele responder consecuentemente a las preocupaciones de su vida, personificando su esperanza o su fuerza interior en la figura de su hermano gigante[1] (1082, 1087, 1100, por ejemplo).

Otro tipo de sueños también explicables dentro de la convención realista que elaboran los personajes, tal y como si tuvieran una psique, son los sueños-recuerdos donde las situaciones, personas y emociones del pasado se presentan a los personajes con gran nitidez. Amalfitano sueña con su ex mujer Lola (239 y 260); Fate «se ve a sí mismo durmiendo plácidamente en el sofá de la casa de su madre en Harlem» (436); Hans Reiter ve «al cojo, embutido en su viejo capote militar,

---

[1] La aparición recurrente, en los sueños de Lotte, de la figura de su hermano, dotado de los atributos de fuerza sobrehumana, parece evocar la teoría de los sueños de Carl Gustav Jung, según la cual la figura de un hombre joven, en el sueño de una mujer, corresponde al «animus positivo» (1976: 414).

contemplando el Báltico y preguntándose en dónde se ha ocultado la isla de Prusia» (840). En esta categoría podrían ubicarse otros dos sueños de Fate, aunque ninguno de ellos encaje plenamente. Se trata del sueño con la película en negativo (289), y de aquél que Fate tiene «[m]ientras por la tele pasan [el] reportaje [de Santa Teresa]» (329). Este último trata de «un tipo sobre el que [Fate] ha escrito una crónica», y es descrito a lo largo de tres páginas y media con la coherencia cronológica de un recuerdo detallado, por lo que no resulta del todo claro si realmente se trata de una visión onírica o de una analepsis narrativa (329-332).

En «La parte de los críticos» se incluyen dos series de sueños simultáneos que Norton, Espinoza y Pelletier tienen respectivamente en el hotel de Santa Teresa. En la primera, los críticos sueñan cada uno con un detalle llamativo de su habitación –Pelletier con la taza de baño rota (153), Espinoza con el cuadro del desierto (153) y Norton con los dos espejos que se reflejan mutuamente (154). Florence Olivier observa que hay una incompatibilidad de estas pesadillas con la teoría freudiana, pues ellas operan como «percepción inconsciente del ámbito en el que [los críticos] se encuentran». Los académicos no saben nada de los femicidios santateresianos y aun así «el aspecto precario y caótico de la ciudad y los desperfectos o incongruentes adornos del lujoso hotel [...] comunican con sus temores propios, se infiltran en el "Otro Escenario" de sus sueños» (Olivier 2011: 246-247). En la segunda serie de sueños simultáneos puede observarse un mayor grado de internalización y de elaboración inconsciente de la lúgubre atmósfera de Santa Teresa, puesto que las relativamente neutras visiones oníricas de los críticos se definen como pesadillas: Pelletier sueña con una página a la que no puede encontrarle sentido; Norton, con mover por la campiña a un roble que a veces carece de raíces y a veces las tiene largas como serpientes; Espinoza, con la chica de las alfombras cuyo movimiento permanente de brazos le impide a él decirle algo importante y sacarla de allí (173). Esta permeabilidad del mundo onírico respecto a los acontecimientos de la realidad circundante –aunque quien sueña los ignore– evoca la idea de Aristóteles que, según recuerda Michel Foucault, ante el silencio del sueño nocturno y con el alma alejada de las agitaciones del cuerpo, concebía un tipo de percepción extremadamente sensible a las más lejanas y sutiles agitaciones del mundo (1986: 47). Así se expanden los límites de la subjetividad onírica más allá de un inconsciente individual.

Más aun, esos sueños simultáneos y en esencia monotemáticos, con elementos infiltrados directamente de la realidad circundante, parecen ilustrar ya no alguna de las concepciones psicoanalíticas reconocidas[2], sino una teoría onírica que encontramos en *2666* y que le sirve a Klaus Haas para explicar por qué en la cárcel se sabría a ciencia cierta que él no es el culpable:

> Es como un ruido que alguien oye en un sueño. El sueño, como todos los sueños que se sueñan en espacios cerrados, es contagioso. De pronto lo sueña uno y al cabo de un rato lo sueña la mitad de los reclusos. Pero *el ruido* que alguien ha oído no es parte del sueño sino de la realidad. El ruido pertenece a otro orden de cosas. […] Alguien y luego todos han oído un ruido en un sueño, pero el ruido no se produjo en el sueño sino en la realidad, el ruido es real. (614; énfasis del original)

De hecho, puede decirse que en *2666* –y, por cierto, en otras obras de Bolaño, sobre todo en *Monsieur Pain* y en *Amuleto*– muchos de

---

[2] El aire esotérico de esta visión del universo onírico como espacio existente paralelamente al de la realidad, un espacio que puede visitarse y compartir por muchos sujetos soñantes, recuerda las ideas de Carl Gustav Jung, especialmente el concepto del inconsciente colectivo. «Si [une fantasie individuelle involontaire] dispose de sources de toute évidence personnelles, la fantasie créatrice dispose aussi de l'esprit primitif oublié et depuis longtemps enfoui avec ses images particulières révélées dans les mythologies de tout temps et de tous les peuples. L'ensemble de ces images forme *l'inconscient collectif* donné *in potentia* par hérédité à chaque individu» (Jung 2012: 42; énfasis del original).

los instantes oníricos realizan diferentes versiones de esta concepción espacial y comunicativa de los sueños. De este modo, se ubican en la misma zona gris e impenetrable de comunicación alternativa en la que situamos la telepatía, las visitas de los espectros, las premoniciones y las visiones. Así, no sólo la vidente Florita Almada, a través de sueños o visiones, llega a saber cosas imposibles de descubrir de otro modo (575). También la madre de la muerta Michele Sánchez, años antes de la desaparición real de su hija, tiene «sueños terribles» donde una y otra vez la pierde (703-704). O la diputada Azucena Esquivel Plata –no se sabe si en sueños o en vigilia–, quien escucha voces que «provienen del desierto» donde ella «vaga con un cuchillo en la mano», en cuya hoja se refleja su cara cubierta de pequeñas cicatrices correspondientes a las historias de las desaparecidas (783). O un soldado que en «La parte de Archimboldi» sueña que «Dios en persona» lo visita y le promete rescatarlo de los túneles de la Línea Maginot a cambio de su alma –promesa que, de hecho, se cumple inmediatamente con la llegada de los soldados de su compañía (843-844). Esto último, de paso, añade al universo onírico de *2666* el escenario de una epifanía divina, profética y efectiva. En otras palabras, el sueño-herramienta en las manos de Dios sería un caso extremo en esta clase de sueños que se infiltran desde fuera y se despliegan ante los ojos (u orejas[3]) interiores de quién está soñando, en vez de ser el resultado de una elaboración de contenidos inconscientes, tal y como se propondría desde la tradición freudiana, o el reflejo profundo del estado existencial del soñante, según lo entendería la psicología existencial de Ludwig Binswanger.

---

[3] En *2666* hay un sueño puramente sonoro: es el sueño de Amalfitano, donde la voz de una francesa le habla «de signos y de números» y de algo que Amalfitano no entiende y que la voz llama «"historia descompuesta" o "historia desarmada y vuelta a armar"» (264). Este sueño merece ser mencionado por su parentesco con los sueños sonoros desarrollados en *Monsieur Pain*, donde el narrador por casualidad logra escuchar una conversación, como si su inconsciente fuera una radio mal ajustada (1999: 52).

esquizoanálisis

Un vistazo rápido al panorama general de los sueños en *2666* parece indicar que este universo onírico pone en obra por lo menos dos concepciones no del todo compatibles: la de una psique con sus contenidos inconscientes y la de un flujo de comunicación sobrenatural. Con todo, sigue habiendo sueños inclasificables, tal es el caso del que abre «La parte de Fate»:

> ¿Cuándo empezó todo?, pensó. ¿En qué momento me sumergí? Un oscuro lago azteca vagamente familiar. La pesadilla. ¿Cómo salir de aquí? ¿Cómo controlar la situación? Y luego otras preguntas: ¿realmente quería salir? ¿Realmente quería dejarlo todo atrás? Y también pensó: el dolor ya no importa. Y también: tal vez todo empezó con la muerte de mi madre. Y también: el dolor no importa, a menos que aumente y se haga insoportable. Y también: joder, duele, joder, duele. No importa, no importa. Rodeado de fantasmas. (295)

Desprovisto de contexto y en *2666* nunca retomado ni explicado, este sueño-flujo de consciencia que, sin certeza alguna, puede adscribírsele a Fate, parece incluso sugerir que el universo onírico incluye la apertura de pasajes hacia espacios alternativos en otras dimensiones, como si en él operara la cajita azul de *Mulholland Drive* (David Lynch, 2001) y sumergiera a quién la abre en una realidad vagamente familiar donde todo, aunque parezca coherente, resulta dolorosamente desplazado, mientras que la consciencia individual oscila, indecisa, entre el olvido y la desorientación de los afectos persistentes de la realidad habitada con anterioridad.

El universo onírico, en *2666*, parece liberado de las reglas de un sistema coherente. De esta manera, está dotado de un gran potencial dinámico de expansión imaginaria, referencial y semántica, ya que ninguna de las perspectivas y lecturas disponibles resulta definitiva. Es más: puede incluso decirse que lo onírico, en *2666*, se comporta de una manera rizomática, si recordamos que «un rhizome n'est justiciable d'aucun modèle structural ou génératif. Il est étranger à toute idée d'axe génétique, comme de structure profonde» (Deleuze & Guattari 1980: 19). Este carácter heterogéneo, fluido e irregular de todo aquello que podría obtener el denominador común de percepción inconsciente incita, de hecho, a considerarlo en relación con el pensamiento de Gilles Deleuze y Félix Guattari[4]. Para hacerlo, es preciso esbozar algunas de las líneas principales que lo atraviesan y que resuenan en la reflexión que se desarrolla en las páginas que siguen.

Si se considera que para Deleuze y Guattari el error clave del pensamiento occidental ha sido la predilección por la transcendencia (1991/2005: 21-59), su filosofía puede imaginarse como un intento de liberar nuestra relación con el mundo de los hábitos perceptivos y conceptuales arraigados en la visión dualista de la realidad, es decir, de aquellos hábitos que estarían compuestos por las cosas dadas *a priori* y por un sujeto que se las representa desde una posición de distancia. En su último texto publicado, Deleuze escribe al respecto:

> Immanence does not relate to a Something that is a unity superior to everything, nor to a Subject that is an act operating the synthesis of things: it is when immanence is no longer immanence to anything other than itself that we can talk of a plane of immanence. [...]
>
> Pure immanence is A LIFE, and nothing else. It is not immanence to life, but the immanence which is in nothing is itself a life. A life is the immanence of immanence, absolute immanence: it is sheer power, utter beatitude. [...]
>
> Although a transcendent which falls outside the plane of immanence can always be invoked or even attributed to it, it remains the case that

---

[4] Entre los críticos de Bolaño sobresale Pablo Catalán (2003) como el que ha comentado su obra en términos de *desterritorialización* y de *devenir*, en el sentido que ambas nociones obtienen del dúo Deleuze-Guattari.

all transcendence is constituted uniquely in the immanent current of consciousness particular to this plane. Transcendence is always a product of immanence[5]. (1999: 171-172; énfasis del original)

Para Deleuze y Guattari la vida es, entonces, un flujo dinámico de la inmanencia en que se forman conexiones (o territorios, si seguimos su terminología) que corresponden a aquello que percibimos como entidades, sistemas y otros tipos de totalidades discernibles –incluido el sujeto pensante, el cual, sin embargo, forma aquí parte de la inmanencia y en ningún caso tiene la posición privilegiada ante el mundo que le otorgan los sistemas transcendentes. Los territorios, hay que resaltarlo, no están dados *a priori* como un catálogo de formas de vida por realizar, sino que van creándose de modo espontáneo en el movimiento de las fuerzas que constituyen la vida. Lo anterior implica que esas mismas fuerzas que condicionan y posibilitan el devenir de lo que *es* (territorialización), también permiten que las cosas devengan lo que *no son* (que se desterritoralicen). La desterritorialización, entonces, transcurre en los espacios del devenir mismo, es decir, *entre* dos entidades, en el ni-lo-uno-ni-lo-otro[6], y dota a este movimiento

---

[5] Los conceptos de transcendencia y de inmanencia en Deleuze y Guattari los explica Claire Colebrook de la siguiente manera: «[w]e begin from some term which is set against or outside life, such as the foundation of God, subjectivity or matter. We think life *and* the thought which judges or represents life. Transcendence is just that which we imagine lies outside (outside thought or outside perception). Immanence [one of the key terms (and aims) of Deleuze's philosophy], however, has no outside and nothing other than itself. Instead of thinking a God who then creates a transcendent world, or a subject who then knows a transcendent world, Deleuze argues for the immanence of life. The power of creation does not lie outside the world like some separate and judging God; life itself is a process of creative power. Thought is not set over against the world such that it represents the world; thought is a part of the flux of the world. To think is not to represent life but to transform and act upon life» (2002: xxiv; énfasis del original).

[6] Es sólo la «desterritorialización absoluta» que transcurre, puede decirse, más allá de las reterritorializaciones: «[l]a D[éterritorialisation] est absolue [...] chaque

de un carácter escurridizo e indecidible frente a las categorías que nos ayudan a organizar (territorializar) el mundo. La desterritorialización, pues, está vinculada con una territorialización de la que parte y en la que se transforma.

En *L'Anti-Œdipe*, Deleuze y Guattari describen dos tendencias del modo que pensamos el mundo o –de acuerdo con la filosofía de la inmanencia– del modo que operamos en él. La primera la denominan «paranoica» y la segunda «esquizofrénica» (1972/1973: 329-462, sobre todo). La mayoría del pensamiento occidental, según los autores, se basa en una estructura paranoica, lo cual resulta más claro si consideramos que el paranoico escucha voces fuera de sí mismo, voces que le dan órdenes y, de ese modo, controlan la realidad. La voz que escucha el paranoico de Deleuze y Guattari es la de la transcendencia: el principio, el orden, la ley superiores que, imaginamos, están detrás de todo y lo organizan. La voz es aquello a lo que las cosas se ajustan y con lo que se comparan, un modelo en relación al que percibimos el mundo en términos representacionales e intentamos interpretarlo como una red de signos por descifrar en busca de la verdad. Fiel a las voces, el paranoico cree en un orden ideal al que la realidad debe asemejarse, intenta establecerlo y con ese fin organiza las cosas en unidades fijas según una segregación territorial controlable: grandes sistemas, formaciones estadísticas y totalidades delimitadas (Deleuze & Guattari 1972/1973: 333-336, sobre todo).

El esquizofrénico, por su parte, habita los espacios de la desterritorialización y, sin someterse a las leyes ni a las generalizaciones unificadoras –en las que no cree, pues no escucha ningunas voces– mantiene relaciones inmediatas e imprevisibles con el resto del mundo (Deleuze & Guattari 1972/1973: 336-337). El esquizofrénico obedece

---

foir qu'elle opère la création d'une nouvelle terre, c'est-à-dire chaque fois qu'elle connecte les lignes de fuite, les porte à la puissance d'une ligne vitale abstraite ou trace un plan de consistance» (Deleuze & Guattari 1980: 636).

al deseo que, para Deleuze y Guattari, no opera en términos negativos de falta, sino en los de conexión y producción: «le désir est machine, synthèse de machines, agencement machinique – machines désirantes. Le désir est de l'ordre de la *production*» (Deleuze & Guattari 1972/1973: 356). El deseo es una fuerza inherente a la vida misma que desconoce las estructuras y las normas con las que el paranoico describe y organiza el mundo.

Ahora bien, los sueños, las visiones y alucinaciones que surgen a lo largo de la obra de Bolaño pueden imaginarse, en su disparidad, como un flujo de deseo que atraviesa el mundo representado, escurriéndose en la invención de las siempre renovadas configuraciones pasajeras o esquizofrénicas, sin dejarse definir ni organizar en ningún orden estable. Un movimiento, podría decirse, más bien que una imagen coherente, «mouvement par lequel la production désirante ne cesse de franchir la limite, de se déterritorialiser, de faire fuir ses flux, de passer le seuil de la représentation» (Deleuze & Guattari 1972/1973: 377).

En vez de realizar la imagen de una categoría ontológica preexistente, se trataría aquí de un proceso de creación de aquello que *es deviniendo* un universo onírico, una desterritorialización de la imagen misma de lo que es lo onírico en *2666*. Pensados así, los sueños esquivarían la norma trascendente a un nivel profundo, independiente de las territorializaciones propias de cada una de sus descripciones en el texto, ya sea que ofrezcan o no claves interpretativas para el desciframiento de la obra. En otras palabras, la desterritorialización sucesiva de lo onírico –que entre un sueño y el siguiente deja de ser lo que parece– frente a las estrategias imaginativas e interpretativas que, una tras otra, fallan en captarlo por completo, puede pensarse en sí como un primer desplazamiento dentro de la representación. Desde la perspectiva que se propone aquí, entonces, su resistencia a inscribirse en una definición suficiente, en tanto categoría ontológica dentro del mundo posible de

2666, funciona como una borradura de los contornos del objeto de conocimiento[7].

La filosofía de la inmanencia de Deleuze y Guattari ofrece un método analítico –el esquizoanálisis– que, en vez de partir de entidades determinadas e intentar encontrar un significado transcendente, procura interrogar las intensidades y los flujos del deseo que han posibilitado el surgimiento de las formas específicas de vida. Si hacemos lugar a la intuición que concibe a los sueños de *2666* en una serie desterritorializante, parece pertinente aproximarse a lo onírico en esta obra ya no en busca del significado de cada una de sus realizaciones concretas, sino, en cambio, interrogando la dinámica del flujo del que parecen surgir.

DESPLAZAMIENTOS

táctica situacionista

Akira Mizuta Lippit, ya lo sabemos, describe los sueños como avisuales, pues a pesar de que los pensemos en términos visuales, ellos son invisibles (2005: 41). Los sueños en *2666*, sin embargo, pueden imaginarse como avisuales también en un sentido algo diferente. Estrechamente entrelazado, en nuestra lectura, con un movimiento desterritorializante, lo onírico en la obra de Bolaño no llega a obtener contornos claramente delineados, y esto pone trabas a la visión como metáfora de conocimiento racional que opera con categorías y definiciones precisas. Lo onírico, entonces, aparece como una categoría

---

[7] Recuérdese en este punto la reflexión de Max Horkheimer y Theodor Adorno sobre la visión como herramienta de conocimiento del mundo: para dominarlo con la mirada, el sujeto vidente necesita situarse fuera de sus límites, enmarcándolo como totalidad abarcable desde su perspectiva.

pensable, pero que esquiva definiciones cerradas. Más aun, mediante su presentación avisual instaura una invisibilidad en lo imaginable.

Esa avisualidad de lo fugitivo, tendiente a desestabilizar la representación desde adentro, incita a evocar las estrategias subversivas del movimiento internacional situacionista cuyo objetivo era crear, en el seno del espectáculo omnipresente, espacios y procesos de desterritorialización que permitieran por un breve *ahora* sumergirse en la vida real.

> The Situationists counteract capitalism –which «concretely and deliberately» organizes environments and events in order to depotentiate life– with a concrete, although opposite, project. Their utopia is [...] perfectly topical because it locates itself in the taking-place of what it wants to overthrow. [...] What is decisive here is the messianic shift that *integrally* changes the world, leaving it, at the same time, *almost* intact: everything here, in fact, stayed the same, but lost its identity. (Agamben 2000: 77-78; énfasis del original)

Advertidos de la omnipresencia del espectáculo, los situacionistas, para subvertirlo, trataban de excluir de su actividad revolucionaria todo tipo de imagen: fuera ésta concreta y tangible, formada directamente por el aparato espectacular, fuera mero fantasma o visión. Este punto central de su agenda concernía también y sobre todo al mismo movimiento situacionista, que se caracterizaba, según recuerda Vincent Kauffman, por su invisibilidad y su irreductible oposición a todas las formas de representación o de espectáculo (2002: 286). De ahí no sólo la clandestinidad del movimiento, sino, más importante incluso, la superación programática del arte en tanto imaginario separado de la vida cotidiana –la cual, cabe subrayarse de una vez, es para los situacionistas el campo de batalla verdadero, pues «indica el aspecto vivido de la existencia, el sentido general del vivir en su concreción» (Perniola 2008: 59). El postulado situacionista de la superación del arte tiene, por supuesto, también una base ideológica anticapitalista.

Se trata de luchar contra ese sistema donde las obras de arte tienen un valor económico, es decir, donde son una forma de acumulación de capital y, por ende, sirven para cimentar la sociedad burguesa (Perniola 2008: 32). Ahora bien, lo relevante para nuestra reflexión es su reclamo de creatividad artística para la vida cotidiana: abolir el arte sin dejar de practicarlo[8], es decir, continuar el movimiento revolucionario donde los surrealistas y los dadaístas lo dejaron. «Le dadaïsme a voulu *supprimer l'art sans le réaliser*; et le surréalisme a voulu *réaliser l'art sans le supprimer*», escribe Guy Debord en *La Société du Spectacle* (1992: 186; énfasis del original). «La position critique élaborée depuis par les situationnistes a montré que la suppression et la réalisation de l'art sont les aspects inséparables d'un même *dépassement de l'art*», concluye (1992: 186; énfasis del original). La importancia de la abolición del arte y *al mismo tiempo* su práctica como actividad revolucionaria, según observa Greil Marcus, consiste en volver a ocupar el tiempo —que en su totalidad está robado por el espectáculo— para *consumirlo* de modo subversivo, es decir, improductivo, lúdico, agradable (2002: 6). En otras palabras: no previsto por el sistema y en desacuerdo con él. El arte abolido no sólo está des-comercializado, des-obrado y desprovisto del artista individual, también y ante todo es producido como una experiencia real, libre y placentera, de la vida cotidiana.

---

[8] Nótese al margen la semejanza con los postulados de los Infrarrealistas expuestos, en el manifiesto escrito por Mario Santiago Papasquiaro, en las siguientes frases: «¿QUÉ PROPONEMOS? // NO HACER UN OFICIO DEL ARTE // MOSTRAR QUE TODO ES ARTE Y QUE TODO MUNDO // PUEDE HACERLO // OCUPARSE DE COSAS «INSIGNIFICANTES» / SIN // VALOR INSTITUCIONAL / JUGAR / EL ARTE DEBE SER ILIMITADO EN CANTIDAD, ACCESIBLE // A TODOS, Y SI ES POSIBLE FABRICADO POR TODOS !!!!!!!!!!!!!!!!!!!!!!!!!!!!!!!! // IMPUGNAR EL ARTE / IMPUGNAR LA VIDA COTIDIANA (DUCHAMP) EN UN TIEMPO QUE APARECE CASI ABSOLUTAMENTE BLOQUEADO PARA LOS // OPTIMISTAS PROFESIONALES // TRANSFORMAR EL ARTE / TRANSFORMAR LA VIDA COTIDIANA (NOSOTROS) // CREATIVIDAD / VIDA DESALINEADA A TODA COSTA» (Papasquiaro 2013: 37).

En la realidad des-realizada del espectáculo, la insistencia en el carácter no imaginario de la actividad revolucionaria resulta crucial para la elaboración de tácticas subversivas eficientes. Mario Perniola escribe a propósito:

> Había llegado el momento de desterrar de una vez por todas los términos al uso, aceptados y asumidos por los surrealistas, para distinguir entre *vida real* (lugar del aburrimiento y de la insignificancia) y *vida imaginaria* (lugar de la maravilla y del sentido), ya que es la realidad misma la que *puede* ser maravillosa. Al atribuir a lo maravilloso un estatus *surreal*, el surrealismo indicó mecanismos de liberación que continúan siendo imaginarios: los sueños, el arte, la magia… (2008: 17; énfasis del original)

En la práctica, este postulado determinaba distintas formas de ocupación subversiva —experiencias reales anti-espectaculares— de los espacios del espectáculo. El concepto central era, por supuesto, el de «situación», definida como un «momento de la vida, concreta y deliberadamente construido por medio de la elaboración colectiva de un ambiente unitario y de un juego de acontecimientos» (Perniola 2008: 29). En este entramado, vale la pena mencionar también la *dérive* —el paseo sin propósito[9], esa especie de práctica de desterritorialización que, sin poseer espacio propio, corroe las estructuras capitalistas impuestas por la planificación urbana y las usa para un simple estar improductivo que se deja guiar por ambientes y emociones— y los grafitis que, según observa Frances Stracey, «re-territorialise

---

[9] Aunque tenga una forma parecida a la *flânerie*, la *dérive* surge de premisas políticas esencialmente diferentes. En vez del poeta o estudiante solitario que recorre los barrios bohemios, se trata del proletariado o del colectivo esparcido en un movimiento unificador por todas las partes de la ciudad. La *dérive* tiene el carácter de una experimentación espontánea y de un juego que sigue el principio de la desorientación como estrategia subversiva ante el control hegemónico del espectáculo (Marcus 2002).

public space from below, on behalf of the marginalised and excluded» (2008: 125). En suma, todas estas prácticas parecen ser variantes de una misma estrategia esencial: el *détournement*.

Según la formulación de Greil Marcus, el *détournement* es «the diversion of an element of culture or everyday life [...] to a new and displacing purpose» (2002: 6). Sus aspectos fundamentales son «la pérdida de importancia del sentido original de cada elemento singular y autónomo» y «la organización de un conjunto de significaciones diferente, que viene a conferir a cada elemento un alcance nuevo» (Perniola 2008: 31-32). La diferencia crucial de estas prácticas con otras similares de cuño vanguardista, como el *collage* o el *ready-made*, reside en el carácter subversivo y anti-artístico que le adjudicaban los situacionistas:

> La importancia de este procedimiento consiste en el hecho de que a través de él objetos e imágenes que guardan una estrecha relación con la sociedad burguesa [...] se sustraen a su destino y finalidad para ser colocados en un contexto cualitativamente distinto, en una perspectiva revolucionaria. (Perniola 2008: 32)

Aunque el *détournement* concierne, en principio, a las imágenes –«obras de arte, pero también anuncios publicitarios, manifiestos de propaganda, fotografías pornográficas» (Perniola 2008: 32)– donde ejerce una táctica de reapropiación y desplazamiento de los elementos del sistema, los situacionistas lo han aplicado en todas las esferas de su actividad clandestina (espacio urbano, lenguaje, cine...), denominándolo «situación», «*dérive*» o «*ultradétournement*» (Stracey 2008: 125). De hecho, según recuerda Thomas Y. Levin a propósito de «Le détournement comme négation et comme prelude», un ensayo programático publicado en diciembre de 1959, los editores de la *Internationale Situationniste* sostienen que «the signature of the movement, the trace of its presence and its contestation in contemporary cultural reality [...] is first and foremost the employement of *détournement*» (2002: 331).

Ahora bien, la concepción de la imagen dentro del marco del espectáculo debordiano[10] nos servirá como referencia productiva si la pensamos en un sentido más abstracto. Por lo mismo, vale la pena aclarar que no intentamos sostener que la obra de Bolaño sea anti-visual o anti-imaginaria. La noción de imagen debe entenderse ya no estrictamente según su uso en el contexto de la crítica de la sociedad del espectáculo, sino más bien como un concepto plegable que puede convertirse en su propio negativo. Lo visual, en la obra de Bolaño, oscila entre el flujo desterritorializante que borra las formas estables e impide su estagnación en «imágenes», en significantes normativos del pensamiento transcendente. Desde esta perspectiva, la invisibilidad anti-espectacular que propugnan los situacionistas se ubica en lo avisual fugitivo del flujo del deseo, este último concebido, recuérdese, no en términos de una falta que requiere la cristalización de un objeto, sino en los de una producción desterritorializante.

détournement: *cine situacionista, secuencias oníricas*

Según observa Thomas Y. Levin, recordando la declaración publicada en el número 8 de la *Internationale Situationniste* (enero de 1963), ante la imposibilidad de escapar del orden cultural contra el que luchaban, los situacionistas reconocían la importancia estratégica

---

[10] Recuérdese que, para Guy Debord, el problema con la sociedad del espectáculo consiste ya no en que ofrezca imágenes simulacrales de la realidad, introduciendo, de ese modo, una confusión y un empobrecimiento de la experiencia de la vida, sino en que el espectáculo *sea real* y reemplace, devore la realidad. Desde esta perspectiva, toda visualidad, toda imagen se entienden como representaciones pertenecientes al espectáculo, como sus herramientas y su materialización, y, por consiguiente, enemigas mortales de la vida real o anti-espectacular.

del cine: medio corrompido por parte del espectáculo y la clase burguesa, pero de gran importancia para la vida cotidiana. La arquitectura –otro elemento constitutivo de la cotidianeidad y punto crucial en la agenda situacionista–, a diferencia del cine, dificultaba cualquier intento de renovación que implicara poner en práctica el imperativo de transformación (Levin 2002: 303). El cine, sin embargo, gracias a su capacidad de manipulación técnica (montaje, *voice-over*...) y de incorporación de otras mediaciones (documentación fotográfica, fílmica), se prestaba excepcionalmente bien al *détournement*, cuya orientación bregaba por apropiarse de las herramientas del medio para socavar su representacionalidad (Levin 2002: 331).

En el centro de la técnica composicional del cine anti-espectacular de Guy Debord, según sostiene Giorgio Agamben, está, por un lado, la repetición que abre una zona de indecidibilidad entre lo real y lo posible, y por otro, el *stoppage*, la congelación del fotograma que, en vez de constituir una simple pausa cronológica, ejerce su trabajo sobre la imagen, alejándola de su poder narrativo (2002: 316-317). Ambos procedimientos, observa Agamben, revelan a la imagen como medio, sin permitir que desaparezca en lo que ella hace visible, en su «contenido» (2002: 318). Aunque en los años sesenta la práctica de despojar el medio artístico de (una parte de) su representacionalidad no fuera una novedad, Agamben muestra cómo Debord la utiliza en el cine para obtener un efecto político anti-espectacular:

> The image exhibited as such is no longer an image of anything; it is itself imageless. The only thing of which one cannot make an image is [...] the being-image of the image. The sign can signify anything, *except the fact that it is in the process of signifying.* What cannot be signified or said in a discourse, what is in a certain way unutterable, can nonetheless be shown in the discourse. There are two ways of showing this «imagelessness», two ways of making visible the fact that there is nothing more to be seen. One is pornography and advertising, which act as though there were always something more to be seen, always more

images behind images; while the other way is to exhibit the image as image and thus to allow the appearance of «imagelessness», which, as Benjamin said, is the refuge of all images. It is here, in this difference, that the ethics and the politics of cinema come to play. (2002: 319; énfasis del original)

En otras palabras, el trabajo subversivo del *détournement* del cine situacionista consiste en romper el taciturno juego de la representación. Se trata, añadimos, de liberar la imagen de su función transcendente. La fuerza de los procedimientos descritos por Agamben consiste, pues, no tanto en demostrar el carácter artificial y construido del mundo representado sino, más bien, en desarmar, por un momento, el significante que constituye el fundamento de la economía de la representación en el sentido filosófico.

Las estrategias anti-espectaculares del cine situacionista pueden arrojar un poco de luz sobre la serie de tres «pesadillas» que los críticos, «al despertar, aunque se esforzaron, no pudieron recordar»:

> Pelletier soñó con una página, una página que miraba al derecho y al revés, de todas las formas posibles, moviendo la página y a veces moviendo la cabeza, cada vez más rápido, aunque sin encontrarle ningún sentido. Norton soñó con un árbol, un roble inglés que ella levantaba y movía de un lugar a otro de la campiña, sin que ningún sitio la satisficiera plenamente. El roble a veces carecía de raíces y otras veces arrastraba unas raíces largas como serpientes o como la cabellera de la Gorgona. Espinoza soñó con una chica que vendía alfombras. Él quería comprar una alfombra, cualquier alfombra, y la chica le enseñaba muchas alfombras, una detrás de otra, sin parar. Sus brazos delgados y morenos nunca estaban quietos y eso a él le impedía hablar, le impedía decirle algo importante, cogerla de la mano y sacarla de allí. (173)

El hecho de que el contenido de las tres pesadillas, olvidado por los críticos, sea accesible para los lectores de *2666*, resalta su vecindad inmediata en el texto y sugiere una afinidad entre ellas, como si –de acuerdo con la sabiduría oriental expresada por un sabio en la versión fílmica de *Las mil y una noches* de Pier Paolo Pasolini (1974)– el mensaje completo hubiera que buscarlo en varios sueños juntos, y no en uno solo. En otras palabras, la presentación de los tres sueños juntos (olvidados por los personajes) ante los ojos del lector es un gesto enfático autorreferencial con el que el texto los señala como un mensaje compuesto de elementos diversos. Leídos como imágenes complementarias entre sí, estos instantes oníricos parecen revelar una desestabilización temerosa –por su adjetivación pesadillesca– de las normas: la imposibilidad de comunicación convencional, un desarraigo y la puesta en movimiento de procesos frente a los que el pensamiento tradicional queda impotente. El roble, «viril y paternal», según lo elabora la imaginación antropológica (Bachelard 2014: 273), podría simbolizar todo aquello que Deleuze y Guattari entienden por los sistemas arborescentes, «des systèmes hiérarchiques qui comportent des centres de signifiance et de subjectivation, des automates centraux comme des mémoires organisées» (1980: 25), es decir, estructuras lógicas y consecuentes, sistemas binarios y territorialización paranoica. Ahora bien, el roble es movido de un lugar a otro, es desterritorializado sin rumbo ni plan preexistente por una voluntad caprichosa y espontánea, mientras que la fundación misma de su estabilidad, las raíces, ora desaparecen, ora se convierten en un caos incontrolado y peligroso. Estas raíces, sacadas de la tierra donde, invisibles, suelen ser el garante impensado de la verticalidad de la estructura del sistema arborescente, se revelan ahora como entrañas o tuberías, es decir, como un mecanismo avisual: revelado en el dominio de la visión, es inabarcable, indiscernible en su constante movimiento, es acéfalo. El movimiento de las serpientes, de la cabellera de la Gorgona, se ve redoblado en el de los brazos delgados de la chica de las alfombras, donde una infinitud de posibilidades, formas y variantes es renuente a dejarse fijar en un ejemplar concreto, en una imagen estable, y opone su fluidez –informe y avisual ella también– a las reglas del intercambio y de la comunicación eficaz que operan con entidades delimitadas y separables. A la luz de estas dos imágenes oníricas la página que, pese a los esfuerzos interpretativos de un catedrático de letras, no produce sentido, estalla como una carcajada de insubordinación frente a las leyes del significante. El sueño de Pelletier con esa página que se niega a significar algo para él parece de manera más directa hablar de la crisis de la representación, mientras que los de Norton y Espinoza señalan metafóricamente la insuficiencia de las formas y de los sistemas cerrados, fundados en divisiones y límites fijos, frente a lo fluido[11] (al flujo del deseo). Al mismo tiempo, resulta llamativo el carácter *discernible* del vínculo entre las tres pesadillas, un vínculo que *se deja ver* en aquello que, en sí avisual, parece insistir en la insuficiencia de la visión en tanto herramienta de conocimiento. En otras palabras y parafraseando a Blanchot con un toque cartesiano, lo que se puede ver es *ver que no se puede ver*. La insistencia en que los sueños de los críticos, en Santa Teresa, aparezcan en series, cada una subordinada a una misma temática, señala su carácter artificial: todos estos instantes oníricos, aunque puedan motivarse, de acuerdo con una verosimilitud realista, con las circunstancias incluidas en la diégesis, al mismo tiempo se revelan como construcciones narrativas regidas por el principio de repetición con diferencia, cuyo carácter diferencial, señala Deleuze, insiste en la esencia de lo repetido (1993). En este sentido, la resistencia a las leyes de representacionalidad de estos tres sueños adquiere el valor de un metacomentario dirigido al lector, pues desarma parcialmente la ilusión de que se trate de pesadillas de académicos europeos en un mundo posible y, a la vez, parcialmente desenmascara estas unidades narrativas en su función de significantes.

---

[11] Luce Irigaray, en «La "mécanique" des fluides» (1974: 103-116), comenta la incompatibilidad de lo fluido –que la filósofa relaciona con lo femenino/otro– con la *bonne forme*, es decir, el sistema patriarcal de significantes fijos en el que no está prevista la posibilidad de dar voz a lo fluido.

Si se piensa el principio de la repetición en términos del *détournement* situacionista, puede verse cómo los elementos fundamentales del sistema –los sueños, la realidad, la verosimilitud– son usados para corroer la autoridad de la representación. Cabe, sin embargo, resaltar la *clandestinidad* de esta táctica: el texto, como el movimiento situacionista, no ofrece imaginarios alternativos al espectáculo (representación realista mimética), sino que se apropia de las imágenes ya existentes para desplazarlas en un gesto crítico. Por eso la subversión inscripta en lo onírico en *2666* solamente puede comentarse en términos de *potencial*, ya que los sueños no dejan de funcionar como elementos de la diégesis, dispuestos, al mismo tiempo, a corroerla en tanto representación.

De un modo similar podemos leer el sueño que abre «La parte de Fate» (295), como un encuadre congelado que, según Agamben, debilita el poder narrativo de la imagen. Es un instante onírico –aunque en realidad no se sabe qué es– narrado de manera entrecortada y con referencias borrosas (¿qué pesadilla, qué lago azteca, qué dolor?). Se sitúa en la periferia de la trama, tanto temática como topográficamente: puede suponerse que da cuenta de los pensamientos de Fate, pero resulta imposible ubicarlo en el relato que sigue, pues no se vuelve a retomar directamente ninguno de sus elementos, excepto la muerte de su madre. De modo indirecto, sin embargo, se hace patente cierta suspensión del protagonista y de los acontecimientos evocados entre sueño y vigilia, algo que permite considerar el episodio mexicano de Fate como puramente onírico –tal y como lo hace Neige Sinno (2011: 68-69). En relación con el resto de esta sección de la novela, el fragmento que la abre se situaría más allá de la división mimética entre sueño y vigilia, cumpliría sobre todo una función meta-narrativa, como si se tratara de un epígrafe que entrega una clave de lectura, sin por ello dejar de ser, al mismo tiempo y con mucha probabilidad, otro sueño del protagonista. Sin abolir la noción del sueño dentro de la diégesis, este ejemplo demuestra cómo lo onírico se usa de una manera ligeramente distinta de la convencional, pues deja entrever los ligamentos y las conexiones interiores del andamiaje narrativo, aunque sin ofrecer una revelación plena. Éste sería, a fin de cuentas, el trabajo de la indecidibilidad parasitaria que clandestinamente corroe el sistema, el *détournement* del texto.

SUEÑO–MEDIO–MÉDIUM

mientras Liz Norton dormía

Como se mencionó al principio de esta parte, la relación estrecha entre lo onírico y lo cinematográfico es ya casi un lugar común en la crítica específica de Bolaño. Joaquín Manzi encuentra germinaciones desmesuradas de la trama fílmica de *Rosemary's Baby* en *Estrella distante* (2005: 72) y resalta el «lenguaje icónico de las fotos o de las películas» con el que se describen las imágenes oníricas en *Monsieur Pain* (2005: 79). Neige Sinno vincula el carácter alucinatorio e incierto de «La parte de Fate» con la importancia del cine y de la televisión en la vida del personaje principal (2011: 66-69). Por su parte, Pablo Corro Pemjean observa afinidades esenciales entre los principios narrativos empleados en las películas referenciadas en *2666* y en el tratamiento de los sueños en esta obra:

> Algunas de las películas que Bolaño elige para hacer proliferar lateralmente el relato, para acentuar en él un estado dominante, o perfilar indirectamente la psicología de un personaje, se caracterizan por repetir un estilo cinematográfico contemporáneo de transición no estilizada entre un nivel de realidad y otro, transición no codificada entre diversos planos existenciales. [...] En *2666*, conforme el mismo principio narrativo, los sueños de los personajes irrumpen sistemáticamente en la realidad del drama, en la actualidad de los acontecimientos, perfilándolos o desdibujándolos para la significación, tanto como lo hacen los sucesos reales. (2005: 128)

La semejanza señalada por Corro Pemjean concierne a la estructura de los mundos representados –en las películas a las que Bolaño hace referencia y en su prosa. Esto también se inscribe en la tendencia general de la crítica del autor a comentar lo onírico y lo alucinatorio en clave cinematográfica. De hecho, la primera película que se resume en *2666* aparece en el recuerdo de Pelletier, quien está tumbado al lado de una Liz Norton dormida. Como en el fragmento de «La parte de Fate» ya comentado en la parte anterior (reportaje televisivo–sueño-recuerdo de Fate), la yuxtaposición de las imágenes fílmicas (enmarcadas en el recuerdo) y oníricas parece sugerir una correspondencia entre los dos tipos de proyección visual. Mientras el sueño-recuerdo de Fate, relatado en detalle, ofrece un contrapeso al reportaje televisivo, aquí no se dice nada del imaginario onírico de Norton, de modo que el recuerdo de Pelletier ocupa la totalidad del espacio dotado de un potencial comparativo, abierto por la vecindad de dos estados de conciencia y dos tipos de (a)visualidad. El sueño de Norton sólo se constata con cuatro palabras («mientras Liz Norton dormía») y no vuelve a mencionarse; esto marca su transcurso paralelo al recuerdo de Pelletier y lo excluye de la descriptibilidad directa, como si algo de la visión onírica latente en este fragmento pudiera verse reflejado en lo que está descrito. La omisión del contenido del sueño de Norton –el cual, nótese bien, al encabezar este fragmento, enmarca el relato de la película que recuerda Pelletier– puede funcionar como un gesto narrativo que, explorando la proximidad entre las imágenes oníricas y cinematográficas, delega la palabra a la película para que ésta hable del sueño. A partir de esta intuición, intentaremos discernir un reflejo de lo onírico en *2666* anclado en la evocación fílmica de Pelletier[12].

---

[12] La generalización implicada en la perspectiva que se asume aquí está vinculada con lo abierta que puede resultar esta lectura indirecta de un sueño no descrito. La falta de particularidades e imágenes concretas permite pensar este sueño como sueño en términos metonímicos, de modo que lo que la película –relatada paralelamente a la latencia silenciosa del sueño– llegue a revelar a este

Aquella noche, mientras Liz Norton dormía, Pelletier recordó una tarde ya lejana en la que Espinoza y él vieron una película de terror en una habitación de un hotel alemán.

La película era japonesa y en una de las primeras escenas aparecían dos adolescentes. Una de ellas contaba una historia. La historia trataba de un niño que estaba pasando sus vacaciones en Kobe y que quería salir a la calle a jugar con sus amigos, justo a la hora en que daban por la tele su programa favorito. Así que el niño ponía una cinta de vídeo y lo dejaba listo para grabar el programa y luego salía a la calle. El problema entonces consistía en que el niño era de Tokio y en Tokio su programa se emitía en el canal 34, mientras que en Kobe el canal 34 estaba vacío, es decir era un canal en donde no se veía nada, sólo niebla televisiva.

Y cuando el niño, al volver de la calle, se sentaba delante del televisor y ponía el vídeo, en vez de su programa favorito veía a una mujer con la cara blanca que le decía que iba a morir.

Y nada más.

Y entonces llamaban por teléfono y el niño contestaba y oía la voz de la misma mujer que le preguntaba si acaso creía que aquello era una broma. Una semana después encontraban el cuerpo del niño en el jardín, muerto.

Y todo esto se lo contaba la primera adolescente a la segunda adolescente y a cada palabra que pronunciaba parecía morirse de la risa. La segunda adolescente estaba notablemente asustada. Pero la primera adolescente, la que contaba la historia, daba la impresión de que de un momento a otro iba a empezar a revolcarse en el suelo de risa.

Y entonces, recordaba Pelletier, Espinoza dijo que la primera adolescente era una psicópata de pacotilla y que la segunda adolescente era una gilipollas, y que aquella película hubiera podido ser buena si la segunda adolescente, en vez de hacer pucheritos y morritos y poner cara de angustia vital, le hubiera dicho a la primera que se callase. Y no de una forma suave y educada, sino más bien del tipo: «Cállate, hija de puta, ¿de qué te ríes?, ¿te pone caliente contar la historia de un niño

---

propósito debe referirse no tanto al contenido de los sueños en *2666* como a su funcionamiento más general.

muerto?, ¿te estás corriendo al contar la historia de un niño muerto, mamona de vergas imaginarias»?

Y cosas de ese tipo. Y Pelletier recordaba que Espinoza había hablado con tanta vehemencia, incluso imitando la voz y el porte que la segunda adolescente debía haber asumido ante la primera, que él creyó que lo más oportuno era apagar la tele e irse al bar con el español a beber una copa antes de retirarse cada uno a su habitación. Y también recordaba que entonces sintió cariño por Espinoza, un cariño que evocaba la adolescencia, las aventuras férreamente compartidas y las tardes de provincia. (48-49)

Dotado de una estructura de cajas chinas, el recuerdo de Pelletier parece duplicar y sustituir la situación original en la que se sugiere que dos personas ven imágenes proyectadas, multiplicándola asimétricamente de manera telescópica: Pelletier y Espinoza ven la película[13], en ella dos adolescentes imaginan la historia del niño en Kobe quien, a su vez, compensa su ausencia delante del televisor con el intento de duplicar la imagen televisiva (grabación en la cinta vídeo). La interacción del niño con el medio visual (televisión, vídeo) deviene el núcleo de las cajas chinas, pero nada más terminada su historia, el recuerdo de Pelletier hace un *zoom out* rápido, dando cuenta de las reacciones emocionales que, sin embargo, sólo al nivel de las adolescentes conciernen a la muerte del niño, para luego pasar directamente a una especie de meta-nivel: Espinoza está indignado por las reacciones de las dos adolescentes y ello despierta la ternura de Pelletier. Los abordajes críticos de esta secuencia se han concentrado sobre todo en la reacción de Espinoza. Álvaro Augusto Rodríguez S. sostiene que en este episodio «[t]odo parece trivial menos las palabras del español», por medio de las cuales «Bolaño remarca [una] fractura en la realidad racional» (2014: 9). Para Arndt Lainck, el recuerdo de

---

[13] Pablo Corro Pemjean sostiene que la película evocada aquí es *Ringu* (1998), filme de terror japonés de Hideo Nakata (2005: 124).

Pelletier está incluido en *2666* con el mismo propósito que el episodio de la señora Bubis y del crítico, donde ambos reaccionan de modos diametralmente diferentes ante la obra de Grosz (44-45): «[e]n realidad sólo estamos ante "niebla televisiva" o *white noise*, que puede significar todo y nada», concluye Lainck (2014: 52), lo cual puede indicar que el sentido y el valor de la obra dependen plenamente del espectador (lector).

Lo que parece pasar inadvertido en estas lecturas críticas, además del contexto del sueño de Norton, es el hecho de que en ningún punto de la avalancha de reacciones ante la «historia de mal gusto a base de "niebla televisiva"» (Lainck 2014: 52) se interroguen sus premisas. Desde la perspectiva que se propone aquí, es preciso vincular las dos omisiones esenciales para este pasaje, la del sueño de Norton y la del relato central de las cajas chinas. ¿En qué consiste, entonces, la especificidad de la historia del niño de Kobe y qué puede decir sobre lo onírico en *2666*?

Todo comienza con una ausencia: en el canal 34 no se emite ningún programa y sólo aparece la «niebla televisiva». No obstante, lo que ella da a ver no es nada, sino la comunicatividad misma: la niebla televisiva visualiza la potencialidad de comunicación. Ésta, en sí desprovista de contenido y liberada de referencialidad, hace presente una ausencia, como si ofreciera una imagen demasiado literal del *il y a* de la escritura blanchotiana. Así, la televisión se revela como medio –medio, de hecho, en un sentido doble. Los acontecimientos que siguen la grabación de la cinta de vídeo recuerdan la reflexión de Rosalind Krauss, quien propone pensar el vídeo en términos parapsicológicos. Concentrándose en su capacidad técnica de proyectar imágenes en el mismo instante en que son registrados por la cámara, la teórica habla del uso popular de la palabra «medio» para designar a personas dotadas de una psique capaz de recibir instantáneamente comunicaciones de fuentes invisibles (1976: 52). Así, mientras de la niebla televisiva, en vez del programa que el niño espera ver, surge la cara de la mujer que anuncia la proximidad de su muerte, se acentúa la existencia del medio en esa doble acepción. Como si el canal de comunicación masiva fuera invadido por una fuerza subversiva que no sólo rompe las convenciones de su uso, sino –y esto es crucial para nuestra reflexión– que transgrede la línea de seguridad que separa la realidad mediada de la realidad del espectador y produce cambios en esta última.

Antes de extraer de allí conclusiones sobre lo que revela la historia del niño de Kobe del funcionamiento de los sueños en *2666*, es preciso evocar un proyecto artístico que puede aportar una perspectiva valiosa a propósito de la transgresión del límite entre el medio y la realidad del espectador. En los años 1983-1984, Bill Viola realizó una micro-serie televisiva titulada *Reverse TV*, que se emitía en el *down time*, el tiempo muerto entre los programas que la televisión pública americana –que no tenía publicidad comercial– solía usar como encuadre o enlace temporal para anunciar su propio contenido. En cada «episodio» de 30 segundos aparecía una persona sentada cómodamente en su sala de estar, en silencio, mirando directamente a la cámara. Nada más. Sólo se oía su respiración (Bellour 1985: 108-110).

El artista explica su idea de la siguiente manera:

> Television is essentially the art of packaging; everything has to be framed. My piece really had to appear to be from the ground – like that space in the computer, the data field (the ground), which exists only for things (the figure) to happen on. Or the notion that under all of us, there is some kind of *continuum*. In television I was always fascinated by the fact that at any moment there are millions of people sitting in their own homes individually watching the same image. My piece arose from a very spatial idea, as though there were a sheet over something and every once in a while it parted and revealed the ground or field that's always there underneath. You just see it for an instant and then it's gone. (Bellour 1985: 110)

Figura 3. Bill Viola *Reverse TV* (1983-1984).

Al comentar, en *Cultura y simulacro*, los comienzos de aquello que ahora conocemos como telerrealidad, Jean Baudrillard observa que

> se ha producido un giro del dispositivo panóptico de vigilancia (vigilar y castigar) hacia un sistema de disuasión donde está abolida la distinción entre lo pasivo y lo activo. Se acabó el imperativo de sumisión al modelo o a la mirada, «USTED es el modelo», «USTED es la mayoría...» Tal es la vertiente de una socialización hiperrealista donde lo real se confunde con el modelo, como en la operación estadística donde lo real se confunde con el médium. (1978: 58; énfasis del original)

De ese modo, el espectador abandona la posición de exterioridad frente a las imágenes televisivas: éstas –en vez de ofrecer una selección de elementos de la realidad que constituye un «modelo» de vida a imitar– resaltan lo más insignificante de la cotidianeidad, aparentemente común a todos. En consecuencia, el espectador deviene también parte del contenido transmitido por el medio, lo cual confunde la dirección de la comunicación. Baudrillard escribe a propósito: «[l]o que se cuestiona es todo el modo tradicional de causalidad, determinista, activo, crítico, analítico; distinción de causa y efecto, de lo activo y lo pasivo, de sujeto y objeto, del fin y de los medios» (1978: 58-59).

Al introducir el silencio –en lugar de los meta-comunicados que mantienen el flujo televisivo en movimiento y dan la impresión de que éste está bajo control– y, con ello, el estasis de una mirada devuelta que se da a ver, *Reverse TV* hace presente la comunicatividad misma, vaciada de mensaje. Esto recuerda los procedimientos anti-espectaculares del cine situacionista comentados arriba. El tiempo muerto de transición entre las unidades significantes, convencionalmente enmascarado con agilidad por la voz autorreferencial de la emisora, deviene palpable, se expande de manera incómoda, y revela no sólo su propia duración, sino también el estasis del espectador pasivo, quien de repente puede darse cuenta de su propio tiempo robado[14]. La fuerza de este proyecto consiste, además, en el hecho de que, para filmarlo, Viola visitó 40 hogares (Bellour 1985: 110), así que las personas que aparecen inmóviles en la pantalla son telespectadores reales. Esta situación, tal y como la pensó Viola, deja entrever la presencia invisible ya no sólo del medio como tal, sino del acuerdo tácito que lo mantiene en movimiento, es decir, de miles de personas que aceptan sujetarlo con su mirada o, radicalizando esta idea en sintonía con el

---

[14] Aludimos a este carácter anti-espectacular no sólo porque en estas páginas trabajamos con las ideas situacionistas, sino también por el anclaje histórico de la obra de Bill Viola en otro movimiento artístico internacional, anti-capitalista y vitalista de los años sesenta y setenta, Fluxus. Muchas de las características técnicas y estéticas de la obra de Viola tienen sus precedentes en las vídeo instalaciones de los miembros de Fluxus, como, por ejemplo el procedimiento de operar en la proyección de vídeo con el estasis para despertar la impaciencia, incomodidad e irritación del espectador, quien de este modo tiene que darse cuenta de su propia presencia y de la existencia de su propio cuerpo (Remes 2015).

espíritu debordiano, de alimentarlo con el tiempo de su vida. Puede decirse, entonces, que *Reverse TV*, al «desgarrar la sábana», deja ver también las consecuencias de la participación en la contemplación colectiva de una imagen para la cotidianeidad de los espectadores. Si evocamos otra vez el trabajo de Rosalind Krauss, es posible decir que aquí también el canal de comunicación es invadido por una fuerza inesperada, pues de una fuente invisible llega un mensaje sobre algo que está ocurriendo en este mismo instante[15] en un lugar radicalmente alejado (o mejor dicho, ontológicamente diferente). En otras palabras, el medio no sólo da cuenta de su propia existencia y de la del acuerdo común que lo soporta, también transmite los efectos de su influencia en la realidad de la que depende. Se trata de un mecanismo basado en el carácter simultáneo de la producción y la re-producción, donde la simultaneidad de grabación y proyección –central, recuérdese, para el vídeo, según Krauss– parece estar llevada a un nivel más complejo, pues las leyes de causalidad se ven minadas al re-producir el efecto que produce: la televisión invertida se muestra como la fuente de ciertos procesos de la realidad que convencionalmente son el origen de lo que el medio re-presenta. *Reverse TV* puede pensarse como ilustración de la disolución de aquello que aparece como «representación» en la totalidad de la realidad –en el flujo de la inmanencia–, puesto que en la pantalla televisiva aparece el espectador. Se cuestionan así los contornos de la «realidad» del espectador y de la «representación», pues los límites que permiten al espectador *separarse* del objeto de su visión para poder discernirlo y definirlo se borran. Hay aquí una marca de cierta avisualidad que invade la relación entre el sujeto vidente y el objeto visual. La realidad se funde con su representación:

---

[15] Por supuesto, Viola había filmado los «episodios» de *Reverse TV* antes de que se emitieran, pero la homogeneidad del estasis de las masas anónimas de telespectadores la dota de una duración permanente y atemporal, de modo que no es contradictorio analizar este proyecto en términos de simultaneidad.

Reverse TV revela la porosidad substancial de los fenómenos dotados de límites difíciles de rastrear.

En la historia del niño de Kobe y en la micro-serie de Bill Viola hay una insistencia parecida en la transgresión de la frontera entre el medio y la realidad que lo rodea, en la fuerza de una mirada que es devuelta. Ésta tiene algo de la mirada de la Medusa, porque no sólo da a entender que se sabe mirada, sino que además opera un cambio en la realidad del espectador, es decir, en vez de ser objeto pasivo de contemplación, cumple una función performativa. Ahora bien, sin tomar la historia del niño de Kobe al pie de la letra, sin que realmente se trate de efectos mortales, parece que la transgresión del límite del medio arruina el equilibrio original de un modo algo más enredado que la incómoda objetivación del sujeto por la mirada del otro de la que habla Jean-Paul Sartre (1943: 671-794). Tal y como lo concebimos, el mecanismo de la interdependencia transgresiva entre el medio y la realidad que lo engloba es esencial para la historia del niño de Kobe, porque constituye las circunstancias extraordinarias de su muerte que pasan inadvertidas tanto en el recuerdo de Pelletier como en las lecturas críticas de Bolaño. Si esta historia, como se propone aquí, puede revelar algo a propósito del funcionamiento de los sueños en *2666*[16], éste es el mecanismo que los rige en el texto.

En términos generales, entonces, proponemos pensar el funcionamiento de los instantes oníricos en el texto ya no en términos cinema-

---

[16] Es imprescindible advertir que, dada la disparidad de los sueños en *2666* –la cual, como ya dijimos al principio de esta discusión, forma parte de una estrategia subversiva que impide el establecimiento de cualquier tipo de definición acabada, de univocidad representacional e interpretativa– lo que se dice aquí no puede ni debe concernir a la *totalidad* de los instantes oníricos en la obra. No obstante, aunque se trate de unos pocos instantes, éstos no deben considerarse como excepciones, porque donde no hay reglas generales tampoco hay excepciones. Además, ya que la reflexión que se lleva a cabo aquí gira en torno a lo subversivo, su objetivo consiste en aproximarse, precisamente, a las fuerzas de abajo, marginalizadas y apenas visibles, pero no por eso menos importantes.

tográficos, sino en relación con el vídeo arte, pues la simultaneidad de producción y reproducción que lo caracteriza parece soportar mejor una reflexión sobre procesos abiertos, cuya manifestación implica la borradura de divisiones claras, entre entidades básicas —como la de *Reverse TV* o como en lo onírico en *2666* en general. Sin embargo, lo anterior no significa un rechazo de las propuestas críticas que comentan sueños a través del prisma de películas. De hecho, ni siquiera pretende implicar ninguna suerte de juicio acerca de su pertinencia, pues ésta es indudable. Más bien, la introducción del vídeo arte en el aparato de comparación crítica de la obra de Bolaño implica un desplazamiento del enfoque: en vez de centrarse en la representacionalidad *de* los sueños (¿qué y cómo representan? ¿cómo son representados en la diégesis?), se trata de ocuparse de la representacionalidad *con* ellos. En otras palabras, intentamos comprender su funcionamiento en el texto en tanto ficción filosófica preocupada, desde el punto de vista del presente trabajo, por la cuestión de la representación.

deseo—desterritorialización—flujo

«Le capitalisme est inseparable du mouvement de la déterritorialisation, mais ce mouvement, il le conjure par des re-territorialisations factices et artificielles», escriben Deleuze y Guattari (1972/1973: 364). Algo muy similar podría decirse del espectáculo que, desde la perspectiva situacionista, ultrarrápidamente absorbe cada nuevo elemento de la realidad —producto, tendencia, idea— para re-territorializarlo, convertirlo en imagen (en el sentido debordiano de la palabra) y, si se quiere, en norma, estampa, molde de reproducción estandarizada. De ahí que la lucha revolucionaria tiene que consistir en la constante creación (dinámica, imprevisible, caprichosa) de experiencias de vida cotidiana cuyo carácter irrepetible sea el garante de su autenticidad. Para lograrlo, los situacionistas tienen que practicar una fuga constante, porque su «tierra prometida» siempre ya se les escapa, dado que *consiste en escaparse*, su esencia es un movimiento que no se deja estancar en cualquier representación:

> Situationism is a communicative project intolerant of delay. [...]
> From this perspective, one might also say that, as a matter of principle, situationism brooks no delay in the realization of desire. No sooner desired than realized: such is its watchword. Desire must not be given time to become caught in images or fantasies, which are open doors to the society of spectacle. Situationist desire is itself quite literally avant-garde; it anticipates every possible representation of the desired object, it tries to situate itself beyond such objects, thereby making their conversion into images useless. A hunt for the imaginary, a struggle for the invisibility (obscurity?) of the object of desire, it is psychoanalysis become absolutely efficient (at the risk of total inversion of its meaning). [...] «Hence it is necessary to envision a kind of psychoanalysis for situationist ends, each participant in this adventure being obliged to find precise ambient desires *in order to realize them*, contrary to the aims pursued by the currents issuing from Freudianism» (*IS* 1, 11 [énfasis del original]).
> No more dreaming: the new agenda calls for the invention of situations favorable to the realization of desires that in turn generate new situations. Situationism purges desire of its phantasmatic indolence and politicizes it, attempting to make its realization coincide with a moment of pure consciousness of this desire, made possible by the uprooting of representation, and more generally of the society of the spectacle. (Kauffman 2002: 293-294)

La realización de aquello que en el diván sólo es fantasía, la persecución del deseo como acción anticapitalista y anti-espectacular, la exploración del espacio urbano en busca de ambientes que inciten el surgimiento del deseo —estos son los principios del «psicoanálisis» situacionista. No obstante, parece más adecuado pensar esta estrategia basada en el flujo del deseo en términos del esquizoanálisis que insiste en «[r]enverser le théâtre de la représentation dans l'ordre de la production désirante» (Deleuze & Guattari 1972/1973: 327). El movimiento de la desterritorialización se reanuda no para llegar a «une terre promise et préexistante», sino a «une terre qui se crée au fur et à mesure [...] de sa déterritorialisation même» (Deleuze & Guattari 1972/1973: 388). El requisito situacionista de la realización inmediata del deseo, en la medida que éste se vaya revelando sin permitir que se convierta en imagen o fantasma, parece situarlo del lado de un deseo pensado en términos positivos de producción –y no en términos negativos de falta. El deseo que equivale a su realización sería, entonces, un deseo que produce su propio objeto con el que es idéntico: un flujo dinámico en incesante transformación, una creación imprevisible que surge espontáneamente en contacto con lo que encuentra en su camino, siendo, al mismo tiempo, avisual, ni estático ni delimitado por contornos discernibles.

Si se sigue esta línea de pensamiento, hay que relacionar este deseo, que surge y se realiza en la puesta en movimiento de lo fijo y en la pulverización de unidades estables, con la noción de lo informe de Georges Bataille. Para Bataille lo informe significa el trabajo de transgresión de las formas, el cual equivale, según propone Georges Didi-Huberman, a un nuevo modo de pensarlas: «processus contre résultat, relations labiles contre termes fixes, ouvertures concrètes contre clôtures abstraites, insubordinations matérielles contre subordinations à l'idée» (1995: 22). La importancia de lo informe en *2666*, como puesta en marcha de la imagen a través de una semejanza deformante, torcida, violenta o baja, la observa Carlos Walker en su tesis, *El horror como forma. Juan José Saer / Roberto Bolaño* (2013). Al analizar las mutaciones de la figura femenina (Norton que aparece, desaparece y se multiplica en los sueños de Morini y de Pelletier) y de las formas de la carne que atraviesan los sueños (la pesadilla de Espinoza en el hotel) y otros relatos incluidos en «La parte de los críticos», Walker propone ver una continuidad sugestiva entre las imágenes trabajadas por la semejanza informe y la forma que lo horroroso obtiene en la novela:

> La imagen no sólo muestra una permanente puesta en tensión de las formas, también por esa vía insisten los temas que la contienen. Es en este deslizamiento que cobra sentido el abordaje de los elementos oníricos de esta parte de la novela, pues en ellos se traza, de forma ejemplar, una interrogación literaria dirigida sobre la descomposición de las formas que, arraigadas en un cuerpo humano, prefiguran la vertiente de disección que comporta lo horroroso. La continuidad en que se presentan los sueños en el relato permite, sin miramientos por el personaje que sueña, leer la pesadilla de Morini en estrecha articulación con un sueño de Pelletier. (2013: 242)

La continuidad del movimiento de lo informe que atraviesa los sueños de distintos personajes, comunicándolos con acontecimientos definidos como reales dentro de la diégesis, puede elucidar también la cuestión que nos ocupa en esta parte del presente trabajo. La reaparición y deformación en los sueños de imágenes y de motivos no relacionados con las vivencias de los personajes que los sueñan, y que intervienen de otro modo en la pertenencia al mundo posible de *2666*, no sólo resalta la ya observada insistencia de su carácter construido y textual: también permite vincular lo onírico con flujos que dinamizan esta escritura más allá de las premisas de la diégesis. Desde nuestra perspectiva, orientada hacia una cartografía de procesos y de tensiones que corroen el texto en tanto representación, es relevante examinar la continuidad de estos movimientos y pensarlos dentro de una sustancialidad semejante a la que Gaston Bachelard adscribe a la imaginación material:

> méditée dans sa perspective de profondeur, une matière est précisément le principe qui peut se désintéresser des formes. Elle n'est pas le simple déficit d'une activité formelle. Elle reste elle-même en dépit de toute déformation, de tout morcellement. (2014a: 9)

IMAGINACIÓN DINÁMICA

agua viva: resurgimientos del niño buceador

Tired and tormented by a powerful inner unrest and uneasiness, I finally dropped off to sleep. In my dream I was walking along an endless beach where the constantly pounding surf and its never-ending restlessness brought me to despair. I longed to be able to bring the ocean to a standstill and enforce a calm upon it. Then I saw a tall man wearing a slouch hat coming toward me on the dunes. He wore a broad cape and carried a stick and a large net in his hand. One eye was hidden behind a large curl of hair which hung upon his forehead. As the man came before me, he spread out the net, captured the sea in it, and laid it before me. Startled, I looked through the meshing and discovered that the sea was slowly dying. An uncanny calm came over me and the seaweed, the animals, and the fish which were caught in the net slowly turned a ghostly brown. In tears, I threw myself at the man's feet and begged him to let the sea go free again–I knew now that unrest meant life and calm was death. Then the man tore open the net and freed the sea and within me there arose a jubilant happiness as I again heard the pounding and breaking of the waves. Then I awoke. (Binswanger 1986: 100)

En este sueño de su famosa paciente Ellen West, Ludwig Binswanger reconoce la «passion of inwardness» por fuerza de la cual la subjetividad, al principio agitada, caótica, ha de pasar por la penosa fase de la objetividad –«the objectivity of communication, intelligibility, submission to a transsubjective norm»–, para finalmente poder alcanzar una libertad plena y feliz, capaz de reconocerse en el movimiento de la objetividad (1986: 101). Michel Foucault describe la libertad de la primera fase de este sueño como «a freedom of incoherence, fantasy, and disorder» (1986: 59), o sea, como la libertad de una fantasía salvaje, irreverente y no estructurada, temerosa para la razón. En ella, el agua está viva, agitada por un vaivén incesante que, según la interpretación de Binswanger y de Foucault, desconoce las reglas del sistema de comunicación.

En *2666*, las apariciones oníricas del agua la presentan como un elemento en permanente mutación: el agua desaparece en el sueño de Morini (69), se pone a hervir o a sudar en el de Pelletier (109), pero sólo una vez se describe explícitamente como dotada de vida. En México, después de la partida de Norton, Pelletier sueña lo siguiente: «que [se] iba de vacaciones a las islas griegas y que allí alquilaba un bote y conocía a un niño que todo el día se lo pasaba buceando. [...] Lo más curioso del sueño [...] es que el agua estaba viva» (202). Según el lector puede comprobar *a posteriori*, el sueño incorpora un elemento de la diégesis de otra sección de *2666*: el pequeño buceador resulta ser el niño Hans Reiter de «La parte de Archimboldi», quien incluso por la superficie de la tierra se mueve «como un buzo primerizo por el fondo del mar» (798). Este detalle es crucial para el desarrollo de nuestra reflexión. La aparición efímera del niño Hans Reiter en el sueño de Pelletier se sitúa en un espacio indecidible entre el *Nihil est in visionibus somniorum quod non prius fuerit in visu*[17] de los tratados científicos pre-freudianos sobre los sueños (Saint-Denys 1867: 20) y el concepto del medio como receptor de señales de una fuente invisible. En otras palabras, el niño buceador pertenece a un lugar totalmente inaccesible para Pelletier, a otra sección de *2666* con una diégesis separada, lo cual sugiere una interpretación parapsicológica, pero por otra parte, el sueño del crítico y el joven Hans Reiter existen simultáneamente, escritos en el mismo texto forman parte de la misma realidad. Como se tratará de demostrar a continuación, las analogías con la historia del niño de Kobe y con *Reverse TV* no son difíciles de encontrar.

---

[17] Esta fórmula –nada hay en las visiones oníricas que no estuviera antes en la visión– es una paráfrasis del axioma peripatético que aparece en *Quaestiones disputatae de veritate* de Tomás de Aquino y que expresa el principio del pensamiento empírico.

Este sueño de Pelletier puede ser pensado en términos de la autofagia o del canibalismo literario que Celina Manzoni identifica como una de las estrategias más importantes en la escritura de Bolaño, «por la cual el mismo texto devorado se expande en un juego de pesadillas, visiones, fantasmagorías y espejismos que en ese movimiento arrollador lo va constituyendo como otro texto, extranjero a sí mismo» (2003: 34). No obstante, mientras que Manzoni habla de reelaboración y proliferación de ciertos episodios o personajes en formas oníricas alternativas, aquí el motivo re-usado (o «pre-usado», según el orden de la publicación de las cinco secciones de *2666*), viaja en dirección opuesta, es decir, de un sueño a una realidad, y sin ofrecer mucha variación. El procedimiento de simple repetición de una imagen en un contexto diferente –aparición del niño buceador– sugiere una relación entre los dos instantes, aunque ésta no se deja explicar con elaboración, expansión ni multiplicación (lo impide la lógica de la trama realista). Tal simpleza del procedimiento parece ante todo ser un gesto autorreferencial que resalta la existencia de un vínculo, nada más. Pero vincular de ese modo dos elementos discernibles y característicos en dos secciones separadas del texto funciona como la luz de un farol en un escenario teatral: la iluminación selectiva saca al niño buceador de su contexto y lo convierte en un elemento de la construcción literaria a la que pertenecen tanto su infancia como el sueño de Pelletier. Si se dejan de lado las intersecciones y los pasajes secretos entre distintas dimensiones y distintos universos paralelos, una cosa resulta clara: tanto el sueño de Pelletier como la infancia del niño-alga, en el momento de tocarse bajo la mirada del lector, se deshacen por un instante brevísimo para dejar entrever las palabras, la escritura que los constituye a ambos.

En este punto es importante insistir en la clandestinidad de esta «desgarradura de la sábana» que sólo puede producirse en los ojos del lector y en el espacio del discurso, sin que el mundo posible de la ficción siquiera tiemble. Este minúsculo desliz, a modo del *détour-*

nement situacionista, se opera desde adentro de los marcos que la representación establece para sí misma y, como una subversión suave que no hace explotar el realismo ni la credibilidad del relato, los usa para instaurar en la imagen una mancha ciega de indecidibilidad. Tanto el espacio narrativo de un instante onírico como aquel del «mito genesíaco» estilizado –como lo es el principio de «La parte de Archimboldi»– pueden acoger la figura algo excéntrica de un niño aficionado al buceo sin por ello acercarse a lo fantástico. De un modo análogo al de *Reverse TV*, que sólo funciona si el telespectador se percata de que algo no encaja en ese silencio y estasis de la pantalla de unos cuantos segundos, en *2666* la atención paciente que el lector presta a los detalles del texto puede revelar el orden invisible de las cosas y hacer presente la comunicatividad misma del texto que, de pronto, deja entrever los mecanismos clandestinos que lo corroen debajo del tejido de la representación.

El hecho de que Pelletier sueñe con el niño buceador antes de que éste emerja en la narración trae consigo la cuestión de la causalidad y de las relaciones temporales dentro de la obra. Las premisas realistas de la escritura de Bolaño incitan a imaginar lo onírico como un eco de lo real –incluso en los casos «parapsicológicos» donde el espacio onírico funciona como receptor involuntario de las vibraciones de la realidad, y realiza así la teoría aristotélica sobre el sueño, donde el alma deviene sensible a los movimientos del mundo (Foucault 1986: 47)– y no al revés (la realidad como re-elaboración del sueño). No obstante, la conexión entre ambos instantes esquiva las explicaciones habituales: apenas causal, dotada de una temporalidad dudable y desprovista de una lógica visible, parece insistir en otra cosa, en algo que va más allá de la producción de sentido. Por eso, entendemos que la doble aparición del niño buceador deja entrever –justamente por su carácter indefinido e indecidible– la posibilidad de un intercambio bidireccional entre los dos pasajes. El hecho de que el texto reutilice sus propios fragmentos significativos (el niño buceador es una entidad singular y llamativa) en contextos bien distintos y a diferentes niveles ontológicos, sin –nótese bien– por ello excluir la posibilidad de su *analogía*, recuerda la suerte de retroalimentación que se ha comentado a propósito de *Reverse TV*, donde no queda del todo claro en qué dirección se dirige la mirada ni qué es la causa de qué. Al revelar la existencia del pacto tácito que posibilita el funcionamiento de la ficción, se deja entrever la materia invisible que soporta y atraviesa este mundo posible a todos sus niveles ontológicos. Estas desgarraduras minúsculas del tejido representacional socavan la autoridad del orden diegético y activan procesos subterráneos que lo corroen sin abolirlo.

A propósito de este mecanismo puede resultar esclarecedor evocar aquí el comentario de Rosalind Krauss sobre *Boomerang*, una vídeo instalación de Richard Serra de 1974.

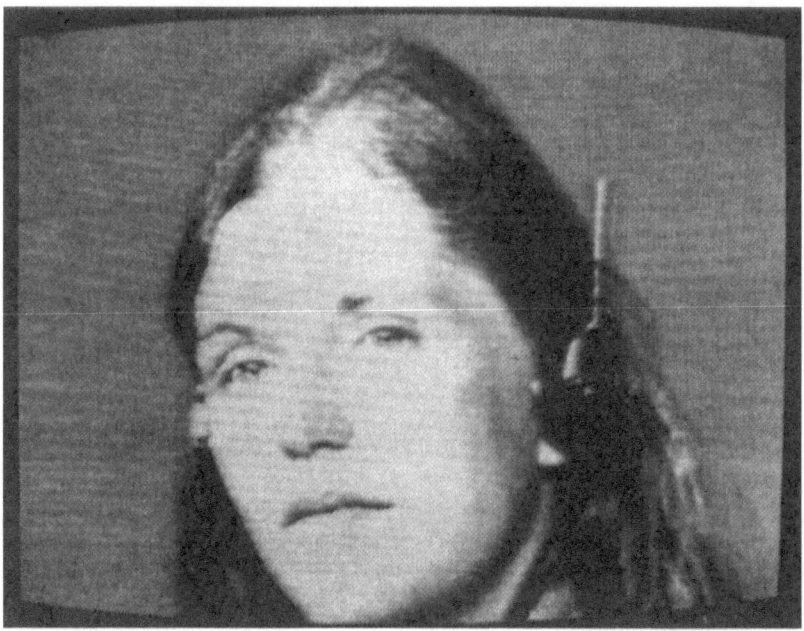

Figura 4. Richard Serra *Boomerang* (1974).

En *Boomerang*, escuchándose a sí misma con un retraso mínimo en los auriculares, Nancy Holt habla de esta experiencia. Según Krauss, esta instalación de Serra rompe la base narcisista de las vídeo instalaciones —que, según la teórica, suelen estar atrapadas en una autocontemplación atemporal e irreferencial—, y se abre simultáneamente al plano de la expresión y de la reflexión (1976: 59). Lo que buscamos destacar, a propósito de la aparición doble del niño buceador en *2666*, es que la actividad y la experiencia de Nancy Holt están puestas en relación de retroalimentación o de reciprocidad irresoluble, pues ambas son el objeto de la representación y *al mismo tiempo* un meta-comentario que, inevitablemente, es también el objeto y el contenido de la obra (producción y reproducción). De ese modo, las palabras que la artista pronuncia son reutilizadas, le llegan a ella con cierto retraso como re-presentación y en ese movimiento devienen objeto de meta-reflexión. Con todo, Holt está influida por sí misma en tanto contenido por comentar, mientras que la totalidad de su actividad —hablar, escucharse, ajustarse a lo dicho, comentarlo— es de igual manera el significado y la materia de la obra. El pequeño retraso con que las palabras llegan al oído de Holt hace palpable la simultaneidad que es la premisa central de esta obra, pero cuyo desfasaje abre el espacio para la reflexión. Esta desestabilización interior de la representación dinamizada por un desplazamiento constante revela, además, su carácter procesal basado en la bidireccionalidad de las relaciones entre sus niveles, los cuales no llegan a fijarse.

> I think the words forming in my mind are somewhat detatched from my normal thinking process. (1:47) The words become like things. I'm throwing things out into the world and they are boomeranging back. (3:16) I hear an empty space (3:47).

Éstas son algunas de las frases pronunciadas por Nancy Holt en *Boomerang*. La experiencia de la artista dentro de la vídeo instalación nos permite pensar los movimientos de desplazamiento y deformación que transcurren en el espacio textual de *2666*, si el lector decide desencadenarlos poniendo en contacto dos imágenes cuya relación puede ser ilusoria y, al mismo tiempo, esencial.

imaginación

El sueño acuático de Pelletier donde aparece el niño buceador pone en marcha una serie de reflejos que se retroalimentan mutuamente. El primero apunta al párrafo que introduce al niño Hans Reiter en *2666*:

> En 1920 nació Hans Reiter. No parecía un niño sino un alga. Canetti y creo[18] que también Borges, dos hombres tan distintos, dijeron que así como el mar era el símbolo o el espejo de los ingleses, el bosque era la metáfora en donde vivían los alemanes. De esta regla quedó fuera Hans Reiter desde el momento de nacer. No le gustaba la tierra y menos aún los bosques. Tampoco le gustaba el mar o lo que el común de los mortales llama mar y que en realidad sólo es la superficie del mar, las olas erizadas por el viento que poco a poco se han ido convirtiendo en la metáfora de la derrota y la locura. Lo que le gustaba era el fondo del mar, esa otra tierra, llena de planicies que no eran planicies y valles que no eran valles y precipicios que no eran precipicios. (797)

Desde el principio, el personaje Hans Reiter se escribe en términos de diferencia o de semejanza transgresiva. Al presentar al futuro escritor Benno von Archimboldi más como un alga que como un

---

[18] En este instante cabe volver a evocar el carácter *sonoro* de la aparición de la grieta, según la conceptúa Gilles Deleuze en *Logique du sens*: de manera similar a la descripción de la intrusión del *Testamento geométrico* en la vida de Amalfitano y en el texto de *2666*, aquí resuena la voz enigmática de un narrador súbitamente personal, como si se insistiera en señalar la (no) apertura fantasmal en la superficie del tejido representacional, por la cual emerge una profundidad oculta.

niño, este mito de origen ubica su existencia literaria en una zona indeterminada *entre* las formas, e instala así la marca de una indecidibilidad escurridiza. Bataille vincula la transgresión de la forma con la desestabilización de las relaciones dictadas por el idealismo: su accionar, en términos generales, opera por contacto, es decir, por el gesto bajo de hacerse tocar que propicia la reunión de elementos heterogéneos. Georges Didi-Huberman escribe al respecto:

> là où le concept idéaliste [...] se déchire dans le contact excessif (non hiérarchique) de la copie et du modèle, là où le mot convenant se déchire dans le contact excessif de deux épithètes contrarictoires, l'aspect, lui, tiendra à se déchirer dans le contact excessif −contact et conflit mêlés− d'images contradictoires, ou d'images simplement prises *ensemble*, présentées comme *semblables*, mais à partir d'ordres différents ou, mieux, *hétérogènes*, de la réalité (de la référence). Dans tous les cas, c'est la substantialité, la stabilité des concepts, des mots et des aspects qui se trouveront ici atteintes, ouvertes, décomposées.
>
> Or, ce que le texte sur la «Figure humaine» nous permet aussi de comprendre, c'est que la principale forme visuelle de cette substantialité n'est autre que l'*anthropomorphisme*, que l'on pourrait ici nommer un «anthropocentrisme de la forme». [...] Transgresser les formes, ce sera d'abord transgresser les formes séculaires de l'anthropomorphisme. Aux *ressemblances du même*, pourrait-on dire (l'homme comme «même» [...]), se substitue la profusion extraordinaire d'un ensemble impossible à cataloguer et qui constitue quelque chose comme une constellation −inquiétante, irritante− des *ressemblances de l'autre*, si l'on peut dire, ressemblances tour à tour altérantes et altérées [...] (1995: 37; énfasis del original)

Leído en términos batailleanos, el párrafo que da cuenta de la aparición de Hans Reiter en el mundo posible de *2666* señala la semejanza anti-antropomorfa no sólo más allá de las implicaciones transcendentes de la mismidad; también marca todo lo que él implica del carácter incierto y fluido de las cosas que no son lo que son o lo que parecen ser[19]. Ahora bien, podemos pensar la lógica acuática de la que surge y en la que se inscribe Archimboldi –un gigante cuyo antropomorfismo también se basa en una semejanza *excesiva*– como el principio deformador y anti-visual que atraviesa el texto de *2666*. Es importante subrayar que la semejanza transgresiva o deformadora con la que opera esta lógica se sitúa más allá del ámbito de los simulacros (más allá de este pensamiento jerárquico que eleva el modelo por encima de la copia[20]), porque la fuerza subversiva de las «valles que no son valles» consiste no en que logren imitar perfectamente bien lo que no son (permaneciendo, por consiguiente, en

---

[19] Patricia Poblete Alday también interpreta el carácter acuático de los primeros años de vida de Archimboldi en términos de liberación de la jerarquización antitética del «arriba» y del «abajo»: «Reiter representa con exactitud en su fantasía aquella inversión romántica, donde cada elemento del "abajo" tiene su equivalencia en el "arriba", y donde ese "abajo" ya no se asocia a los valores del mal y de la corrupción –como en la doctrina cristiana– sino que se identifica con la posibilidad de creación y con la libertad. Como vía de escape y refugio respecto de las miserias cotidianas, el fondo marino actualiza un paraíso acuático; las aguas, entonces, remiten a los ideales de pureza, renovación y curación. Considerando el carácter femenino que comúnmente se le da al agua, y desde una perspectiva simbólica y hasta psicoanalítica, podríamos decir que al sumergirse en ellas, Reiter vuelve al útero materno, ese nirvana que no es sino un paréntesis entre la vida y la muerte; entre el bien y el mal; entre el placer y el dolor: todas díadas, como hemos visto, que en nuestra cultura se ligan íntimamente a esa antítesis doblevincular entre el *arriba* y el *abajo*. En un contexto más amplio, el descenso a las profundidades remite a la búsqueda de una sabiduría oculta (psicoanalítica, ancestral, esencial, o como quiera llamársela), que es fundamento de todo acto creador y punto de inicio de la verdadera proeza mítica: salir del Averno» (2010: 75; énfasis del original).

[20] Ello puede sostenerse si se exceptúa el concepto de simulacro propuesto por Gilles Deleuze, sobre todo en *Différence et répétition* (1993). Deleuze subvierte el pensamiento platónico y concibe el simulacro en términos positivos. Define la *diferencia* como la esencia de las cosas y de esa manera deroga la idea del modelo (Idea) y todo el pensamiento jerárquico de la mismidad. En su lugar sostiene que todo es simulacro, quitándole de paso a esta noción todas las connotaciones negativas propias de la filosofía transcendente.

una relación representacional), sino en que desenmascaran la mirada antropocéntrica, la mirada de la mismidad que busca subyugar la otredad a las formas que conoce. Siendo lo que son, pero no lo que parecen, aunque su semejanza sugiera la identidad, los elementos trabajados por esta (de)semejanza acuática pueden ser portadores de una subversión profunda frente al pensamiento transcendente de la tradición platónica: «[t]outes les identités ne sont que simulées, produites comme un "effet" optique, par un jeu plus profond qui est celui de la différence et de la répétition» (Deleuze 1993: 2).

El elemento natural del joven Archimboldi, antes de que éste llegue a parecerse más a un ser humano, puede pensarse en términos imaginarios: la «otra tierra» del fondo del mar es, imaginada desde la tierra firme, otra versión de ésta, una imagen muy semejante que, al ser construida en el lenguaje, se agarra de ese «efecto óptico» del que habla Deleuze para dejarse ubicar en relación a la identidad. Pero al subvertir el punto de referencia único, al abrir el antropocentrismo a la fuerza de la diferencia, ante los ojos del niño-alga, de su ser maravillosamente híbrido (humano, planta, animal, parecido al Minotauro de Bataille, tanto humano como animal), el fondo del mar revela su esencia no incluida en aquella imagen primaria. En otras palabras, el mundo acuático, para devenir el espacio de *producción* –en vez de permanecer como objeto de percepción, investigación y representación conceptual– necesita a aquel buzo, parejamente ajeno a la tierra e incapaz de sobrevivir bajo el agua. Entonces, es necesario que éste traiga de la tierra las imágenes primarias, sin mantenerlas en su centralidad autoritaria, y que las proyecte a los valles, a las planicies y a los precipicios en el fondo del mar donde puedan deformarse, multiplicarse, proliferar por contacto con lo otro (aquello que esas formaciones geológicas son mientras no son valles, planicies ni precipicios). Didi-Huberman recuerda la división que Charles Baudelaire hace entre la fantasía –subjetiva y trivial– y la imaginación que, según el poeta, es «a quasi divine capacity which immediately perceives…

the intimate relationships and secrets of things, correspondences and analogies» (2009: 43). No obstante, hay que resaltar que el principio de esta analogía universal entre las cosas y los fenómenos reside no en la mirada transcendente que lo ubica todo en relación a la mismidad, sino al contrario, en el concepto de vida atravesada en su multiplicidad por una fuerza inherente a las cosas. Percibir esta fuerza en la emergencia de correspondencias y semejanzas entre todo lo que hay, es, de hecho, reconocer la inmanencia:

> Immanence, the generalised flux, the folding of each thing within each thing, ubiquitous life, that porous substance dedicated to turbulence –and, with it, a critical effect on representation, a manner of dissolving the individual aspects in the milieu as a whole. (Didi-Huberman 2009: 44)

El personaje del niño Hans Reiter, tal y como lo venimos pensando, *encarna* la idea de la inmanencia. Se constituye mediante una analogía con una forma de vida subacuática[21], y explora el fondo del mar con esa «capacidad casi divina» de reconocer la inmanencia en lo diferente. Más aun, en vez de mirar la *superficie* del agua a imagen y semejanza del sujeto racionalista y distanciado, cuya visión crea y fija sus objetos dentro de contornos bien delimitados, prefiere *sumergirse* –incluso pudiendo ahogarse (805-809)– y desaparecer en ella. El mar (esa masa impenetrable de agua en constante movimiento, con sus olas que, aunque dejen discernirse con la mirada, no tienen límites individuales, pues su principio y su fin se funden con las corrientes invisibles de agua y viento), al que pertenece el niño-alga, puede pensarse desde el mismo paradigma de la inmanencia:

---

[21] Las algas –basta un vistazo a la página que les dedica Wikipedia– no son ni plantas, ni animales sino otra cosa, una categoría separada que, sin embargo, *se describe* a través de sus semejanzas con las plantas terrestres, como si sus *aspectos individuales* estuvieran demasiado diluidos.

«[i]mmanence is very much like a fluid, sea or atmosphere– in it everything ripples, everything is in motion, everything interpenetrates everything and is exchanged, everything flows and collapses, everything always resurfaces» (Didi-Huberman 2009: 47). En lo que describe Didi-Huberman hay varios paralelos con la imaginación dinámica de Gaston Bachelard:

> On veut toujours que l'imagination soit la faculté de *former* les images. Or elle est plutôt la faculté de *déformer* les images fournies par la perception, elle est surtout la faculté de nous libérer des images premières, de *changer* les images. S'il n'y a pas changement d'images, union inattendue des images, il n'y a pas imagination, il n'y a pas d'*action imaginante*. Si une image *présente* ne fait pas penser à une image *absente*, si une image occasionnelle ne détermine pas une prodigalité d'images aberrantes, une explosion d'images, il n'y a pas imagination. (2014: 5; énfasis del original)

La inmanencia, difícil de captar en tanto flujo universal, se manifiesta entre lo informe y una forma vagamente reconocible en todo. En este sentido, la podemos pensar como el principio profundo de la imaginación dinámica que atraviesa el texto de Bolaño, cuyo movimiento, desencadenado por el roce efímero de las dos imágenes de un pequeño buceador, deja percibirse en la materia avisual de los sueños. Lo anterior no quiere decir, sin embargo, que los instantes oníricos *representen* la inmanencia (empresa, desde luego, imposible); más bien, es en las correspondencias y las deformaciones de las imágenes donde se manifestarían las operaciones de aquella analogía universal. Al mismo tiempo, podríamos argumentar que los instantes oníricos descritos en *2666* ofrecen imágenes sugestivas y perfectamente delineadas. Con todo, la formación de cada una de ellas la pensamos como un «culminating point» (Didi-Huberman 2009: 51) en el flujo que las lleva a deformarse, a desintegrarse, para luego volver a hacerlas reaparecer en la superficie del texto. Este movimiento de las imágenes formaría parte de esa estética de inmanencia que consideramos activa en las operaciones auto-subversivas de lo visual en la obra de Bolaño: «it sees itself as gesture rather than representation [...] process rather than aspect, contact rather than distance» (Didi-Huberman 2009: 52)[22].

---

[22] Si partimos de la intuición que el niño-alga encarna la idea de la inmanencia, es posible pensar que la obra de Archimboldi, obedeciendo a una estética de inmanencia, no puede ser *representada* en *2666*. En cambio, podríamos sugerir que ella deja discernirse en las primeras páginas de «La parte de Archimboldi» donde el ritmo, el estilo y la perspectiva de la narración sobre la infancia de Hans Reiter dan la impresión de ser ajenos a la novela. La multitud de detalles concretos que por lo demás caracteriza la obra está allí sustituida por descripciones generales y al mismo tiempo condensadas que crean el mundo casi mítico del niño-alga, con sus pueblos irreales, habitados por los Gordos o las Chicas Habladoras, de acuerdo con sus nombres genéricos. En este marco, es significativo que Lotte, al encontrarse con su hermano después de muchos años, le reproche a Archimboldi haberse referido a sus padres como la «tuerta» y el «cojo» (1116), pues éstas son las palabras que exclusiva y consecuentemente usa el narrador al comienzo de «La parte de Archimboldi». Este procedimiento siembra la duda sobre la autoría de ese fragmento de la novela, de modo que lo que los lectores estamos leyendo podría en realidad ser un fragmento –¿o la totalidad?– del *Rey de la selva*, libro de Archimboldi al que se refiere Lotte. Incluso el título de la obra en cuestión, *El rey de la selva*, parece reforzar la ambigüedad del fragmento comentado aquí. En la Roma antigua, «rey de la selva» (*rex Nemorensis*) era el título portado por el sacerdote de la diosa Diana –Dianus– en la selva de Nemi (Frazer 1998). *Rex Nemorensis*, según comenta Denis Hollier, era una distinción irrisoria, porque de hecho no le concedía al «rey» ningún tipo de poder y además se daba al criminal que, tras haberse escapado de la justicia romana, encontraba refugio en el templo de Diana, al arrancarle la «rama dorada» al «rey» actual –si es que conseguía matarlo. Este «rey de la selva» es, entonces, por definición un criminal cuya soberanía se limita a esperar la muerte de la mano de un sucesor (Hollier 1993: 118). Si transponemos estas características del *rex Nemorensis* al contexto de «La parte de Archimboldi», vemos cómo este título resalta el carácter impostor del ejercicio de la literatura, borrando la identidad –en sí transitoria– del autor, lo cual también desestabiliza la identidad del texto. El hecho de que el único texto de Archimboldi al que, tal vez, tenemos acceso los lectores de *2666* lleve el

reflejo independiente

El mar, introducido junto con el nacimiento de Hans Reiter como «el espejo de los ingleses», puede funcionar como un catalizador de la imaginación que atraviesa –*a posteriori*, a modo del vaivén de las olas– la pesadilla de Norton, hinchándola de agua ausente. En su pesadilla en el hotel de Santa Teresa, Norton ve su reflejo en dos espejos que están colgados uno enfrente del otro (154-155) y, puede añadirse, como es inglesa, al mismo tiempo se ve reflejada en la superficie del mar. El encuentro de estas dos imágenes –el espejo y la superficie del agua– despierta la imagen mitológica del primer espejo en el que se mira, fascinado, Narciso. Este Narciso, sin embargo, ya no es el Narciso del diagnóstico psiquiátrico cuyas huellas Rosalind Krauss rastrea en las vídeo instalaciones de principios de los setenta, observando su encapsulamiento en un presente plegado sobre sí mismo (1976: 53). Aquí, la temporalidad de la existencia parece desplegarse en todas sus fases –pasado, presente, futuro–, las que se enredan en esta imagen onírica, y evoca así el aspecto adivinatorio que Bachelard percibe en ese mito acuático: «[l]a contemplation de Narcisse est presque fatalement liée à une espérance. En méditant sur sa beauté Narcisse médite sur son avenir. Le narcissisme détermine alors une sorte de *catoptromancie naturelle*» (2014a: 34; énfasis del original). Norton, suspendida en el espacio atemporal entre los dos espejos que se miran y la reflejan, uno de frente, otro de espaldas, ve su cuerpo «ligeramente sesgado», y le es imposible saber «[c]on certeza [...] si pensaba avanzar o retroceder» (154). En ese entrecruce de miradas, se da cuenta que «la mujer reflejada en el espejo no era ella» (154): es igual a Norton, «pero [...] está muerta» (155). Si la

---

título que se le otorgaba a Dianus, permite trazar un paralelo entre la ocupación transitoria del puesto sacerdotal al servicio de Diana y el ejercicio de literatura: función, también, cumplida transitoriamente por distintos «criminales» que, de acuerdo con Barthes (1987), nada más retoman/roban lo ya escrito por otros.

interpretamos a la luz del espejo donde Narciso intenta ver su futuro, esta visión onírica deviene una advertencia acerca del destino posible que aguarda a la inglesa si ésta se queda, inerte, dónde está (en Santa Teresa, por ejemplo) o cómo está (la inercia comprendida como una especie de muerte). De acuerdo con la intuición de Norton, quien toma nota de las cambiantes muecas de la muerta «como si en ello estuviera cifrado su destino o su cuota de felicidad en la tierra» (155), el reflejo parece predecir un destino, un futuro posible. No obstante, los «comunicados» que la inglesa va apuntando provienen de una Norton muerta, es decir, de una Norton inevitablemente *futura* y, al mismo tiempo, *pasada*, su existencia clausurada con la muerte. De este modo, la desincronización entre la mujer y su reflejo revela un tiempo manejable que no tiene mucho que ver con la linealidad y que, además, pone en duda la identidad del sujeto y su historicidad. La sustitución del Yo pensante cartesiano por una ausencia temporal –falta de correspondencia– implica una puesta en duda del sujeto vidente (que «se veía ver»), el cual, recuérdese, garantizaba una interpretación racional y correcta de la representación del mundo aportada por los sentidos. En consecuencia, la relación de una distancia crítica entre el sujeto y el mundo deja de ser operativa: el cono de la perspectiva, propio de la visión antropocéntrica que encuadra los objetos de conocimiento, se desvanece. Se borran los contornos de lo visible junto con la distinción tranquilizadora entre sujeto y objeto. El sujeto vidente, en vez de observar y analizar racionalmente las leyes que rigen el mundo, súbitamente está sometido a ellas sin el privilegio de auto-exclusión que condiciona el entendimiento.

En el sueño de Norton, las consecuencias que la puesta en duda del sujeto cartesiano tiene para la representación en el sentido filosófico parecen estar llevadas incluso más lejos. Aquí, el reflejo ya no tarda en llegar al ojo –como lo hace en la idea-juego de Paul Valéry evocada al principio del presente trabajo–, sino que se ha independizado completamente del personaje que se mira en el espejo. Con ello no sólo se ve abolida la relación causal y jerárquica entre modelo y copia, sino, sobre todo, se cuestiona la idea misma de representación. En otras palabras, el reflejo ya no necesita su «causa», porque existe con independencia de ella: no re-presenta, *se presenta*. Liberada del peso de la transcendencia, entonces, la imagen espectral deviene un acontecimiento en sí:

> All the images and concepts we have of being are not pictures, metaphors or representations of being; they are being in their own right. There is not being plus representation. Univocal being demands that we think all that is as within being, as immanent to life. (Colebrook 2002: 32)

La imagen onírica de Norton que ve su reflejo liberado de sí misma (otro e incorporal), parece evocar –o, tal vez, predecir, de acuerdo con la lógica invertida del fondo del mar– el sueño de Morini, donde la inglesa se zambulle en una piscina que luego deviene lago o mar:

> [Morini s]oñó que Norton se zambullía en una piscina [...] Impulsó la silla de ruedas hasta el borde de la piscina. Sólo entonces se dio cuenta de lo enorme que era. De ancho debía de medir por lo menos trescientos metros y de largo superaba, calculó Morini, los tres kilómetros. Sus aguas eran oscuras y en algunas zonas pudo observar manchas oleaginosas, como las que se ven en los puertos. De Norton, ni rastro. Morini lanzó un grito.
> 　–Liz.
> 　Creyó ver, en el otro extremo de la piscina, una sombra, y movió su silla de ruedas en esa dirección. El trayecto era largo. [...] El agua de la piscina parecía que trepaba por los bordes, como si en alguna parte se estuviera gestando una borrasca o algo peor, aunque por donde avanzaba Morini todo estaba en calma y silencioso, y nada hacía presagiar un conato de tormenta. Poco después la niebla cubrió a Morini. [...] Cuando sus ojos se acostumbraron vio una roca, como un arrecife oscuro e irisado que emergía de la piscina. No le pareció raro. Se acercó

al borde y gritó otra vez el nombre de Liz, esta vez con miedo a no volver a verla nunca más. Le hubiera bastado un leve respingo en las ruedas para caer en el interior. Entonces se dio cuenta de que la piscina se había vaciado y de que su profundidad era enorme, como si a sus pies se abriera un precipicio de baldosas negras enmohecidas por el agua. En el fondo distinguió una figura de mujer (aunque resultaba imposible asegurarlo) que se dirigía hacia las faldas de la roca. Ya se disponía Morini a gritar otra vez y a hacerle señas cuando presintió que había alguien a sus espaldas. En un instante tuvo dos certidumbres: se trataba de un ser maligno, el ser maligno deseaba que Morini se volviera y viera su rostro. [...] tras deslizarse unos metros Morini se detenía y se daba la vuelta y enfrentaba el rostro del desconocido, aguantándose el miedo, un miedo que alimentaba la progresiva certeza de saber quién era la persona que lo seguía y que desprendía ese tufo de malignidad que Morini apenas podía soportar. En medio de la niebla aparecía entonces el rostro de Liz Norton. Una Norton más jóven, probablemente de veinte años o menos, que lo miraba con una fijeza y seriedad que obligaban a Morini a desviar la mirada. ¿Quién era la persona que vagaba por el fondo de la piscina? [...] Entonces volvía a mirar a Norton y ésta le decía:
—No hay vuelta atrás.
[...] Entonces la inglesa repetía, en alemán, no hay vuelta atrás. Y, paradójicamente, le daba la espalda y se alejaba en dirección contraria a la de la piscina, y se perdía en un bosque apenas silueteado entre la niebla, un bosque del que se desprendía un resplandor rojo, y en ese resplandor rojo Norton se perdía. (67-70)

Las baldosas negras, mojadas por el agua ausente y por la fuerza de deformación de la imagen, se sitúan entre la superficie del agua en la que se refleja esta nueva versión de Narciso y un espejo rectangular, pulido, oscuro. En el mismo instante onírico hay un desdoblamiento de Norton, quien puede ser la «figura de una mujer [...] que se dirigía hacia las faldas de la roca», pero cuyo rostro aparece en la niebla cuando Morini decide enfrentarse con el «ser maligno» que está a sus espaldas (69). El miedo que al italiano le inspira «la persona que lo seguía y que desprendía ese tufo de malignidad que Morini apenas podía soportar» refleja —en contra de la cronología diegética y en contra de la coherencia de subjetividades separadas— el miedo que Norton siente delante de los dos espejos que también desdoblan su imagen. La niebla —agua suspendida en el aire— sustituye el agua de la piscina-mar y, por esa vía, deviene otra deformación del «espejo de los ingleses», ahora vuelto espeso y opaco, como si materializara el negativo de la masa de agua debajo de la superficie y convirtiera el escenario onírico en el fondo de un mar que no es tal. El fondo de la piscina-mar vaciada, con la montaña que emerge del precipicio que no es precipicio, en donde se pierde la figura femenina que es y no es Norton, tiene su contrapartida en el «bosque apenas silueteado entre la niebla, un bosque del que se desprendía un resplandor rojo, y en ese resplandor rojo Norton se perdía» (70).

El final del sueño de Morini sugiere un bosque en llamas, y así completa los cuatro elementos que, según observa Raúl Rodríguez Freire, están referidos al «cuarteto de obras que Arcimboldo reunió bajo el nombre de *Los elementos*», y a la vez forman parte del «párrafo que narra el nacimiento del futuro Archimboldi» (2016: 190). El crítico argumenta que Bolaño «textualiz[a] a Arcimboldo» (2016: 191), «adapta la construcción plástica del arte a la imaginería visual de su escritura, [...] pero lo hace de tal manera que su proceder [...] responde [...] a lo grotesco y caduco de los retratos arcimboldianos» (2016: 193). «Las metáforas de Arcimboldo» —Rodríguez Freire cita a Barthes— «*deshacen* objetos familiares para producir otros, nuevos, extraños, mediante una clara imposición [...] que nace del *trabajo* visionario (y no solo de la capacidad de captar similitudes)», lo cual implica que «[t]odo puede acabar significando su contrario» (Rodríguez Freire 2016: 184-185; énfasis del original). De hecho, *2666* es trabajado por el movimiento deformante de las imágenes que las va deshaciendo, impidiendo que se cristalicen antes de transformarse en otra cosa, muchas veces radicalmente opuesta, pero siempre portadora de aquella «analogía universal» que la imaginación –pensada con Baudelaire y encarnada en el texto– puede activar.

los cuatro elementos

Una vez desestabilizada la relación, inscripta en distintos niveles del texto, entre causa y efecto, modelo y copia, objeto y representación de éste ante el sujeto, las demás estructuras reconocibles también empiezan a vacilar. Todo esto, mientras unos procesos anacrónicos van surgiendo de modo rizomático, cada vez menos controlable, dentro y a pesar de la diégesis. Al mismo tiempo, lo que deviene cada vez más perceptible es la presencia de los procesos que clandestinamente corroen la representación. Así, mientras Liz Norton sueña con su reflejo en el hotel de Santa Teresa, en la habitación de al lado Espinoza tiene una pesadilla que retoma y deforma el contenido del sueño de la inglesa. Ésta permite visualizar de manera complementaria el movimiento invisible que une ambos instantes oníricos:

> Espinoza soñó con el cuadro del desierto. En el sueño Espinoza se erguía hasta quedar sentado en la cama y desde allí, como si viera la tele en una pantalla de más de un metro y medio por un metro y medio, podía contemplar el desierto estático y luminoso, de un amarillo solar que hacía daño en los ojos, y a las figuras montadas a caballo, cuyos movimientos, los de los jinetes y los de los caballos, eran apenas perceptibles, como si habitaran en un mundo diferente del nuestro, en donde la velocidad era distinta, una velocidad que para Espinoza era lentitud, aunque él sabía que gracias a esa lentitud, quienquiera que fuera el observador del cuadro no se volvía loco. Y luego estaban las voces. Espinoza las escuchó. Voces apenas audibles, al principio sólo fonemas, cortos gemidos lanzados como meteoritos sobre el desierto y sobre el espacio armado de la habitación del hotel y del sueño. Algunas palabras sueltas sí que fue capaz de reconocerlas. Rapidez, premura, velocidad, ligereza. Las palabras se abrían paso a través del aire enrare-

cido del cuadro como raíces víricas en medio de carne muerta. Nuestra cultura, decía una voz. Nuestra libertad. La palabra libertad le sonaba a Espinoza como un latigazo en un aula vacía. Cuando despertó estaba sudando. (153-154)

Si es cierto que la pesadilla de Espinoza visualiza el movimiento subterráneo y deformador que atraviesa los instantes oníricos en *2666*, puede observarse que una característica evidente es su extrema lentitud: una lentitud que parece estasis, y que al mismo tiempo es una dinámica inherente a la imagen que la corroe desde adentro. La introducción de un movimiento apenas perceptible en la imagen impide que ésta adquiera una forma definitiva o que sus contornos se cristalicen. Se trata de un procedimiento estético que hace temblar a la representación. En este sentido, podemos elucidar la pesadilla de Espinosa mediante un paralelo con las artes visuales, en particular, con el vídeo arte de Fluxus, uno de los movimientos artísticos vitalistas que estallaron en diferentes partes del mundo en los años sesenta y setenta[23]. De forma similar a los situacionistas, su objetivo es abolir la distinción entre el arte y la vida. Los artistas que formaban este movimiento en sus comienzos, también preocupados por la importancia de la acción anticapitalista, no presentaban –a diferencia de los situacionistas– actitudes radicalmente anti-visuales, se centraban sobre todo en la reactivación y re-concientización del cuerpo como objeto, sujeto y espacio de la vida social (Stiles 1993).

---

[23] El movimiento Fluxus sigue teniendo seguidores que insisten en pensarlo no en términos históricos como un fenómeno artístico acabado, sino como una fuerza creativa que no cesa de ser productiva. En la página web del movimiento puede leerse una cita de Dick Higgins, uno de los artistas fundadores de Fluxus, que resalta su carácter continuo: «Fluxus means change among other things. The Fluxus of 1992 is not the Fluxus of 1962 and if it pretends to be – then it is fake. The real Fluxus moves out from its old center into many directions, and the paths are not easy to recognize without lining up new pieces, middle pieces and old pieces together» (< www.fluxus.org>).

Insistían en pensar el rol del arte como una posibilidad de inmersión del individuo en la vida, como un deshacerse de la mediación de la re-presentación a favor de la participación y experiencia corporal directa. En resumen, Fluxus puede pensarse como otro anhelo de superar las consecuencias que para el arte –y para la vida– ha tenido la tradición del pensamiento transcendente.

La *intermedialidad* –término propuesto por Dick Higgins en 1966 para denominar las obras de arte que «fall between media» (Remes 2015: 61)– es central para la estética de Fluxus. Ella tiene implicaciones más amplias que la mera transgresión de las normas fundadas en los requisitos de la pureza genérica que, rondando el arte occidental por lo menos desde el *Laoconte* de Lessing (1766), en el siglo XX obtuvieron una nueva actualidad a través de trabajos teóricos, como el famoso ensayo de Clement Greenberg, «Towards a Newer Laocoön» (1940). Según observa Kristine Stiles, la esencia y el espacio propio de Fluxus está en el «entre»:

> that dynamic and elusive, interactive site where the boundaries of phenomena and things become fluid. This is the interval that is at once a connection –a caesura yet a *continuum*– where oppositons change, flow, fuse, part, pass, move on, and reassemble. The «between» that might appear to be a hiatus separating antithetical states represents, too, the threshold where action and its object meet. (1993: 64)

Situarse en el espacio dinámico del *entre* es resaltar la porosidad de las cosas y de los fenómenos, es explorar las zonas grises que exceden las categorías y los conceptos con que se suele organizar la realidad. En este espacio avisual (por borroso y fluido), las cosas aparentemente separadas entre sí llegan a *tocarse*, pues están sumergidas en un movimiento universal de transformaciones y desplazamientos apenas perceptibles. Así, los aspectos individuales que convencionalmente sirven para definir las cosas, extrayéndolas de su entorno, se están diluyendo. De este modo, las acciones, los procesos de cambio no operan sobre sus objetos desde fuera, sino que parecen fusionarse con ellos. En todo esto pueden reconocerse los rasgos esenciales de la estética de la inmanencia que, en vez de re-presentar –puesto que la re-presentación implica distancia y no contacto–, más bien encarna, presenta.

Esta *intermedialidad*, ¿cómo funciona en la práctica? En la estética de vídeos de Fluxus, en las dos primeras décadas de su existencia, era muy frecuente el uso del movimiento en cámara lenta, incluso *extremadamente* lenta, que ofrecía una imagen aparentemente estática, *imperceptiblemente* trabajada por el movimiento (Remes 2015: 72-73). Uno de los vídeos basados en este procedimiento, *Disappearing Music for Face*[24] (George Maciunas, 1966), realizado según el *event score* de Mieko Shiomi (Friedman & Smith & Sawchyn 2002: 97), toma por objeto el «espacio entre dos estados afectivos» (Remes 2015: 72). En él, el espectador puede ver –o, mejor dicho, *no* puede ver a causa de la extrema lentitud del movimiento de las imágenes– la desaparición de una sonrisa de Yoko Ono.

Justin Remes sostiene que *Disappearing Music for Face* ofrece acceso a «the hidden dimensions of a visual experience» y, por consiguiente, «makes the invisible visible» (2015: 72). En este punto, la instalación vídeo de Maciunas en su esencia no diferiría mucho de los tempranos experimentos fotográficos con la captura del movimiento –como, por ejemplo, el famoso caballo de Eadweard Muybridge (1872)– que ya en aquella época revelaron la «dimensión oculta» de la experiencia visual, e hicieron visibles los componentes minúsculos del movimiento que el ojo humano no puede captar sin depender del ojo mecánico. Sin embargo, el vídeo de Maciunas puede apuntar a otra cosa, relacionada ya no con satisfacer la pulsión escópica

---

[24] Aquí, por supuesto, la cuestión de la *intermedialidad* de la obra es mucho más compleja que la comentada aquí entre dos entidades definibles –basta fijarse en el título. De todas formas, nos limitaremos a mencionar sólo aquello que está directamente relacionado con el sueño de Espinoza.

del espectador, sino, al contrario, con cuestionar la autoridad de la visión en la experiencia del arte. Por un lado, la confrontación con un vídeo tan lento puede provocar la impaciencia e irritación del espectador, quien, de acuerdo con las intenciones programáticas de Fluxus (Remes 2015), se da cuenta de su cuerpo, incómodo en la espera estática en que lo inmoviliza el desarrollo apenas perceptible de la película. En consecuencia, la experiencia del arte, en vez de basarse en la distancia de la visión, implicaría una dimensión corporal y háptica, como si la obra de hecho *tocara* al espectador y, de ese modo, borrara los límites no sólo entre sujeto y objeto, sino también entre «arte» y «vida», porque algo del movimiento realizado por el vídeo penetraría en la carne del espectador. Por otro lado, el procedimiento empleado en *Disappearing Music for Face* hace pensar en las micropercepciones de Leibniz:

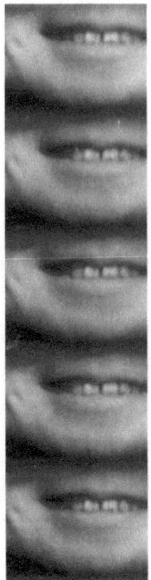

Figura 5. George Maciunas *Disappearing Music for Face* (1966).

> ce sont ces petites perceptions obscures, confuses, qui composent nos macroperceptions, nos aperceptions conscientes, claires et distinctes: jamais une perception consciente n'arriverait si elle n'intégrait une ensemble infini de petites perceptions qui déséquilibrent la macroperception précédente et préparent la suivante. (Deleuze 1988: 115)

En la filosofía de Leibniz, cada una de las micropercepciones puede dividirse infinitamente. De este modo –tal y como en *Disappearing Music for Face*–, incluso con el mayor «estiramiento» posible, el espacio *entre* dos entidades perceptibles sigue siendo divisible: en él siempre queda un *resto* que se escapa a la mirada. En este punto es preciso volver a evocar la pesadilla de Espinoza, donde se da a ver un movimiento extremadamente lento de los jinetes y sus caballos atravesando el desierto. Si consideramos esta imagen onírica de un modo análogo al vídeo de Maciunas, podemos entender que en ella lo invisible da a ver que algo no se da a ver, sin por ello hacerlo visible. En otras palabras, desde nuestra perspectiva, la pesadilla de Espinoza revela que incluso en el ámbito de lo visible opera una fuerza *avisual*. Esta fuerza avisual, aunque en sí no deja captarse con la mirada, sí puede presentirse en el flujo de las transiciones y metamorfosis.

Estirar el movimiento hasta el punto en que devenga estasis sin realmente serlo y, al revés, impregnar la quietud de un cuadro con movimientos apenas perceptibles de jinetes atravesando un desierto, significa explorar un espacio *entre*, intentar *presentar* el flujo deformador que, con una serie de metamorfosis minúsculas, vincula las entidades que suelen definirse por sus aspectos individuales como separadas de todo lo demás. El sueño de Espinoza, desde esta perspectiva, encarna y visualiza esta dinámica que rige los desplazamientos de las imágenes en lo onírico en *2666*. La porosidad de las categorías, sugerida por el movimiento que corroe la imagen, se corresponde, por fuerza de esa analogía universal –que, según proponemos, atraviesa y soporta el texto de Bolaño– con el carácter escurridizo de lo onírico en tanto categoría ontológica y narratológica dentro del mundo posible de la ficción y en la misma novela. No obstante, la imaginación dinámica que deforma las imágenes, hay que resaltarlo, no tiene mucho que ver con la incoherencia del agua viva que leímos en la primera fase del sueño de Ellen West, la paciente de Ludwig Binswanger. No se trata, en el sueño de Espinoza, de una revolución anti-visual violenta y destructiva, pues el cuadro del desierto sigue siendo un cuadro y los jinetes siguen siendo reconocibles, según ciertas normas intersubjetivas. Más bien, el hecho de que los instantes oníricos se revelen como conectados por los flujos de la imaginación acuática da cuenta de una subversión suave de la autoridad de la visión que ordena el mundo según el modelo transcendente de la representación. Pero incluso si las operaciones de lo visual en lo onírico permanecieran *avisuales* ante la mirada analítica del lector, querríamos defender su eficacia clandestina, porque es justamente lo inadvertido de sus desplazamientos que penetra en el cuerpo del lector: «[l]es petites perceptions [...] constituent l'état animal ou animé par excellence: l'inquiétude» (Deleuze 1988: 115).

sous les pavés, la plage

En los apartados anteriores se ha ponderado la relación entre el movimiento y la estasis, insistiendo en el carácter corrosivo y fugitivo de lo fluido frente a lo fijo, pensado en términos de la visión en tanto herramienta de representación y de conocimiento del mundo. Para cerrar esta reflexión es preciso volver a evocar brevemente a los situacionistas, cuya *subversión suave* consistía, justamente, en implantar lo fluido en lo rígido para desestabilizar su poder opresivo. Sin embargo, hay que resaltarlo, tampoco se trataba de operar con una fluidez radical e incontrolada, porque ésta de hecho no sería sino un reflejo de la violencia hegemónica de las estructuras espectaculares, una multiplicación de su esencial univocidad:

Yet, it could be argued that such processes of fluidisation and disarmouring are merely a symptomatic outcome of the spectacle itself. Indeed, as Hal Foster aptly puts it: «if the fascist is threatened by schizophrenic fragments and flows, the capitalist subject may thrive on such disruptions». (Stracey 2008: 134)

Una práctica que ilustra muy bien el carácter *controladamente* fluido de la estrategia anti-espectacular situacionista es el grafiti. Frances Stracey resalta la importancia del aspecto ilegal del acto de trazar eslóganes revolucionarios sobre los muros de la ciudad. Se trata de una reconquista «desde abajo» del espacio público (ordenado según los principios capitalistas) realizada a través de una escritura precaria, efímera y no-profesional como manera de dar voz a los marginales y excluidos de la sociedad (2008: 125). De todas formas, lo que resulta esencial para nuestra reflexión concierne más bien al simbolismo de la técnica misma de los grafitis que «enact a literal fluidisation of language» (Stracey 2008: 130), pues ella se sitúa en el espacio liminar de la porosidad de los muros que absorben y soportan las letras, siendo, al mismo tiempo, el objeto del ataque político operado por éstas. El muro en tanto superficie inflexible que materializa y cimienta las divisiones rígidas con las que el sistema territorializa la vida (en sí informe, fluida, lúdica), es una de las metáforas que en el discurso situacionista expresa el estancamiento mortal impuesto por el espectáculo a cada una de las esferas de la existencia humana. Otra es, por ejemplo, la armadura que, inspirada en los uniformes de la policía antidisturbios (CRS), ofrece una imagen sugestiva de la psique dañada por la omnipresencia del sistema:

> For the Situationists, this «society of the spectacle» was characterised as a historical moment where all social and psychic processes of armouring (meaning by this any subject's unthinking identification, observance and taking-up of predetermined social roles, irrespective of gender) were understood as symptomatic response produced by the

vampiric condition of the spectacle. [...] All processes of armouring were therefore symptoms produced by the deadening spectacle. (Stracey 2008: 131)

A pesar de la aparente univocidad de las metáforas de lo rígido evocadas arriba, ambas implican cierta susceptibilidad de lo rígido a la fluidez que les es inherente, aunque sea de forma marginal o residual. Así, dentro de la armadura persisten los restos de un cuerpo vivo y la superficie de los muros es inevitablemente porosa.

Figura 6. Mural situacionista: Bajo los adoquines, la playa (mayo 1968).

«Bajo los adoquines, la playa», dice uno de los grafitis de mayo de 1968 que, según Frances Stracey, «suggestively captures the structural desire to overturn the rigid and ordered surfaces of everyday life in order to reveal a shifting, formless, pleasurable terrain repressed beneath» (2008: 131). Vale la pena detenerse en esta frase inscripta en un muro de París hace cincuenta años para, a través de ella, clausurar la reflexión sobre los sueños en *2666*. Si es cierto lo que se ha propuesto en las páginas anteriores, puede decirse, haciendo una analogía con los grafitis situacionistas, que la escritura de lo onírico en la obra de Bolaño corroe el muro y, penetrando en su porosidad, no deja separarse de él. Más aun, lo necesita como soporte porque es en su superficie donde la emergencia del grafiti es operativa, dando cuenta, al aparecer, de la rigidez inadvertida del muro. Dicho de otro modo, los desplazamientos auto-subversivos que aquí se rastrean en la gestación de los sueños en *2666* sólo pueden operar frente a, y sólo están motivados por, las convenciones realistas en cuya «porosidad» penetran. A fin de cuentas, sin echarlas abajo, advierten su rigidez. Si el pavimento facilita la comunicación, la avisualidad de lo onírico en la obra de Bolaño, a diferencia de los revolucionarios del mayo francés, no utiliza los adoquines (esas entidades básicas de la construcción de un mundo posible de ficción) para atacar a los agentes del orden transcendente, sino, como el grafiti evocado arriba, da cuenta de la playa arenosa que se extiende justo debajo de la superficie del texto. Por eso, no es de extrañar que lo que atrajo al pequeño buceador Hans Reiter a la literatura fuera que «Parsifal en ocasiones cabalgaba [...] llevando bajo su armadura su vestimenta de loco» (823).

EPIDEMIA DE SEMEJANZAS DESEMEJANTES

> The names of minerals and the minerals themselves do not differ from each other, because at bottom both the material and the print is the beginning of an abysmal number of fissures. Words and rocks contain a language that follows a syntax of splits and ruptures.
>
> Robert Smithson

FIGURAS

En la parte anterior examinamos cómo los instantes oníricos en *2666* permiten rastrear movimientos deformantes de imágenes e ideas en diferentes secciones del texto, los que se hacen visibles, justamente, a través de los sueños. Éstos, sin dejar de cumplir su función dentro de la trama ficcional, dan cuenta de otras relaciones y procesos de los que son la expresión. Los instantes oníricos en *2666* aparecen, entonces, como imágenes *sobredeterminadas*, es decir, las imágenes oníricas están sobrecargadas de significados pertenecientes a diferentes esferas: la del contenido manifiesto de la representación literaria y la del inconsciente del texto (no el de los personajes). Si seguimos la idea de que los sueños llevan a cabo una subversión suave de la representación en la obra de Bolaño, podríamos añadir que de ese modo se opera un *détournement* más de lo onírico: aquello que *dentro* de la representación esquiva las concepciones y los análisis tradicionales parece posibilitar que se psicoanalice, como un sueño, la *representación en cuanto tal*.

Pensar la obra de arte en los términos propuestos por Freud en *La interpretación de los sueños* permite elucidar la complejidad de los procesos que, activos debajo de la superficie de la representación, corroen su univocidad y la dotan de significados no manifiestos, muchas veces contradictorios entre sí. Se trata de privilegiar el carácter procesal del trabajo del sueño, pues por esa vía se aporta algo realmente nuevo al análisis de la obra de arte: salir del modelo binario de la significación. De este modo, se produce una experiencia más polifacética de la obra de arte, antes que un mero desciframiento de sus supuestos secretos. Jean-François Lyotard escribe al respecto:

> Le problème du travail du rêve est [...] celui de savoir comment, avec un énoncé pour matière, peut être produit un objet qualitativement différent, encore que signifiant. Le travail n'est pas une interprétation de la pensée de rêve, un discours sur un discours; pas davantage une transcription, discours à partir d'un discours; il est sa transformation. (2002: 241)

Para Julia Kristeva, «[n]ot only is the dream a semiotic system, but also more importantly the work behind it. That work is, moreover, the definition of the unconscious itself, a transformative process rather than a repressed content in Freudian thought» (Sjöholm 2005: 19). La transposición del modelo freudiano al ámbito de la obra de arte (sea discursiva o visual) permite discernir y comprender los procesos inherentes a su lenguaje, en particular, aquellos que ponen trabas a una significación coherente, como si se tratara del trabajo deformador del sueño que, en la operación de enmascarar los pensamientos oníricos, produce figuras, texto-imágenes cuya interpretación permite vislumbrar algo de la verdad reprimida y de las relaciones lógicas que la rigen.

¿Cuáles son los procesos operativos en el trabajo del sueño? En el sexto capítulo de *La interpretación de los sueños*, Freud los describe detalladamente como diferentes relaciones que se establecen entre el contenido y los pensamientos del sueño. Como resultado de la *condensación*, «[e]l sueño es escueto, pobre, lacónico, si se lo compara con la extensión y la riqueza de los pensamientos oníricos» (Freud 1991iv: 287). Las particularidades del trabajo de la condensación son, según Freud, «la elección de elementos que están presentes de manera múltiple en los pensamientos oníricos, la formación de nuevas unidades (personas de acumulación, productos mixtos) y la producción de elementos comunes intermediarios» (1991iv: 302). Otro proceso operativo en el trabajo del sueño es el denominado «desplazamiento» que, según Freud, organiza los elementos del pensamiento onírico, en el sueño, de modo tal que ellos parecieran no reflejar su importancia real:

> [l]o que en los pensamientos oníricos constituye evidentemente el contenido esencial ni siquiera necesita estar presente en el sueño. El sueño está por así decir *diversamente centrado*, y su contenido se ordena en torno de un centro constituido por otros elementos que los pensamientos oníricos. (Freud 1991iv: 311; énfasis del original)

«El desplazamiento y la condensación oníricos», nos dice Freud, «son los dos maestros artesanos a cuya actividad podemos atribuir principalmente la configuración del sueño» (1991iv: 313). El sueño tiene, además, la tarea difícil de figurar las relaciones del material onírico. Según Freud, por ejemplo, una conexión lógica se figura como simultaneidad (1991iv: 320), mientras que una relación causal es figurada como sucesión (1991iv: 322). La única relación lógica que «parece no existir para el sueño» es la contradicción u oposición (1991iv: 324). Lo anterior implica que el sueño modifica la configuración de las relaciones lógicas operativas en el pensamiento onírico:

> Le rêve ne *représente* pas les relations logiques, mais il nous *présente* son travail: en modifiant leur «figuration», il indique ces relation. Inapte à représenter les relations logiques, le rêve *présente* ensemble, dans une

même figure, des éléments qui risquent d'être incompatibles. Freud étudiera donc les procédés de figuration dont dispose le rêve pour faire ressortir quelques-unes des relations qui régissent les pensées du rêveur. (Hagelstein 2005: 86; énfasis del original)

En lo que sigue, lo figural aparecerá como parte integral de aquellos aparatos críticos donde la teoría freudiana ha servido de modelo y herramienta. En primer lugar, haremos referencia a las figuras del lenguaje que Jean-François Lyotard propone en su *Discours, figure* para estudiar el discurso poético (Lyotard 2002: 281). En segundo lugar, dialogaremos con las reflexiones críticas de Georges Didi-Huberman, sobre todo las incluidas en *Devant l'image* (1990). En este libro se propone una aproximación a las artes visuales que sustituya el modelo de legibilidad basado en los principios de la mímesis, del esquematismo y de la deducción histórica por una interpretación fundada en los paradigmas teóricos de la figurabilidad y del síntoma (1990: 219). Didi-Huberman, según Maud Hagelstein, al fundir el psicoanálisis con la historia del arte, «produit une esthétique du symptôme, c'est-à-dire une esthétique qui tient compte de la *surdétermination* de l'image. Une image surdéterminée est une image dont le sens n'est pas fermé et univoque, mais sans clôtures» (2005: 86; énfasis del original). Tanto Lyotard como Didi-Huberman enfocan aquellos instantes (elementos, fragmentos) sobredeterminados en la representación, donde el trabajo de lo figural complica el proceso de significación, y deja entrever en esa fisura una suerte de verdad escondida, una profundidad inesperada y, muchas veces, insondable. Si bien ahora dedicamos más espacio a introducir la sistemática de las figuras de discurso elaborada por Lyotard, la reflexión paralela de Didi-Huberman no dejará de acompañarnos.

Jean-François Lyotard se centra en el trabajo deformador del deseo libidinal, es decir, en la fuerza incontrolada responsable de la ilegibilidad u opacidad del texto, la que, por consiguiente, conforma el lugar donde irrumpe lo figural como *Entstellung*: «die Sprache entstellen, faire violence au langage» (Lyotard 2002: 241)[1]. En su afán de desfigurar, lo figural no se adscribe plenamente a ninguna de las dos categorías tradicionalmente confrontadas en el *paragone* (palabra e imagen). Más bien, opera en y entre ambas a la vez. Según Martin Jay, lo figural en sí es el mismo principio de disrupción que impide la plena estabilización de cualquiera de los órdenes de significación (1995: 564). Las figuras definidas por Lyotard son tres y operan a tres niveles distintos. La figura-imagen –como, por ejemplo, una imagen del sueño o de una película, un «tema»– pertenece al orden de lo visible, donde distorsiona las reglas de la formación de la cosa percibida: deconstruye el objeto de la percepción (Lyotard 2002: 277). La figura-forma es aquella que sostiene lo visto sin ser vista, aunque de hecho es visible: es la arquitectura o el andamiaje, la composición de lo visible que, sin embargo, transgrede la *bonne forme* (surgida de la tradición geométrica euclideana) y produce una «anti-forma» dionisíaca (Lyotard 2002: 277). La figura-matriz, finalmente, no se ve ni es más visible que legible, no pertenece al espacio plástico ni al espacio textual: ella es la diferencia misma que opera en el espacio del texto, en el de la «geometría» –su organización– y en el de la representación en cuanto tal (Lyotard 2002: 278). En otras palabras, la figura-matriz distorsiona el espacio del texto y el de la imagen de un modo profundo, no lo hace mediante contrastes u oposiciones, sino por medio de la diferencia, que está más allá de cualquier tipo de categorización y correspondencia. En las figuras, el discurso poético «pourra entrer en communication avec les images qui sont réputées

---

[1] En este punto, Lyotard no está de acuerdo con Freud cuando éste adscribe la deformación del contenido primario del sueño a la censura del Yo. En cambio, Lyotard argumenta que, para poder censurar el sueño, el Yo debería entender su fondo más profundo, cuya constitución deseante lo hace incomprensible por definición (2002: 244-246).

lui être extérieures, mais qui justement relèvent pour leur organisation de la même matrice signifiante que lui» (Lyotard 2002: 250).

El hecho de que Lyotard dedique su *Discours, figure* exclusivamente a la obra poética, definida por él como un texto trabajado por la figura (2002: 281) y como «el otro de la prosa» (2002: 318), no impide que *2666* pueda leerse a través de este prisma, elaborado por el filósofo francés para discernir y comprender el trabajo de la diferencia en el texto. Además, si aceptamos esta definición de la poesía –como el otro de la prosa–, es preciso recordar que la narrativa de Bolaño no puede calificarse como un monolito prosaico ni mucho menos. En este marco hablaremos de fisuras, desgarraduras, grietas. Lo figural será nada más que un modo de aproximarse al malestar en la representación, cuyo surgimiento en el texto depende de la sobredeterminación de imágenes específicas. En el afán de localizar provisionalmente los instantes donde el texto transgrede las leyes que parece establecer para sí mismo, no se intentará desenredar la aglomeración de sus significados ni tampoco se tratará de deconstruirlo. Más bien, se interrogará la dinámica de los procesos que allí se manifiestan para, de esa manera, plantear la pregunta por sus posibles implicaciones filosóficas y éticas.

IMÁGENES INIMAGINABLES

rueda de prensa

«Pregunten lo que quieran», dice Klaus Haas en uno de los últimos reglones de «La parte de Fate» (440), pero el intercambio revelador iniciado por estas palabras no está descrito. La omisión de la escena, potencialmente inaugurada por estas palabras, deviene así el centro ausente, vacío o inaccesible, abierto como un agujero negro (blanco, en la página) hacia el que se precipita la trama y, al mismo tiempo, un imán negativo que la propulsa cada vez más lejos de sí, según comentamos en la primera parte del presente volumen. No obstante, de acuerdo con el principio compositivo de «links» o «llamadas» que Patricia Poblete Alday localiza en la tendencia de ciertos detalles a repetirse (con diferencia) en distintas secciones de *2666* (2010: 108-109), la entrevista suspendida resurge a la superficie del texto en otro lugar y en otra forma. En «La parte de los crímenes», Klaus Haas convoca tres ruedas de prensa. Las dos primeras están descritas con suma brevedad. La primera, durante la cual Haas ratifica su inocencia, representa «un pequeño escándalo» y, de paso, suscita algunos rumores acerca de su gran fortuna europea (612). En cambio, la segunda no despierta el interés de nadie y apenas es mencionada entre otras noticias locales. A diferencia de sus predecesoras, la tercera ocupa diez bloques textuales[2] esparcidos por 42 páginas (716-758), y se entrelaza así con otros hilos narrativos y con las descripciones forenses de varias víctimas del femicidio santateresiano. Otro elemento que distingue a esta última es la presencia de un fotógrafo de *La Voz de Sonora* (218). Chuy Pimentel saca por lo menos[3] ocho

---

[2] Ya que a continuación se comentará –entre otras cosas– la organización gráfica del texto impreso, es preciso diferenciar dos tipos de párrafos empleados en *2666*: el párrafo ordinario, que se abre con sangría en el primer reglón y termina con un punto y aparte; y el párrafo alemán, que está separado de los párrafos contiguos por un interlineado blanco. Según su uso convencional, el párrafo alemán no requiere sangría, en *2666*, sin embargo, todos la llevan. Además, las cinco secciones de la obra están divididas no en capítulos sino en lo que llamaremos bloques textuales (secuencias de párrafos ordinarios), separados entre sí por un interlineado blanco.

[3] El número exacto de las fotos es imposible establecerlo con precisión, pues el texto consigna que «Chuy Pimentel siguió haciendo fotos» (720) y, con ello, evita especificar un número, aunque luego de esta aclaración el relato permita deducir la existencia de al menos dos fotos más. En los demás casos, las instantáneas de Pimentel se introducen una por una, permitiendo un cálculo simple (719, 724, 731, 738, 742 y 753).

instantáneas. De la mayoría de ellas el texto ofrece descripciones ecfrásticas relativamente convencionales, como, por ejemplo: «En ella se ven los rostros de los periodistas que miran a Haas o consultan sus cuadernos de notas, sin ninguna excitación, sin ningún entusiasmo» (719) o «Chuy Pimentel fotografió en ese momento a los periodistas. Jóvenes, mal vestidos, algunos con cara de venderse al mejor postor, muchachos trabajadores con pinta de sueño y mala noche que se miraban entre sí» (731). No obstante, hay tres excepciones. Todas ellas se comentarán a continuación.

Aunque la crítica de Bolaño suele interesarse por el uso de los medios y soportes visuales en su obra[4], hasta la fecha el episodio de la conferencia de prensa apenas se ha comentado[5]. Sólo Álvaro Augusto Rodríguez S., en su artículo sobre las formas de la imagen en *2666*, se fija en la presencia del fotógrafo –procedimiento eficaz, según el crítico, de introducción de una doble perspectiva narrativa:

> La reproducción técnica de la realidad, que enriquece las palabras y es enriquecida por palabras; el recurso y la estrategia escogidos por Bolaño [...] dejan ver una acción complementaria: una primera mirada

---

[4] Véanse, por ejemplo, los trabajos de Pablo Corro Pemjean (2005), Joaquín Manzi (2005), Valeria de los Ríos (2008), Josué Hernández Rodríguez (2011) y Florence Olivier (2011).

[5] Una gran semejanza del andamiaje narrativo vincula este episodio con el cuento «Laberinto», incluido en *El secreto del mal* (Bolaño 2007: 65-89). Allí hay una fotografía que «se sitúa en el centro de un dispositivo que incluye, activa y fundamenta la fabulación, la invención narrativa» (Moreno 2011: 337). Esto, según propone Carlos Walker, determina que «la foto parece quedar atrás, mero envión de los acontecimientos, mientras el narrador sigue difuminando las apariencias de lo que ve» (2013: 224). La diferencia entre uno y otro es, sin embargo, crucial. Mientras que en el cuento el contenido de la foto y la instancia narrativa pertenecen a niveles narrativos distintos, en la descripción de la rueda de prensa en *2666* las fotos surgen del mismo caudal de los acontecimientos que simultáneamente están captando. Esta singularidad tiene consecuencias determinantes para la estructura profunda del texto en tanto espacio de representación.

(la de Pimentel) que interpreta y delimita la realidad, y una segunda mirada (la del narrador) que interpreta y amplía la realidad. (2014: 13)

De hecho, pese a ser por entero plausible, lo que propone Rodríguez no ofrece suficientes claves para captar la especificidad de los pasajes dedicados al transcurso de la última rueda de prensa. Quizás ello se deba a que su interpretación sólo considera las écfrasis convencionales, se concentra menos en la aparición del dispositivo visual fundador de la narración (fotografías descritas) que en la dinámica interpersonal de los acontecimientos representados.

espesor del texto

En los dos primeros fragmentos evocados, las descripciones de las fotografías se introducen con las siguientes palabras: «En ella se ve» (720 y 724). Por un lado, este procedimiento sitúa automáticamente a la descripción que sigue en el ámbito de la visualidad[6] (esto de antemano sugiere su carácter tradicionalmente ecfrástico). Por otro lado –y esto es lo que nos interesa ahora– la notación «en ella se ve» implica la existencia material de una fotografía que se estaría contemplando.

La introducción de la instantánea, ya revelada, como objeto de la descripción y punto de partida del relato desgarra, de repente, las premisas espacio-temporales de la narración. El carácter indicial de la fotografía como huella de la realidad (Krauss 2002: 120) traslada el presente de los acontecimientos (la rueda de prensa) hacia un pasado ponderado desde una perspectiva posterior indefinida (descripción de «lo que se ve» en la foto). Este procedimiento podría, tal vez, confirmar la intuición de Magda Sepúlveda quien, relacionando el título

---

[6] La cuestión de la visualidad sugerida por esta apertura se comentará más adelante, cuando nos ocupemos de la segunda instantánea.

de la obra con la novela futurista de Vladimir Odoievsky, *El año 4338*, propone que leamos *2666* «como si estuviera contada desde el futuro del siglo XXVII» (2011: 239-240). También puede especularse que la apertura de la trama hacia un futuro indeterminado –desde el cual, sin embargo, se narran los acontecimientos– busca confirmar el apunte aislado de Bolaño, «El narrador de *2666* es Arturo Belano[7]» (2010: 1125), no incluido en la versión final de la obra[8]. De todos modos, puede constatarse que la apertura hacia un futuro sin precisar, provoca –a fuerza de imaginar esta instantánea revelada en algún archivo futuro– el surgimiento de una mirada que se desliza por su superficie. A quién o a qué subjetividad pertenece esta mirada, es una cuestión que retomaremos más adelante.

La intrusión en medio del relato de los acontecimientos de la foto-huella de los mismos, de la foto tomada *mientras* todo lo demás está pasando, aniquila su presente. La aparición del «en ella se ve» en el flujo de la narración instaura en su seno el tiempo de la representación fotográfica –el del instante congelado– y cambia el tiempo gramatical del pretérito al presente. La reproducción fotográfica, según sostiene Roland Barthes en *La chambre claire*, mortifica el instante del que ya sólo puede decirse *ça-a-été*: ese «esto ha sido» que lo convierte en un presente siempre ya pasado (1980: 1163). Como vemos en el pri-

---

[7] Felipe A. Ríos Baeza sostiene que Arturo Belano (alias Arturo B. o B.) es el único personaje bolañiano que viaja en el tiempo, tomando «la forma de una partícula elemental, evidenciando que el tiempo no es una categoría fija y aislada del espacio, sino una propiedad cuántica» (2010a: 220).

[8] Es muy improbable que las fotografías introducidas con las palabras «en ella se ve» (719, 720, 724) y, por consiguiente, desligadas espacial y temporalmente de los acontecimientos narrados, estén descritas por Chuy Pimentel quien, justamente por cumplir el papel de fotógrafo en esta rueda de prensa, queda inmovilizado en el presente de la escena donde está manejando la cámara. Su voz, sin embargo, puede entreoírse en los instantes ecfrásticos convencionales que potencialmente adoptan su perspectiva (731) o más o menos abiertamente transcriben sus opiniones acerca de lo fotografiado (742, 753).

mero de los tres pasajes en cuestión, el tiempo presente usado en la descripción de las fotos se expande más allá del encuadre para seguir narrando el desarrollo de los sucesos:

> [...]⁹ Nadie se rió. Chuy Pimentel siguió haciendo fotos. En ellas se ve a la abogada que parece a punto de soltar unas lágrimas. De coraje. Las miradas de los periodistas son miradas de reptiles: observan a Haas, que mira las paredes grises como si en la erosión del cemento hubiera escrito su guión. El nombre, dice uno de los periodistas, lo susurra, pero es lo suficientemente audible para todos. Haas dejó de mirar la pared y sus ojos consideraron al que habló [...] (720-721)

A diferencia del contenido de la instantánea que capta la tensa red de las miradas, el susurro del periodista es un estallido sonoro que rompe el código de lo visible y viene a señalar la salida del marco fotográfico. Sus palabras resuenan en el mismo tiempo presente que marca la caducidad instantánea propia de la fotografía; sólo pueden convertirse en su propio eco, desprovisto en el acto de su origen. Este contagio del pasado narrativo –en el que se relatan acontecimientos supuestamente presentes, donde el susurro del periodista iba a *seguir* al microsegundo captado por la lente– con el presente aparente de la foto-huella delata el carácter ilusorio del presente que, de hecho, siempre ya es pasado. Maurice Blanchot lo dice en *El paso (no) más allá*:

> El eterno retorno de lo mismo: como si el retorno, irónicamente propuesto cómo ley de lo mismo, donde lo mismo sería soberano, no convirtiese necesariamente al tiempo en un juego infinito con dos entradas (dadas como una pero nunca unificadas): porvenir ya siempre pasado, pasado siempre aún por venir, de donde la tercera instancia, el instante de la presencia, al excluirse, excluiría toda posibilidad idéntica

---

⁹ Por cuestiones relacionadas con la visualidad del texto en su forma impresa, se considera consecuente marcar la ubicación de las citas comentadas dentro de sus bloques textuales, es decir, en relación a las interlíneas en blanco.

[...] Pero la exigencia del retorno sería que, «bajo una falsa apariencia de presente», la ambigüedad pasado–porvenir separa de forma invisible el porvenir del pasado. (1994: 41)

De ese modo, aquello que parece nuestro futuro inmediato, aquello que, suponemos, pronto será nuestro presente, siempre da un salto –esquivando el presente que no *es*– hacia el pasado del que es el retorno mismo. Así, el susurro del periodista que parece ser el futuro inmediato del instante fotografiado, aunque ocurra en el tiempo gramatical presente, siempre ya es su propia huella, una presencia siempre ya ausente.

Lo anterior abre una fisura donde la fotografía –huella, copia, captura, recorte– se inserta en la corriente de la narración y *sustituye* a los acontecimientos que la foto representa desde un futuro siempre ya pasado[10]. La fotografía se les pone *encima* y los oculta, se superpone y al mismo tiempo los *da a ver*, hace gala así de la fidelidad que sería propia de la captura mecánica (Krauss 2002). La condensación, ese procedimiento freudiano del trabajo del sueño, también ha sido concebida por Lyotard como una de las operaciones principales de la figura, que opera en el *espesor* del lenguaje y trata a sus elementos (palabras) como *cosas* (2002: 244). En el caso que nos ocupa ahora, intentaremos examinar este tratamiento de ciertos elementos del lenguaje como cosas. El gesto de lectura aspira aquí no tanto a un tratamiento aislado de ciertas palabras como al trabajo conjunto de entidades significantes descriptivas, las que están sometidas a los

---

[10] Brett Levinson observa algo parecido a propósito del *ready-made* de Amalfitano. Lo lee a partir del principio de repetición sin representación y destaca una serie de repeticiones unidas por el *corte* entre sus componentes. En este sentido, Levinson propone ver la ruptura como una forma «of the between that holds its two "sides" into a gathering, and as the time between repetition and the repeated. Repetition and the repeated, therefore, neither separate nor cohere but cleave (in the two opposing senses of the word)» (2009: 184).

procesos de condensación y desplazamiento. Así, la foto revelada (posteriormente) se desplaza (vuelve) *por encima* del texto[11] –esta imagen interpretativa es de Lyotard (2002: 243)– para posarse *sobre* la escena ya pasada a la que corresponde. El futuro (la foto revelada) es el retorno del pasado (la escena captada en ella), y entre ellos no hay nada, entre ellos siempre hay un hueco que ya estaba abierto. Esto determina para el texto un devenir orientado hacia cierta espesura que es el espacio de sobredeterminación semántica, de entrelazamiento de sentidos manifiestos de la representación y de los que la corroen en profundidad. El carácter gestual y visual de ambas operaciones de lo figural permite imaginar la mirada háptica[12] de la escritura

---

[11] Tal y como ya dijimos, se trata aquí de un tramo *no escrito* de texto que vincula la escena fotografiada con el futuro implicado por la aparición de la instantánea. Este tramo del texto, sin embargo, cobra una existencia espectral en el remolino temporal desencadenado, en la narración, por las palabras «en ella se ve...».

[12] La «mirada háptica», recordemos, es un concepto propuesto por Luce Irigaray como una posibilidad de descentralizar el discurso dominante. En «The Power of Discourse and the Subordination of the Feminine», entrevista incluida en *This Sex Which Is Not One* (1985: 68-85), Irigaray propone la re-apertura del discurso filosófico a lo femenino o, más universalmente, a lo otro, a todos los otros que el logos suele *reducir a la economía de lo Mismo* (1985: 74). Esta re-apertura no consistiría en un cambio de perspectiva o de temática (hablar de o como la mujer), sino en estropear el mecanismo teórico en sí, en suspender su pretensión de producir una verdad y un sentido unívoco (1985: 78). Se evoca aquí a Irigaray –a pesar de su crítica fervorosa al psicoanálisis (véase, por ejemplo, 1985: 34-67), desde el que Lyotard articula estos desarrollos– sobre todo por su radical re-conceptualización de la mirada. Tradicionalmente falocéntrica, objetivadora y, por consiguiente, violenta, Irigaray propone pensarla desde la perspectiva feminista, anclada en la anatomía del órgano sexual femenino, el cual en sí es inclusivo y plural. Partiendo de este pliegue laberíntico plegado sobre sí mismo, Irigaray desarrolla la idea de una mirada que salga de la hegemonía de lo Mismo, una mirada realmente abierta al otro, mirada háptica, táctil, que implique la cercanía real en vez de la distancia de la visión (1985: 23-33). Este pensamiento lleno de respeto frente a la otredad se transpone a la propuesta acerca de la «re-apertura»

deslizándose por la superficie de la fotografía-huella que cubre y sustituye su origen siempre ya ausente (el momento (no) presente). Hay aquí una sustitución que transforma la narración de una supuesta presencia inmediata en la narración de su huella. El texto parece decir que la narrativa no puede prescindir de la idea de un presente, de una presencia[13], aunque debajo de la huella sólo haya la espesura de una ausencia[14].

Desde este espacio *entre* –entre la huella y su origen siempre ya ausente– que de repente se abre como una fisura en la narración, es imposible adjudicarle una identidad a quién comenta las fotos (¿Arturo Belano? ¿Chuy Pimentel?), puesto que la solidificación del

---

del discurso filosófico dominante: «This "style" does not privilege sight; instead it takes each figure back to its source, which is among other things *tactile*. It comes back in touch with itself in that origin without ever constituting in it, constituting itself in it, as some sort of unity. [...] Its "style" resists and explodes every firmly established form, figure, idea or concept» (Irigaray 1985: 79; énfasis del original). Incluso sin centrarse en los argumentos de Luce Irigaray, la afinidad de su reflexión con el afán estético y ético de la obra de Bolaño, según se propone leerla aquí, se irá haciendo cada vez más clara a lo largo de esta parte del presente trabajo. De momento, basta con destacar la noción de mirada háptica, pues no sólo implica el respeto y la proximidad frente al otro, sino también deroga la división entre lo ocular y lo táctil y, de ese modo, abre un espacio otro para pensar la percepción filosóficamente.

[13] Derrida señala la imposibilidad de concebir la re-presentación sin basarse en la noción de una presencia originaria (1972: 215).

[14] En este contexto, la observación de Rosalind Krauss de que el encuadre fotográfico «*siempre* se percibe como una rotura en el tejido continuo de la realidad» (2002: 124; énfasis del original), obtiene un peso especial. La irrupción de la fotografía en el texto desgarra no sólo el «tejido continuo» de la realidad diegética, fragmentándola en encuadres y en aquello que queda fuera: siendo parte inherente del discurso (del que surge, al que constituye, con el que se funde), produce en él los cortes más profundos. Es sólo a través de su fragmentación en el discurso, explica Gayatri Chakravorty Spivak en su introducción a *Of Grammatology*, que la *presencia* puede articularse, siendo castración y desmembramiento tanto amenaza como condición de la posibilidad del discurso (1997: lxvi).

sujeto requiere de una presencia. Ésta, de acuerdo con la lectura desarrollada aquí, queda puesta *sous rature* junto con el presente dislocado. Brett Levinson, al investigar la locura y el principio de disociación en *2666*, observa la disolución del sujeto en la obra en tanto principio de unidad, y la consecuente explosión del sentido en el vínculo relacional entre los acontecimientos (2009: 182). En lugar de una producción de sentido que haga las veces de fuerza unificadora y dinámica de esta narrativa, el crítico propone concebir al ritmo como forma (2009: 185), es decir, le presta atención a una instancia impersonal y maquínica. Levinson afirma que tal y como el viento usurpa y llena la ropa de Amalfitano, el flujo del tiempo —en tanto ritmo narrativo— provoca el ejercicio de sus acciones (2009: 183-4)[15]. Así, la narración parece un caudal puesto en movimiento por el requisito energético de la forma-ritmo y, puede añadirse, aunque se disfrace con distintas perspectivas y voces, opera más allá del dominio de cualquier subjetividad solidificada. Si se sigue esta misma línea de pensamiento, es lícito decir que en aquellos instantes donde la narración se ve desgarrada por la irrupción de un inidentificable *algo*, ajeno al espacio principal de la representación, podemos entreoír la voz impersonal de lo neutro que, para Blanchot, está vinculado con la experiencia de una consciencia sin sujeto (Critchley 2004: 58). Así, las fotos *se ven*, el texto *se escribe* y en esta voz impersonal que surge de ninguna parte puede escucharse el *silencio que habla* (Blanchot 2002).

---

[15] La visión que Levinson propone de la fuerza dinámica de la narrativa de Bolaño parece coincidir plenamente con la idea de Deleuze y Guattari del plan de las *heccéités* (modos de individuación según las relaciones de movimientos y reposos entre moléculas o partículas, sin división en sujetos y objetos): «Il y a seulement des rapports de mouvement et de repos, de vitesse et de lenteur entre éléments non formés, du moins relativement non formés, molécules et particules de toutes sortes. Il y a seulement des heccéités, des affects, des individuations sans sujet, qui constituent des agencements collectifs. Rien ne se développe, mais des choses arrivent en retard ou en avance, et forment tel ou tel agencement d'après leurs compositions de vitesse» (1980: 325).

semejanza

Frente a la desestabilización de las bases de la re-presentación, ¿qué es lo que se ve en las fotos? Fijémonos en la segunda instantánea:

> [...] Luego [Haas] tomó aliento, como si se dispusiera a contar una larga historia y Chuy Pimentel aprovechó para sacarle una foto. En ella se ve a Haas, por efecto de la luz y de la postura, mucho más delgado, el cuello más largo, como el cuello de un guajolote, pero no un guajolote cualquiera sino un guajolote cantor o que en aquel momento se dispusiera a *elevar* su canto, no simplemente a cantar, sino a *elevarlo*, un canto agudo, rechinante, un canto de vidrio molido pero con una fuerte reminiscencia de cristal, es decir de pureza, de entrega, de falta absoluta de dobleces. (723-4; énfasis del original)

Chuy Pimentel capta a Haas en el instante en que éste toma aliento, se dispone a hablar y –aquí el ojo de la cámara, tal y como en la fotografía surrealista, parece poseer un «poder superior de discernimiento y de selección en el pliegue informe de la realidad» (Krauss 2002: 128)– sólo la fotografía parece capaz de darle una imagen. O, según escribe Walter Benjamin en *A Short History of Photography*:

> Photography makes aware for the first time the optical unconscious, just as psychoanalysis discloses the instinctual unconscious. [...] At the same time photography uncovers in this material physiognomic aspects of pictorial worlds which live in the smallest things, perceptible yet covert enough to find shelter in daydreams... (1972: 7-8)

Ahora bien, si se mira con atención, lo que se ve en la foto no es Haas. Haas toma aliento y en este gesto se abre un silencio: un silencio lleno de palabras todavía no pronunciadas, como un negativo fotográfico de las palabras que ya están allí, aunque no reveladas. El texto, impotente frente a esta mudez que no es plenamente silencio, la hace surgir en la escritura, y para ello recurre a un movimiento doblemente negativo, al orden de la visualidad comprendido como su negativo –no como oposición, sino como su otro. De todas formas, la descripción de la fotografía tampoco se mantiene dentro del vocabulario «visual», pues su objeto no pertenece al ámbito de lo visible: la potencialidad del aliento se sitúa en el dominio de lo absolutamente no-visible, según la distinción propuesta por Derrida en *Donner la mort*. En la descripción que parte del cuello de Haas (*nota bene*: el cuello, la garganta es por donde el aliento saldrá como voz) puede observarse cómo este silencio cargado de potencialidad, ora entra ora abandona las distintas regiones accesibles al discurso, como si estuviera buscando, a tientas, una forma adecuada para manifestarse. La descripción empieza por lo visible, pero lo visible se agota en una comparación: «se ve a Haas, por efecto de la luz y de la postura, mucho más delgado, el cuello más largo, como el cuello de un guajolote»[16]. La comparación es examinada de cerca por la instancia narrativa, se la toma al pie de la letra y se insiste en la elección de la palabra justa para dar con una imagen («pero no un guajolote cualquiera sino un guajolote cantor o que en aquel momento se dispusiera a *elevar* su canto, no simplemente a cantar, sino a *elevarlo*, un canto agudo, rechinante»). Y esa imagen, justo en el momento en que llega a ocuparse de la voz, se convierte en metáfora («un canto de vidrio molido»)[17]. La metáfora, sin embargo,

---

[16] Dicho sea de paso, la etimología náhuatl de la palabra guajolote (huexolotl: huey, hueyi = grande, viejo, y xólotl = monstruo) revela a un «gran monstruo», lo cual en sí contiene una imagen de Klaus Haas. Para más detalle, véase <http://etimologias.dechile.net/?guajolote>.

[17] La metáfora, según Charles Sanders Peirce, es el signo icónico que puede producir sentidos nuevos y permite descubrir espacios desconocidos y efímeros que surgen, en el instante de la semiosis, de una similitud dinámica no entre cosas semejantes, sino entre las asociaciones que cada una de ellas provoca independientemente de la otra (Anderson 1984). En esta semejanza centelleante (inestable, nueva, vaga), que se ubica en el espacio entre las categorías habituales de la percepción y del pensamiento, a veces deja entreverse lo inexpresable. De ahí que la

también es inmediatamente captada al pie de la letra en el orden de la precisión («pero con una fuerte reminiscencia de cristal»), y luego se disipa en un orden simbólico de ideas abstractas («de pureza, de entrega, de falta absoluta de dobleces»). En este intento de captar un silencio lleno de palabras mediante una representación que se sitúa entre lo discursivo y lo visual, ningún orden puede establecerse definitivamente, cada uno se convierte en otro, gracias al flujo continuo de esta energía anónima –pero no tanto en otro orden como en el otro de todo orden. Allí mismo puede detectarse el trabajo de lo figural que desgarra la representación y la expone a las operaciones de la diferencia que no reconoce sistemas de oposiciones binarias. El resultado se ubica, quizás, más allá del marco de imágenes imaginables y de sentidos pensables, no obstante, deja ver la imposibilidad de verlo y de entenderlo todo.

En medio de la lucidez que las primeras palabras intentan imponerle a la descripción de esta foto –lucidez entendida como «la perfección de la écfrasis: una identidad de la mirada y del saber, de visión y de discurso» (Oyarzún 2000: 5)–, se instauran una ceguera y un silencio insuperables. Ambos, ceguera y silencio, hacen que el sentido y el poder representativo de esta écfrasis se quiebren. Al dar vueltas en torno al vacío lleno de potencia, el negativo de la presencia (el cual tampoco es ausencia) no se deja captar con las herramientas habituales del discurso. La capitulación temprana de lo visible está también inscripta en lo fotográfico, según propone Pablo Oyarzún, quien localiza en la fotografía, en el imprescindible parpadeo del objetivo, un instante de ceguera que se instala en el centro de la visión como su condición absoluta. La insuficiencia de lo discursivo y de lo visual frente al silencio saciado de palabras y absolutamente

---

potencialidad de la voz de Haas, una voz ausente, pero ya presente en su ausencia en el aliento, pueda deslizarse por la imagen elaborada del guajolote para resurgir, tal vez, en el espacio efímero de la metáfora en la cual se entreoye el canto todavía mudo del pájaro que está a punto de elevarlo.

no-visible, puede pensarse como un retorno del vacío inicial que evocamos al principio de esta sección a propósito de la suspensión de la entrevista con Klaus Haas, que está en la última página de «La parte de Fate» y que se manifiesta en un espacio en blanco. El espacio blanco en la página puede interpretarse a la luz del concepto de *himen* que Derrida desarrolla en *La double séance*, donde reflexiona sobre los espacios *no cubiertos de escritura* en el texto. Derrida piensa el himen como un espacio «entre», ni adentro, ni afuera del texto, un espacio indecidible que, sin ser puramente sintáctico ni puramente semántico, participa tanto en la estructuración del texto como en la producción del sentido. Es un espacio de una página blanca todavía no escrita, cuya potencialidad constituida de (no)acontecimiento es la diferencia sin presencia que disloca el tiempo ordenado que hace del presente su centro. El himen sólo tiene lugar cuando *nada* realmente tiene lugar y –como *pharmakon*, *supplément* y *différance*– se caracteriza por una sintaxis doble, contradictoria, porque marca los puntos de aquello que no se deja mediar. Como tal, no se presenta jamás, nunca *es* en presente, no tiene sentido propio, es el sin-sentido del espaciamiento, de este «lieu où n'a lieu que le lieu» (Derrida 1972: 238-300). En *2666*, al final de «La parte de Fate», la expresión del silencio justo *antes* de llenarse de voz –«Pregunten lo que quieran» (440)– cede el paso a la visualidad himenal de la media página en blanco. En «La parte de los crímenes», en la descripción de la fotografía de Haas, quien «toma aliento», en la expresión de lo absolutamente no-visible, la imagen y el discurso ceden el paso a lo figural. Estos dos instantes de silencio que no son idénticos, pero que de manera análoga provocan un malestar en la representación, pueden pensarse a partir de los términos con que Maurice Blanchot aborda la semejanza. Didi-Huberman explica que, para Blanchot, la semejanza es infinita e indefinida, surge del espacio neutro para inquietar con la vaguedad de una máscara mortuoria, nunca idéntica, y se dispersa en una epidemia de imágenes temblorosas que se provocan unas a otras sin cimentarse jamás. «La ressemblance est vaste comme la nuit, comme un milieu impersonnel, fluide mais opaque. Sorte d'intangible draperie qui envelopperait toute chose et n'aurait pas de fin» (Didi-Huberman 2003: 149). En *2666* hay un silencio lleno de potencialidad que no está opuesto a las palabras, sino que mediante una relación estrecha con ellas, esa potencialidad que (no) tuvo lugar al final de «La parte de Fate», desgarra el tejido de la écfrasis fotográfica. Este mismo fenómeno se reitera en la última fotografía sacada en esta rueda de prensa, donde se capta a la abogada que «parec[e] como si le faltara el aire» (753). Haas toma aliento y se dispone a revelar el nombre del asesino de mujeres en Santa Teresa; casi sin aire, la abogada se dispone a decir que no va a revelar lo que le preguntan. El aliento, que no es ni la voz ni su falta absoluta, atraviesa así el texto y, como un viento invisible que sólo deja verse en el movimiento de las olas, subvierte el orden del discurso y lo *pliega* de un modo apenas perceptible. De este modo, el (no) silencio himenal parece *habitar* el texto, aunque no se deja encuadrar exclusivamente en la visualidad de los espacios en blanco. El pliegue entreabierto, el pliegue atravesado y al mismo tiempo no atravesado del himen (Derrida 1972: 298), parece situarse, entonces, entre las palabras y su significado, entre los niveles distinguibles del texto: sin *presentarse* jamás, contamina el discurso de una cierta ausencia de (no) acontecimiento, la pura potencialidad irrepresentable e impersonal. Este pliegue (no del todo) impenetrable del silencio inscripto en el texto puede pensarse, con Oyarzún, en términos de ceguera, es decir, como el otro del texto que emerge a la superficie y desgarra el tejido representacional y, de esa manera, deja entrever la imposibilidad de ver frente a lo neutro.

El himen y lo neutro son espacios que anulan la presencia: el himen es el lugar del acontecimiento que nunca tiene lugar, lo neutro es el hábitat atemporal de la ausencia no ausente que se deja presentar en la Otra Noche (Blanchot 2002: 215). Ambos, por consiguiente, imposibilitan la re-presentación como mímesis (Derrida 1972). «La profondeur ne se livre pas en face, elle ne se rélève qu'en se dissimulant dans l'œuvre», escribe Blanchot (1955: 180). Aquí el silencio himenal abandona el ámbito de la diégesis y se manifiesta en el discurso como una imagen no visible. En este desplazamiento del silencio en el texto es lícito percibir el trabajo de las figuras: el de la figura-imagen que esboza y a la vez borra sus contornos, el de la figura-forma que desestabiliza el espacio representacional de la écfrasis fotográfica convencional, y el de la figura-matriz, capaz de escribir este (no) acontecimiento con la diferencia, transgresora de las oposiciones (visible–invisible, texto–imagen, discurso–figura). El vacío[18] de la última página de «La parte de Fate», ese aliento del espacio en blanco que se abre allí para (no) ser diseminado con palabras, resurge ahora en el movimiento anadiomeno de la imagen blanchotiana que, temblorosa y centelleante, sólo deja entreverse brevemente, para inmediatamente volver a disiparse en una infinitud de semejanzas sin centro ni fin. En la descripción de la fotografía que lo capta *se abre la imitación*, lo cual significa, según Didi-Huberman, «penser et faire travailler la ressemblance comme un drame – et non comme le simple effet réussi d'une téchnique mimétique» (1990: 249).

---

[18] Vacío, hueco, abismo, secreto dinámico: desde el momento en que Ezequiel de Rosso escribió, en 2002, que «el secreto el es motor de estas narraciones, [...] secreto [...] pensado como una instancia dinámica, [...] como un lugar productivo» (2002: 137), la crítica de Bolaño nunca ha dejado de girar en torno a este «agujero» –motor productivo que ha sido pensado, entre otros, en términos del Mal, del *Unheimliche*, de la estructura de la novela negra (Andrews 2005), de la autofagia de la prosa (Manzoni 2002), de la elipsis como la intuición de una presencia maléfica (Asensi Pérez 2010).

el pie de la letra

En los pasajes dedicados al trabajo del fotógrafo en el episodio de la conferencia de prensa, la primera irrupción de lo visual en el texto, como hemos visto, desestabiliza el tiempo y el espesor de la narración; en la segunda, la fuerza negativa de la semejanza violenta la imagen. En la tercera, son los límites espaciales de la representación los que se ponen a temblar:

> A la abogada le rechinaron los dientes. Chuy Pimentel la fotografió: el pelo negro, teñido, cubriéndole el rostro, el contorno de la nariz levemente aguileña, los párpados silueteados con lápiz. Si de ella hubiera dependido todos los que la rodeaban, las sombras en los márgenes de la foto, habrían desaparecido en el acto, y también la habitación aquella, y la cárcel, con carceleros y encarcelados, los muros centenarios del penal de Santa Teresa, y de todo no hubiera quedado sino un cráter, y en el cráter sólo hubiera habido silencio y la presencia vaga de ella y de Haas, aherrojados en la sima. (738)

En la foto, según leemos, la abogada está desprovista de verbos, parece un objeto inmóvil captado por el ojo mecánico, al que, en el texto, la secuencia convencional de sustantivos y adjetivos permite operar con precisión. En este caso, puede observarse otro procedimiento característico del sueño y de lo figural: tomar las palabras al pie de la letra (Lyotard 2002: 248). Aquí la palabra sería *captura*, a saber, la captura fotográfica. En lo que sigue argumentaremos que este fragmento invadido por lo visual *captura* a la abogada en el encuadre de la instantánea –o, por lo menos, la hace oscilar, suspendida, en el espacio-tiempo indefinido entre la rueda de prensa y el recorte fotográfico. Esto habrá de permitirnos explorar, en un nivel más general, algunas de sus consecuencias en el texto.

Se trata aquí de una captura profunda y mortífera. Por un lado, la inscripción de la abogada en el encuadre fotográfico puede pensarse con Roland Barthes, quien resalta el aspecto mortuorio de la captura fotográfica (1980). Por otro lado, es lícito leerla con Blanchot, quien relaciona la imagen con la *imago*: la máscara mortuoria, una semejanza que domina la indecidibilidad y la fluidez de la vida. Para Blanchot, la solidificación de la imagen implica la disolución de la vida o, en palabras de Didi-Huberman,

> l'image ressemble, mais elle ne rassemble pas: elle laisse [son objet] à sa dispersion première, son équivoque fatale, à sa nécessaire inaccessibilité [...] disparaître dans le milieu absolu, se dissiper comme vie revient à ressembler, se solidifier comme image. (2003: 157-8)

En el fragmento citado la captura fotográfica inmoviliza a la abogada, la despoja de la energía vital de los verbos y, en su ser-imagen, la ubica a caballo entre el marco de la instantánea y la realidad de la rueda de prensa. Más aun, el deseo que se le adscribe sigue apuntando hacia los elementos no incluidos en la foto (la cárcel, los muros del penal). No obstante, el encuadre de la instantánea carece de límites fijos –algo que también se observó en los casos comentados con anterioridad. Mientras los marcos de las dos primeras fotos se borraban de distintos modos (respectivamente, en el paso de vuelta a la realidad de la rueda de prensa y en el crecimiento «epidémico» de la imagen misma), en la tercera, al captar a la abogada, la fotografía se instaura como el punto de referencia para la realidad no incluida en ella, como si la devorara o reemplazara en su totalidad, en vez de limitarse a fijar un recorte de ella. En otras palabras, el deseo que se le adscribe a la abogada es el resultado de *la abogada en la foto*, pues «los que la rodean» no son sino «las sombras en los márgenes de la foto». De este modo, «la habitación aquella, y la cárcel, con carceleros y encarcelados, los muros centenarios del penal de Santa Teresa» que este deseo haría desaparecer, pertenecen al (no) espacio *del otro lado del encuadre*.

Si se sigue esta reflexión podríamos decir que la abogada queda atrapada *en medio* del espesor textual creado por los procedimientos de desplazamiento y de condensación, o sea, *en medio* del espacio neutro de la (no) ausencia. Esto lo vemos reflejado en su deseo de una voluntad inerte, preso en su «ser-imagen», que parece añorar un no-lugar lleno de potencialidad pura: ese cráter silencioso mencionado en el texto es una suerte de espacio indecidible lleno de ausencia (de la lava volcánica), condicionado por el (no) acontecimiento de una inminente erupción ruidosa del volcán. Será sólo en lo neutro, como en el sueño, según propone Blanchot, que la abogada podrá situarse fuera de sí misma y ser, para sí misma, la «presencia vaga» que menciona su deseo. Daiana Manoury escribe lo siguiente a propósito de Blanchot y la auto-identidad en el sueño:

> l'«étrange moi» qui est celui du rêve, c'est un «hors de soi», ce n'est pas vraiment moi, pas vraiment l'autre (celui que je distingue sur la scène rêvée). Cette absence d'identité pousse Blanchot à attribuer au rêve une vertu toute nouvelle, celle de l'anonymat, de la possibilité de l'anonymat plus exactement [...] Mais l'anonymat n'est pas le vide, de la même façon que la non-présence n'est pas l'absence. On reconnaît ici [...] la force de l'espace intermédiaire où tout se crée, la pause prolifique au sein de laquelle se forme le sens et dont la formule grammaticale serait le «Il», expression quintessenciée du Neutre.
> [...] Car «Il» ne désigne ni l'un ni l'autre, mais une présence sans personne, un «Il» littéralement impersonnel. (2010: 4-5)

En el pasaje que estamos comentando, la intransigencia con que la figura toma su propia lógica al pie de la letra no le permite abandonar su único principio infalible, a saber, el de la diferencia. En este sentido, el deseo impuesto a la abogada-imagen no puede solidificarse definitivamente. De ahí, entonces, que de repente, como si se tratara de una construcción onírica de Maurits Cornelis Escher, el pasillo metafórico que la llevaba hacia una salida resulta ser el cielorraso de otra celda cerrada. Lo figural parece convocar a lo otro de la prosa, parece requerir a la poesía, pues al tomar las palabras al pie de la letra y al tratarlas como cosas, permite que de hecho emerjan, en su materialidad, desde la secuencia uniforme del texto impreso. Dicho de otra manera, justo antes que la abogada y Haas se desvanezcan en su propia presencia vaga, la figura-forma activa la fuerza de la iconicidad del texto impreso[19] –que, al fin y al cabo, *es* esta imagen–, y así es como los deja atrapados en la sima de letras, aherrojándolos allí con la cadena del último reglón, donde quedan suspendidos sobre la interlínea en blanco que se abre debajo de sus pies como aquel cráter imaginario.

Se trataría, entonces, de una transgresión de varios sistemas de referencia (operada en el texto por lo figural), de todo tipo de *encuadres* dentro de los que suele pensarse la narración: además de la perspectiva temporal indefinible que ya revisamos en la primera instantánea, también resultan problemáticas la ubicación del personaje y la definición de su estatus ontológico. En el fragmento que nos interesa ahora, el marco de la fotografía parece expandirse, pues incluye en la voluntad que se le adjudica a la abogada algo que está más allá de su espacio representacional (la cárcel, México). Entonces, por un lado, la instantánea se muestra como el recorte de un fragmento de la realidad. Por otro lado, se instaura como el substituto de una «realidad absolutamente transformada» (Krauss 2002: 142) por el uso de la cámara fotográfica, es decir, la foto deviene un nuevo sistema de referencialidad (los periodistas devienen «las sombras en los márgenes de la foto»), cuyo accionar desestabiliza la construcción mimética de la escena en cuestión. Esto deriva en una dilución de la abogada en tanto sujeto, quien, capturada en el «ser-imagen» inmóvil que le

---

[19] Para la relación icónica entre *meaning* y *form* como mutuamente constitutiva para la producción de sentido en la poesía, véase Elleström 2010 y Svensson 2016.

impone la foto, parecería abandonar el instante diegético de la rueda de prensa para habitar el espacio de la instantánea. No obstante, lo anterior no implica un desarraigo total de la abogada con respecto a la realidad en la que Chuy Pimentel saca las fotos; por lo demás, ella vuelve a participar en la rueda de prensa (753). En otras palabras, se trataría de una suspensión pasajera de la coherencia mimética de la representación, donde puede observarse una grieta que por un instante junta sus diferentes niveles, ofreciendo una imagen *avisual* de la abogada, una subjetividad con contornos borrados. Finalmente, la «presencia vaga» de ella misma, inscripta en la visión de su (no) lugar ideal, puede pensarse como el traslado de su personaje (con la consiguiente borradura de éste como ente de ficción) al ámbito de lo neutro que se escribe en la literatura. Esto hace aparecer la escritura en toda su visualidad gráfica como el último hábitat de «ella», de ese pronombre personal que aquí parece haber devenido igual de neutro que el *il* blanchotiano.

campo expandido

En cada uno de los tres pasajes comentados arriba se ha podido observar una puesta en cuestión –si no una borradura total– de los límites del encuadre. En primer lugar, la continuación del tiempo gramatical presente une el contenido de la fotografía con aquello que queda fuera de su marco (el susurro del periodista). En segundo lugar, la puesta en movimiento de la dinámica entre lo visible y lo absolutamente no-visible traspasa tanto el encuadre de una potencial fotografía como la capacidad de la visión. En tercer lugar, se posiciona un personaje entre tres espacios ontológicamente incompatibles (acontecimiento diegético, su fotografía y la materialidad del texto que los constituye). Este des-encuadramiento provoca el surgimiento de un *continuum* visual dinámico semejante a aquél propuesto por el filósofo japonés Keiji Nishitani[20]. Según comenta Norman Bryson, Nishitani, en vez de pensar la visión en términos de encuadre –lo cual siempre se basa en la relación binaria sujeto-objeto, produciendo el uno para el otro y viceversa– la ubica en un «campo expandido del vacío o de la nada», donde todo lo visible y lo invisible coexisten simultáneamente, sin recortarse de su entorno (1988: 88). La consiguiente disolución del encuadre no sólo permite que el objeto «se abra» en todas direcciones hacia su entorno universal, también determina un radical *des-encuadramiento del espectador* (Bryson 1988: 100). Este des-encuadramiento del sujeto espectador significa que el marco del «cono» de la visión perspectívica queda diluido en el campo del vacío, rodeado por todos lados de lo invisible. Lo que se puede ver, concluye Bryson, «is supported and interpenetrated by what is outside of sight, a Gaze of the other enveloping sight on all sides» (1988: 101).

En el marco de las reflexiones que llevamos a cabo, el pensamiento de Nishitani adquiere una gran importancia. Por un lado, la borradura del encuadre desestabiliza la representación en cuanto tal, pues las fotografías que se quieren índices de los acontecimientos de repente pierden sus contornos y se desvanecen en un movimiento informe que, como hemos visto, socava las aparentes certezas espacio-temporales de la narración: hunde a la rueda de prensa en el campo expandido de un vacío impenetrable. Por otro lado, el des-encuadramiento del sujeto espectador apunta hacia la instancia narradora. La voz que describe «lo que se ve en las fotos» ya no va emparejada con el «cono» de la perspectiva, en cuya punta se habría ubicado el ojo y la consciencia imaginada de acuerdo con los prin-

---

[20] La pertinencia de introducir aquí las reflexiones de un filósofo japonés está motivada por el mismo argumento que Norman Bryson utiliza para justificar su propio interés: la teoría de la visualidad de Nishitani, anclada en el pensamiento occidental, parece ir más lejos que la de pensadores como Sartre o Lacan, cuyo punto de partida sigue siendo la división entre sujeto y objeto (1988: 87).

cipios de la visión cartesiana. La voz narradora[21], entonces, parece seguir la disolución de las fotos y de los acontecimientos captados por el lente, y en ese mismo espacio soportado y atravesado por el vacío, por la nada, rechazar los contornos, ahora borrados, de la conciencia de Arturo Belano en tanto sujeto, para, más bien, dejar que lo neutro se hable en ella.

ENCARNACIÓN

escenario (no) lleno de ausencia

La precisión y la consecuencia de las operaciones de lo figural parecen hacer explotar la lógica del texto desde adentro. La figura, podríamos pensar, propone y eleva cada vez nuevos andamiajes para la imaginación, al mismo tiempo que imperceptiblemente deconstruye aquellos que tiene debajo de sus pies. Mark C. Taylor, en «How to do Nothing with Words», investiga la escritura del más allá del fin de la teología, una escritura que intenta enfrentarse con lo absolutamente otro y en cuyo campo abierto proponemos leer la obra de Bolaño. Esta escritura, argumenta Taylor, se rige por una imaginación anti-sintética (1990: 223) que rehúye la unidad y la mismidad de la presencia originaria, del referente último, para operar en un constante devenir de la diferencia. Su descentralización y

---

[21] A lo largo de *2666* la voz narradora «aparece» de vez en cuando, surge de lo neutro, ya sea para hablar desde una perspectiva subjetivizada de un «nosotros» («el número que nos importa», 25) o de un «yo» («no sé por qué», 35, «me retracto», 246), como para escenificarse en los trazos borrosos de una presencia vaga que deja presentirse en los pseudo-comentarios irregulares que implican una suerte de control sobre la escritura («es mejor no decir nada», 32, «como es natural», 105, «Tenía tiempo (eso creía)», 211) y, en otras ocasiones y al contrario, sugieren su propia inseguridad («O no. Tal vez no había dicho esto», 119, «Tal vez soñó algo. Algo breve. Tal vez... Tal vez no», 278).

permanente inestabilidad dejan entrever la ausencia no-ausente (que por nuestro lado hemos presentado en el espesor del texto comentado más arriba). *El paso (no) más allá*, donde Maurice Blanchot habla de «lo espantosamente antiguo», es un ejemplo extraordinario de la escritura que se asoma a aquella fisura del desliz temporal que ya hemos comentado, y a través de la cual se opera una ruptura constante de las categorías que intentan establecerse en el texto (lingüísticas, lógicas, semánticas). Este *pas au-delà*, según argumenta Mark C. Taylor, nos lleva un paso más cerca de la nada: «[n]either present nor absent, nothing is, but of course it is not, the margin of difference inscribed in and through the endless alternation of the imagination. This nothing is other – wholly other» (1990: 223). Aunque en la narrativa de Bolaño –formalmente, al fin y al cabo, mucho más tradicional que la (no) obra de Blanchot– la (no) presencia de lo absolutamente otro no llegue a ser igual de dominante, a continuación comentaremos aquellos instantes donde podríamos encontrarla.

Lo inimaginable absolutamente otro (no) es nada y, por ello, falta lenguaje que pueda expresarlo. Escribirlo es escribir esa falta de lenguaje, escribir en contra del lenguaje a través de lo que Edmond Jabès llamaba *paroles blessées*: ni habla ni silencio, la ausencia del lenguaje está inscripta en la falta de éxito de las palabras (Taylor 1990: 223). Para denominar los procedimientos de la escritura del más allá de la ontoteología, Taylor propone adaptar el término *parapraxis* –inventado en 1916 por James Strachey en la primera versión de la traducción inglesa de la *Psicopatología de la vida cotidiana*–, que servía para denominar el acto fallido. *Parapraxis*, argumenta Taylor, por un lado, implica lo erróneo, lo incorrecto, el desliz involuntario que *delata* algo en el límite del lenguaje, y por otro lado, el prefijo *para* señala, en este caso, el espacio mismo del límite, del margen (1990: 224). Se trata, entonces, de la praxis del «para». Taylor lo explica de la siguiente manera:

> To write parapraxically is to write the limit as such rather than to write *about* the limit. The «para» inscribed in parapraxis is «inside» the written text as a certain «outside» that cannot be internalized. Thus parapraxical writing falls *between* referential and self-referential discourse. There is an inescapable performative dimension to parapraxis. However, in contrast to performative utterance, which always does *something* with words, parapraxis struggles to do *nothing* with words. It succeeds by failing. By doing nothing with words, parapraxical writing *stages* the withdrawal of that which no text can contain, express, or represent. (1990: 224-5; énfasis del original)

La escritura paraprática no deja que las «heridas» de las palabras se cierren en la producción de un sentido determinado, es decir, opera con el resto de significado que produce la ausencia absoluta de univocidad, una indecidibilidad irreductible. La imaginación antisintética de esta escritura esquiva la plenitud semántica y produce una sintaxis incompleta. Intenta sobre todo *inscribir* en el texto, sin representar, la otredad absoluta (Taylor 1990: 226-228). Muchas de estas características coinciden con lo que Lyotard entiende por el trabajo de lo figural. En ambos casos se resalta el papel destacado que juega esa diferencia irreductible que deshace las oposiciones binarias, las certezas básicas y el uso convencional del lenguaje. De todos modos, la perspectiva desarrollada por Taylor permite enfocarse más en el discurso como un sistema involucrado en la tarea de pensar lo impensable, sin por ello limitarse a la economía libidinal.

Con el fin de desarrollar la misma intuición desde un ángulo ligeramente distinto y complementario, vale la pena en este punto introducir el concepto *efecto de irreal* de Alberto Giordano. El crítico, en reacción al famoso ensayo de Roland Barthes, *L'effet de réel* (1987), propone que pensar la literatura desde la oposición realismo/autorrepresentación es insuficiente e inadecuado, puesto que ambos términos parten de un predicado común que reduce la literatura a un ejercicio de procedimientos y que descansa en «la creencia en la posibilidad de representar certezas (la de la realidad, la de la literatura) por el lenguaje» (1988: 30). En cambio, Giordano insiste en comprender a la literatura como *experiencia* (en un sentido semejante al que Blanchot le otorga a esta palabra) de una realidad que a la vez incluye inevitablemente *lo irreal*, eso otro innombrable y enigmático que «para constituirse, la realidad niega, enmascara» (Giordano 1988: 33). Entonces, el efecto de irreal es «aparición de ese enmascaramiento, afirmación de esa negación». En él, «[l]o que aparece es que *algo* se oculta, lo que se afirma es que *algo* se niega, y ese *algo* no es nada, ni siquiera la nada» (Giordano 1988: 33; énfasis del original).

En *2666* y de modo más general en la narrativa de Bolaño –con excepción, tal vez, de *Amberes*–, apenas puede hablarse de sintaxis incompleta u otros procedimientos que directamente hieran el lenguaje, según requeriría la práctica del «para» ya referida. La otredad –y esta es la hipótesis que se propone aquí– se escenifica en las «heridas» de esta escritura en tanto narrativa, es decir, se inscribe en los pliegues del discurso mismo, desde donde pone a temblar sus certezas (en este punto, obviamente, estamos pensando con Giordano). En estos instantes –parecidos a la escena de *The Matrix* (The Wachowski Brothers, 1999) donde la experiencia del *déjà vu* revela una fisura que delata la insuficiencia del tejido de lo real– el discurso deja entrever su negativo y, en vez de ofrecer su plenitud coherente en tanto sistema, se abre a la irrupción de aquello que se sitúa en la proximidad lejana más allá de sus límites. Con Taylor, por otro lado, no tendremos que abandonar completamente la reflexión –llamémosla así– «técnica» sobre los procedimientos que atacan las funciones del lenguaje en este discurso. Esta orientación, como veremos más adelante, reviste una gran importancia para nuestra lectura de *2666*. A Lyotard, finalmente, no lo abandonaremos tampoco; su conceptualización de lo figural parece situarse en algún lugar entre las ideas de Giordano y de Taylor, y, al mismo tiempo, también afuera: el trabajo de lo figural violenta el lenguaje y su efecto *es* el efecto de irreal, pero el ámbito de la economía libidinal del que surge no es *explícitamente*[22] el del más allá de la ontoteología. Con todo, su insistencia en el papel de las operaciones de lo visual en el texto no dejará de ser una inspiración importante, en particular a la hora de comentar la materialidad de la obra de Bolaño.

encarnación

Fisura, herida, apertura. Georges Didi-Huberman, recordemos, en su libro *Devant l'image* (1990), propone la idea de una historia del arte crítica, es decir, que entre en relación dialéctica con la ya existente, formada por el pensamiento iconológico de Giorgio Vasari y de Erwin Panofsky. Para decirlo en términos generales y simplificando, se trata de ir más allá del supuesto de una plena *legibilidad* de la imagen pensada como representación mimética. «Ce serait une histoire des limites de la représentation, et peut-être en même temps de la représentation de ces limites», escribe Didi-Huberman (1990: 231), lo que nos permite situarlo en consonancia con la escritura del margen propuesta por Taylor. Preocupado por investigar las *déchirures* en la representación visual, el teórico francés encuentra la fuente de su poder desgarrador en el dogma cristiano de la encarnación del Verbo (1990: 220). Con el fin de llevar adelante un análisis de un instante llamativo de escritura paraprática en *2666*, es preciso esbozar los puntos cardinales de estos desarrollos de Didi-Huberman.

En la tradición cristiana, la encarnación del Verbo se ha pensado como la modificación sacrificial de un solo cuerpo (el del dios encarnado) para la salvación de todos los demás de la destrucción eterna.

---

[22] Al fin y al cabo, todas estas intuiciones frente a aquello que se sitúa más allá de las categorías pensables y racionales, ¿no giran acaso en torno a lo (no) mismo?

Tomando el modelo de los estigmas de ciertos santos que imitaban no un aspecto del cuerpo del Cristo, sino justamente dicha modificación, las artes visuales del cristianismo —y ésta es la base de la hipótesis de Didi-Huberman— han intentado a su vez imitar la modificación de su cuerpo en el *proceso* de la apertura que le fue procurada una vez y para siempre. La encarnación del Verbo, que es el acceso de lo divino al cuerpo humano, representa para las artes visuales su «*ouverture au monde de l'imitation classique*». Dicho de otro modo, ella abre la posibilidad de representar los cuerpos en el arte religioso y, al mismo tiempo, debido a su aspecto sacrificial, trae consigo «une *ouverture dans* le monde de l'imitation» (Didi-Huberman 1990: 222; énfasis del original). Esta «*apertura en* el mundo de la imitación» es el punto sintomático del trabajo de lo figural, es la desgarradura en el tejido de la representación mimética.

La imagen, entonces, imita el mecanismo de la encarnación: da cuerpo (representa) y lo modifica (abre la representación al trabajo de lo figural). Haciéndolo, presenta y repite: para «encarnar» lo que imita, sacrifica el «cuerpo» de la mímesis, porque en la (des)figuración revela la verdad de la encarnación y esta verdad es la muerte, el sacrificio deformante (la apertura del cuerpo). En otras palabras, la consecuencia para la representación visual del dogma de la encarnación, pensada en esta dinámica de «dar cuerpo» y modificarlo, consiste en la desfiguración sintomática donde la irrupción de la verdad, pensada en diálogo con Freud, desgarra la veracidad de la imitación (Didi-Huberman 1990: 248). A continuación, trabajaremos un fragmento de «La parte de los crímenes» a través de la economía de la encarnación desarrollada por Didi-Huberman. Para ello buscaremos semejanzas —que, sin embargo, como es costumbre en las semejanzas, tendrán que mantenerse aproximativas— con el pensamiento del teórico francés. En esta lectura a tientas tal vez podrá discernirse cuál es la verdad de la encarnación comentada en lo que sigue.

deseos cumplidos

Elvira Campos, la directora del manicomio de Santa Teresa, aparece en «La parte de los crímenes» y en la vida del judicial Juan de Dios Martínez a causa de un caso marginal, el del Penitente, un sacrófobo que destroza imágenes y estatuas sagradas[23] en varias de las iglesias locales (455). En paralelo a su colaboración profesional, Elvira Campos y Juan de Dios Martínez se hacen amantes. Un día, la directora —quien, por otra parte, no quiere estrechar esta relación (641)— le revela a Juan de Dios Martínez un sueño recurrente que tiene:

> ...la directora [...] le confesó que ella a veces soñaba que lo dejaba todo. Es decir, que lo dejaba todo de forma radical, sin paliativos de ningún tipo. Soñaba, por ejemplo, que vendía su piso y otras dos propiedades que tenía en Santa Teresa, y su automóvil y sus joyas, todo lo vendía hasta alcanzar una cifra respetable, y luego soñaba que tomaba un avión a París, en donde alquilaba un piso muy pequeño, un estudio, digamos entre Villiers y la Porte de Clichy, y luego se iba a ver a un médico famoso, un cirujano plástico que hacía maravillas, para que le realizara un lifting, para que le arreglara la nariz y los pómulos, para que le aumentara los senos, en fin, que al salir de la mesa de operaciones parecía otra, una mujer diferente, ya no de cincuenta y tantos años sino de cuarenta y tantos o, mejor, cuarenta y pocos, irreconocible, nueva, cambiada, rejuvenecida, aunque por supuesto durante un tiempo iba vendada a todas partes, como si fuera la momia, no la momia egipcia sino la momia mexicana, cosa que le gustaba, salir a pasear en el metro, por ejemplo, sabiendo que todos los parisinos la miraban subrepticiamente, incluso algunos le cedían el asiento, pensando o imaginando los dolores horribles, quemaduras, accidente de tránsito, por los que

---

[23] En el contexto de nuestra lectura que dialoga con el motivo de la encarnación y con las consecuencias que ella ha tenido para las artes visuales, este detalle obtiene un peso de coherencia tan grande que ya ni siquiera puede tomarse en serio.

había pasado aquella desconocida silenciosa y estoica, y luego bajarse del metro y entrar en un museo o en una galería de arte o en una librería de Montparnasse, y estudiar francés dos horas diarias, con alegría, con ilusión, qué bonito es el francés, qué idioma más musical, tiene un *je ne sais quoi*, y luego, una mañana lluviosa, quitarse las vendas, despacio, como un arqueólogo que acaba de encontrar un hueso indescriptible, como una niña de gestos lentos que deshace, paso a paso, un regalo que quisiera dilatar en el tiempo, ¿para siempre?, casi para siempre, hasta que finalmente cae la última venda, ¿adónde cae?, al suelo, a la moqueta o a la madera, pues el suelo es de primera calidad, y en el suelo todas las vendas se estremecen como culebras, o todas las vendas abren sus ojos adormilados como culebras, aunque ella sabe que no son culebras sino más bien los ángeles de la guarda de las culebras, y luego alguien le acerca un espejo y ella se contempla, se asiente, se aprueba con un gesto en el que redescubre la soberanía de su niñez, el amor de su padre y de su madre, y luego firma algo, un papel, un documento, un cheque, y se marcha por las calles de París. ¿Hacia una nueva vida?, dijo Juan de Dios Martínez. Supongo que sí, dijo la directora. Tú a mí me gustas tal como eres, dijo Juan de Dios Martínez. Una nueva vida sin mexicanos ni México ni enfermos mexicanos, dijo la directora. Tú a mí me vuelves loco tal como eres, dijo Juan de Dios Martínez. (668-9)

Algo que no sabe ni el lector ni Juan de Dios Martínez es que, con cada palabra del discurso que eleva la imagen del sueño de la directora, en el texto se está produciendo una fisura. A partir de este momento, en *2666*, ni Elvira Campos ni su aventura amorosa con el judicial vuelven a ser mencionadas en lo que queda de la novela. Tampoco se comenta que Juan de Dios Martínez –quien sigue apareciendo en «La parte de los crímenes»– sufra por haberla perdido, aunque antes ya sabíamos que «si de él hubiera dependido se habría casado con la directora sin pensarlo dos veces» (527). Nada. La directora se esfuma como si no hubiera existido y produce así un ligero efecto de irreal.

> Contemporary molecular physics has the concept of «holes» that are not at all equal to the simple absence of matter. These «holes» display an absence of matter in a structural position that implies its presence. In these conditions, a «hole» behaves so that it is possible to measure its weight, in negative quantities, of course. Physicists regularly speak of «heavy» and «light» holes. The poetry specialist must also reckon with analogous phenomena and it follows from this that the concept of «text» is considerably more complex for the literary scholar than for the linguist. If one equates it to the concept of «the real data of an artistic work», then it is also necessary to consider «minus-devices», the «heavy» and «light holes» of artistic structure. (Lotman 1976: 29-30)

Citamos aquí a Yuri Lotman, pues nos permite sugerir que la desaparición de Elvira Campos del mundo posible de la ficción de *2666* puede pensarse como un «agujero pesado», como un procedimiento negativo que –a diferencia de las otras numerosas desapariciones de los personajes segundarios de la novela– introduce en el texto la *presencia significativa de una ausencia notable*. Y esto, en principio, por dos razones complementarias. Primero, la historia entre Elvira Campos y Juan de Dios Martínez es uno de los dos elementos constitutivos de la existencia ficcional del judicial, cuyo personaje ocupa partes iguales que se dividen entre la persecución de los asesinos de mujeres y su anhelo amoroso por la directora del manicomio. Lo anterior quiere decir que Elvira Campos está inscripta en la estructura del personaje de su amante, con lo cual su desaparición de la trama desestabiliza la presencia de aquél en la novela, que queda a partir de ese momento marcada por una falta. Segundo, éste es el único caso donde un personaje expresa su voluntad de desaparecer, de «dejarlo todo de forma radical». Este fenómeno, si se considera la consiguiente ausencia de Elvira en el texto, resulta llamativo y parece representar algo más que la fugacidad típica de los personajes de *2666*.

Ahora bien, tal vez podría argumentarse que Elvira Campos, preocupada en exceso por el deterioro y la consiguiente mortalidad de su cuerpo[24], es portadora del *tema* de la encarnación. Sin ir más lejos, esto se anuncia y se prefigura en la descripción de su sueño, donde el motivo de la muerte es evocado (simbolizado por la insistencia en la etapa pasajera de la momia) junto con el de la resurrección (una nueva vida), cuyas consecuencias coinciden con las más inmediatas del nacimiento del Cristo como hombre mortal. Lo esencial, sin embargo, es que las palabras citadas arriba se comportan como el Verbo –nótese la acumulación de infinitivos[25]– que está a punto de encarnarse. La directora habla de «dejarlo todo de forma radical» y su deseo se cumple. La representación verbal que sigue (el resto de «La parte de los crímenes») imita la encarnación del Verbo, pero como en este caso la esencia del «verbo» consiste en la desaparición, su encarnación equivale a *sustraer*, a hacer desaparecer a este personaje, como se ha dicho, *de forma radical*. En el mismo instante en que el «verbo» habita el texto, este «cuerpo» (texto que encarna esta desaparición) sufre una modificación sacrificial (esta es una consecuencia importante, según recordamos, del dogma cristiano de la

---

[24] Por ejemplo, en varias ocasiones menciona su edad y la degradación gradual de su cuerpo como un problema serio, ante el que procura hacer de todo para mantenerlo joven: «hago gimnasia todos los días, no fumo, bebo poco, como sólo cosas sanas, antes salía a correr por las mañanas. ¿Ya no? No, ahora me he comprado una cinta deslizante» (477).

[25] «En premier lieu, le verbe à l'infinitif n'est nullement indéterminé quant au temps, il exprime le temps non pulsé flottant à l'Aiôn, c'est-à-dire le temps de l'événement pur du devenir, énonçant des vitesses et des lenteurs relatives indépendamment des valeurs chronologiques ou chronométriques que le temps prend dans les autres modes. Si bien qu'on est en droit d'opposer l'infinitif comme mode et temps du devenir à l'ensemble des autres modes et temps qui renvoient à Chronos en formant les pulsations ou les valeurs de l'être» (Deleuze & Guattari 1980: 321-322). Si pensamos los numerosos infinitivos presentes en la descripción del sueño de Elvira Campos a través del prisma de la teoría del devenir-imperceptible formulada por Deleuze y Guattari en *Mille plateaux*, ellos parecen tener un significado especial, pues son marcadores del tiempo del acontecimiento en su devenir, a saber, de un desaparecer del texto que deviene puro movimiento imperceptible.

encarnación en el campo de las artes visuales). Más aun, con esa modificación de la estructura narrativa, se sacrifican su lógica y su coherencia representacional.

Lo que tiene lugar en este instante es una suerte de catacresis, es decir, un uso del lenguaje contra su uso, un abuso lingüístico contra el lenguaje mismo, un tropo que claramente corresponde con la imaginación parapráctica (Taylor 1990: 227). Se trata, por supuesto, no de una violación de las reglas sintácticas o gramaticales, sino de una confusión de las funciones del lenguaje (la enunciativa y la performativa), en cuyo resultado la coherencia comunicativa del discurso se ve desestabilizada. A propósito de la teoría de las elocuciones performativas que J. L. Austin expone en *How to do Things with Words*, Jacques Derrida, en *Marges de la philosophie*, escribe lo siguiente:

> À différence de l'affirmation classique, de l'énoncé constatif, le performatif n'a pas son référent [...] hors de lui ou en tout cas avant lui et en face de lui. Il ne décrit pas quelque chose qui existe hors langage et avant lui; et si l'on peut dire qu'un énoncé constatif effectue aussi quelque chose et transforme toujours une situation, on ne peut pas dire que cela constitue sa structure interne, sa fonction ou sa destination manifestes comme dans le cas du performatif. (1972b: 382)

Dicho de otro modo, el «referente» de la elocución performativa está ubicado en su propia eficacia y condicionado por ella. Esta eficacia es, al mismo tiempo, la condición *sine qua non* de la misma elocución performativa (de no ser eficaz, no es performativa). Si sólo puede identificarse por sus efectos, la elocución performativa se caracteriza por una indecidibilidad irreductible (¿es o no es performativa?).

¿Qué consecuencias tiene todo esto para nuestra lectura del pasaje de «La parte de los crímenes» citado arriba? La descripción del sueño de Elvira Campos sólo resulta performativa si se reconoce su eficacia o si se lee desde la perspectiva de la encarnación: «elle suppose que la parole puisse s'incarner, et que son abstraite puissance sache devenir

[...] palpable comme une chair ou comme un pigment» (Didi-Huberman 1990:240) –o como un texto, cabría añadir. La intención detrás del fragmento en cuestión no puede más que permanecer opaca. La ausencia de la directora del manicomio en el resto de esta sección de *2666* también podría explicarse como otro ejemplo de la elipsis, uno de los procedimientos preferidos de Bolaño[26]. La duplicidad, entonces, que caracteriza este fragmento a varios niveles, resulta en unos irresolubles «twistings and turnings» lógicos y formales que son, según el pensamiento parapráctico de Taylor, la única manera de aproximarse a lo irrepresentable (1990: 225).

De todas formas, la fisura de la que estamos hablando tampoco acaba cerrándose si optamos decididamente por la perspectiva interpretativa de la encarnación. Como se ha dicho, esta lectura implica adjudicarle un carácter performativo a la descripción del sueño de Elvira Campos. Con todo, este instante de catacresis está marcado por la dinámica del acontecimiento[27] que, en palabras de Slavoj Žižek, «is not something that occurs within the world, but is a *change of the very frame through which we perceive the world and engage in it*» (2014: 10; énfasis del original). En este caso, cambia tanto la estructura de la narración como el marco diegético de la consciencia de Juan de Dios

---

[26] La recurrencia e importancia de la elipsis en la narrativa de Bolaño han sido bien establecidas por la crítica específica. De lo escrito al respecto destacan especialmente los trabajos de Manuel Asensi Pérez, quien interpreta la elipsis como la intuición de una presencia maléfica que no queda formulada lingüísticamente (2010) y los de María Esperanza Domínguez, quien propone una lectura musicológica de *Nocturno de Chile* destacando la elipsis como su parte axial y adjudicándole una gran densidad semántica (2012).

[27] Derrida desarrolla la problemática de la enunciación performativa en tanto la más «événementielle» dentro del contexto de su inevitable iterabilidad que, condicionando su eficacia, contradice la singularidad radical del acontecimiento (1972b: 387-390). En lo que sigue, sin embargo, dejaremos este aspecto de lado, ya que no es el más relevante para las cuestiones que nos ocupan aquí y no haría más que añadir una opacidad innecesaria a la argumentación.

Martínez, quien a partir de la página 669 funciona como si Elvira Campos no hubiera existido. La radicalidad de esta desaparición consiste justamente en que su actualización *retroactivamente crea su necesidad* (Žižek 2014: 146). La directora del manicomio *no deja huella*, porque, a fuerza del movimiento circular del acontecimiento, no *puede* dejar huella: siempre ya ausente. De acuerdo con esta sinuosa lógica paraprácticta, parece que la encarnación del sueño –contrariamente a la observación de Mark C. Taylor quien dice: «performative utterances cannot [...] do nothing with words» (1990: 209)– hace, precisamente, nada. Modificación sacrificial del cuerpo textual, simple elipsis o, tal vez, nada del todo: el lector *lo* percibe si percibe *nada*. «[W]riting only happens when nothing happens», recuerda Thomas Carl Wall a propósito de la estética blanchotiana (1999: 84), y tal vez sea justamente lo que pasa aquí.

Es esta falta absoluta de huellas lo que constituye el índice de la ausencia no del todo ausente que se escenifica en el texto. Esta economía es semejante (de semejanza, otra vez, temblorosa *à la* Blanchot) a aquella que Didi-Huberman observa en las imágenes que llama «prototípicas» en el desarrollo de la artes visuales del cristianismo. Se trata de las *achiropoietes*, de imágenes *no hechas por la mano humana*, como el sudario de Turín y el Mandilón de Edesa, de índices, de huellas de lo divino (Didi-Huberman 1990: 226). Estos velos, por el hecho de haber tocado la divinidad, son tanto reliquias como íconos, con lo cual y a pesar de que su apariencia estuviera literalmente *borrada*, se les adscribe la capacidad de la aparición. Y es justamente en su apariencia «borrada» y en su aspecto «sacrificado» donde reside la correspondencia exacta en la economía de la humildad de la que el Verbo da prueba encarnándose (Didi-Huberman 1990: 225). En lo que nos concierne, la borradura de la (no) evidencia es la única huella posible de la proximidad de lo absolutamente otro, cuya esencia consiste en la imposibilidad de encarnarse –en materia, en conceptos, en palabras:

> Écrire n'est pas destiné à laisser des traces, mais à effacer, par les traces, toutes traces, à disparaître dans l'espace fragmentaire de l'écriture, plus définitivement que dans la tombe on ne disparaît, ou encore à détruire, détruire invisiblement, sans le vacarme de la destruction. (Blanchot 1973: 72)

inscripción

Al encarnarse su deseo, Elvira Campos parece abandonar el texto del que surge. En el otro extremo de la relación entre los personajes y sus discursos constitutivos podrían situarse los críticos. «Pelletier, Espinoza, Norton y Morini se definen en torno a su labor académica; para ellos toda su existencia se cifra y se explica en estos códigos, y en ese sentido bien podrían ser representados por un cuadro del mismo Arcimboldo: *El librero*», observa Patricia Poblete Alday (2010: 124). Vale la pena desarrollar esta comparación con el cuadro de Arcimboldo, pues no sólo se trata allí de subjetividades apasionadas hasta la obsesión, también es posible leer una inexorabilidad más primaria en la que «se cifra toda su existencia».

Si se deja de lado su valor alegórico, podemos atender a las singularidades del cuadro evocado por Poblete Alday. En el lienzo, con un realismo nítido, está pintada una cantidad considerable se libros y papeles. Su distribución espacial permite que a fuerza de una *epidemia de semejanzas incontrolables* —semejanzas blanchotianas, la expresión es de Didi-Huberman (2003: 157)— en el montón de documentos *aparezca* la imagen de un hombre culto, como si existiera a pesar de sus componentes.

La solidificación del retrato del bibliotecario, diluye la «vida» que queda detrás y por un instante borra los libros y papeles, cuya apariencia realista de pronto deja de importar frente a la fuerza de la imagen emergente. La imagen del bibliotecario resulta inquietante por su inestabilidad ontológica[28]. Del mismo modo que surge, esa imagen ofusca instantáneamente los objetos de la pintura realista, puede volver a diluirse en lo informe de la indeterminación y dejar ante los ojos del espectador, otra vez, nada más que un montón de libros.

Figura 7. Giuseppe Arcimboldo *El Bibliotecario* (1566).

---

[28] «L'image voile d'un voilement qui n'est pas mensonge, et découvre d'une découverte qui n'est pas vérité. Elle est aussi ontologiquement nécessaire qu'elle est inestable et ontologiquement dissociée», dice Didi-Huberman a propósito del concepto de imagen de Blanchot (2003: 160).

Ahora bien, si el cuadro de Arcimboldo evocado por Poblete Alday se tomara como paradigma de lectura de «La parte de los críticos», podría pensarse de otra manera el carácter de aquel «vacío» que Pelletier, Espinoza, Norton y Morini «buscan ocultar tras la figura de Archimboldi». Por ejemplo, Marcial Huneeus también identifica ese vacío con una suerte de aburrimiento, soledad y superficialidad de la existencia, determinada por su plena consagración al estudio de la literatura (2011: 253). Sin embargo, y aunque parezca cierto que la vaguedad de estos personajes se explique porque toda su existencia gira en torno a la obra ausente[29] de un autor ausente, su razón esencial quizás debería buscarse fuera de la diégesis. En este sentido, a continuación argumentaremos que los críticos –como el Bibliotecario, compuesto de libros y documentos– están hechos de texto. Con esta afirmación, sin embargo, no se hace referencia a la obviedad de su estatus ontológico de personajes literarios, sino al hecho de que, desde el comienzo, van construyéndose de una manera que delata su propia textualidad.

Como si se tratara de entradas de un diccionario biográfico –entidades cortas y secas, a pesar de su valor factográfico, disociadas del caos informe de la «vida real», pertenecientes a una obra en sí impersonal y en cierto sentido desprovista de autor, según observa Sergio Chejfec (2015: 94)– los críticos son introducidos en el mundo posible de *2666* según el mismo modelo pseudo-histórico cimentado por el acontecimiento constitutivo de su existencia, a saber, sus respectivos

---

[29] A propósito de la ausencia esencial de la obra de Archimboldi –al que el crítico aparentemente reconoce como un gran escritor–, Brett Levinson argumenta que ésta no puede existir, porque la gran escritura no puede aparecer por escrito, y la única escritura que existe, es la escritura menor (2009: 189). Manuel Asensi Pérez, por su parte, resalta que «el primer límite del campo de la mirada narrativa está constituido por una obra literaria vacía, la de Archimboldi», y propone que «el referente literario está vacío, es una mera superficie, lo cual contrasta con el entusiasmo experimentado por los críticos» (2010: 351).

primeros encuentros con los textos de Benno von Archimboldi. «La primera vez que Jean-Claude Pelletier leyó a Benno von Archimboldi fue en la Navidad de 1980», son las palabras que abren *2666* (15). «Piero Morini nació en 1956, en un pueblo cercano a Nápoles, y aunque leyó por primera vez a Benno von Archimboldi en 1976, no sería sino hasta 1988 cuando tradujo su primera novela del autor alemán» (17). «Manuel Espinoza llegó a Archimboldi por otros caminos» (19). Sólo la introducción de Liz Norton no sigue este modelo con plena exactitud, pues empieza con un breve preámbulo biográfico-personal (como si, para ella, el acontecimiento de la lectura de Archimboldi no alcanzara para reconstruir el pasado entero convirtiéndolo en su propia causa). No obstante, al describir su propia personalidad, la inglesa se sitúa en el orden de lo textual, como si se estuviera *redactando*: «La expresión "lograr un fin", aplicada a algo personal, le parecía una trampa llena de mezquinad. A "lograr un fin" anteponía la palabra "vivir" y en raras ocasiones la palabra "felicidad"» (22).

El carácter estereotipado de los críticos, en cuyo resultado estos personajes parecen ya no tanto tomar partido en el *paragone* (defendiendo la superioridad de la palabra sobre la imagen[30]), como *formar parte de él*, situándose plenamente del lado de lo textual, se lleva a cabo en dos niveles entrelazados. De un lado, el nivel temático (el del «contenido») y, del otro, el estilístico (la «forma» que refleja el «contenido», es decir, está teñida de los discursos en los que operan y con los que piensan los críticos). En este punto, buscamos argüir que en la construcción de estos personajes es posible detectar el trabajo de lo figural, el cual, en este caso, ataca menos su representación mimética que el carácter

---

[30] Ya en la primera página de *2666*, Pelletier descubre «[c]on furor (con espanto)» (15) que el escritor Archimboldi pueda ser confundido con el pintor Arcimboldo. Pelletier, dando por acabada su vida tal y como la ha vivido hasta ahora, refuta a su pasado en el que se pone a «pensar y a repensar, pero no con palabras sino con imágenes dolientes» (17), escogiendo decididamente el partido de la palabra.

de las líneas con las que se trazan sus contornos. Las operaciones de la figura-matriz, que, en la manera de escribirlos, obstinadamente sitúa a los críticos del lado de la palabra[31], parecen —para volver al paralelo con el cuadro de Arcimboldo— provocar la reaparición de los discursos, impidiendo que la imagen de los críticos en tanto «personas de carne y hueso», como aquella del Bibliotecario, se solidifique.

ESCRITURA DE LA IMAGEN

impronta

En algún punto, en busca de datos sobre Archimboldi, Pelletier y Espinoza visitan su editorial en Hamburgo donde hablan con la jefa de prensa:

> [...] lo único que les dijo del escritor desaparecido fue que era una buena persona.
> —Un hombre alto, muy alto —les dijo—. Cuando caminaba junto con el difunto señor Bubis parecían una ti. O una li.
> Espinoza y Pelletier no entendieron lo que quería decir y la jefa de prensa les dibujó en un papelito la letra ele seguida de la letra i. O tal vez más indicado sería una le. Así.
> Y volvió a dibujar sobre el mismo papelito lo siguiente:
>
> *Le*
>
> —La ele es Archimboldi, la e es el difunto señor Bubis.
> Luego la jefa de prensa se rió y los observó durante un rato, recostada en su silla giratoria, en silencio. [...] (42)

---

[31] Sus conversaciones esenciales se narran a través de estadísticas lingüísticas (61), el erotismo se comenta en clave bibliográfica (66), la violencia irrefrenable se traduce en discurso teórico-político (103).

En vez de enseñarles una fotografía o, por lo menos, un manuscrito, la directora de prensa les ofrece una ilustración más bien peculiar de una ausencia múltiple, de esa relación proporcional entre los cuerpos de un escritor desaparecido y del editor muerto de su obra ausente. En este instante las letras aparecen desnudas en su visualidad, despojadas del simbolismo convencional que las constituye como tales[32], o sea, la «ele» y la «e» siguen siendo signos, pero su modo de referencia ha cambiado, pues están ubicadas en el dominio de la semejanza visual[33]. Así, ante los ojos sorprendidos de Pelletier y Espinoza, lo visual invade y domina la escritura, sin, a pesar de todo, devorarla por completo, pues las letras siguen siendo signos alfabéticos.

Insistimos en la importancia de este dibujo ínfimo porque el texto insiste en ella. Mientras la jefa de prensa les enseña esas dos letras a los críticos, el texto también se las da a ver a sus lectores, como si en este instante quisiera unir las dos miradas –la diegética y la otra, extratextual– en contemplación simultánea de la huella que el pasaje del escritor dejó en el imaginario interior de la mujer. Es como si se sacara a un insecto palo de su hábitat natural, donde su existencia

---

[32] Sin lugar a dudas, puede divagarse si la «ele» y la «e» juntas forman una entidad significativa –el dativo del pronombre personal «le» en español o, tal vez, el artículo definido masculino «le» en francés– y qué sentido aportaría esta palabra a la interpretación de «La parte de los críticos» (ya no las dos letras relacionadas meramente por su semejanza visual a Archimboldi caminando con Bubis). En lugar de una exegesis de esta índole, lo que nos ocupa en este punto son las operaciones de lo visual en el texto y sus implicaciones más generales en cuanto al funcionamiento de éste en tanto que representación.

[33] La «Le» es un ícono peirceano completo, pues contiene los tres tipos de signos icónicos que forman esta categoría consagrada a la semejanza: imagen, diagrama, metáfora. Es imagen, pues representa el objeto a través de rasgos simples: Archimboldi alto y huesudo como el palito de la «l», el señor Bubis bajo y redondo como la «e», lo cual la «i» no podía reflejar bien, es decir: ambos son semejantes a las letras que los evocan. Es diagrama: esbozo esquemático de la relación entre ambos elementos. Y, finalmente, es metáfora: representa su objeto a través de la semejanza encontrada en otra cosa (Stjernfelt 2000).

consiste en desaparecer, para meterlo solo en un escaparate[34]. Sacada del flujo del texto, la «*Le*» interrumpe la representación y, como un obstáculo, hace resistencia, es decir, *aparece*:

> Que faut-il [...] à l'apparition [...]? [...] Il faut une *ouverture*, unique et momentanée, cette ouverture qui signera l'apparition comme telle. [...] Un paradoxe va éclore, parce que l'apparaissant aura, pour un moment seulement, donné accès à ce bas-lieu, quelque chose qui évoquerait l'envers ou, mieux, l'enfer du monde visible – et c'est la région de la dissemblance. (Didi-Huberman 1998: 15; énfasis del original)

A continuación, la aparición de esa «*Le*» la pensaremos a través de la conceptualización de la *impronta* realizada por Didi-Huberman (2008). Refiriéndose a la impronta –de acuerdo a la definición de la RAE: «reproducción de imágenes en hueco o de relieve, en cualquier materia blanda o dúctil»– el teórico resalta el carácter múltiplemente dialéctico de las tensiones que operan en ella: su forma visual surge del contacto físico, lo cual la ubica en un ámbito mediano donde lo visual es inseparable de lo táctil. Al mismo tiempo, el contacto del que los objetos producidos por la impronta son depositarios indiscutibles tampoco nos autoriza a la *identificación* de su referente en la realidad: «[a]dhérence il y a eu, mais adhérence à qui, à quoi, à quel instant, à quel corps-origine?» (Didi-Huberman 2008: 309). Una vez fijada la forma en su contra-forma, para que la impronta producida en el contacto *aparezca* como tal, es imprescindible el alejamiento del «original». En otras palabras, la aparición de la impronta está condicionada por la ausencia del original. Así, tratándose de la imagen

---

[34] La mención de los fásmidos, insectos palos o insectos hoja, y de su profundidad simbólica, se la debemos a Georges Didi-Huberman, quien les dedica un corto texto donde explica, entre otras cosas, la etimología de su nombre: «[Son nom vient de] *phasma* [...] qui signifie tout à la fois l'apparition, le signe des dieux, le phénomène prodigieux, voire monstrueux; le simulacre, aussi; le présage, enfin» (1998: 17).

de un contacto con una presencia «original», la impronta implica su alejamiento, y esta condición determina el anacronismo de su temporalidad en tanto huella, con todas sus implicaciones espaciales[35]. La impronta-huella produce imagen-semejanza, es decir, es índice y al mismo tiempo es ícono. De aquí surge una tensión entre la presencia originaria y su re-presentación condicionada por la ausencia del original.

En definitiva y volviendo sobre nuestra «*Le*», lo esencial y lo único que interesa a los críticos es que la jefa de prensa haya realmente presenciado lo que su dibujo representa. Es decir, lo que legitima esta imagen rarísima de Archimboldi es su anclaje en la inmediatez del contacto con el escritor ausente, porque sólo como representación visual de la impresión del hombre de carne y hueso, el dibujo obtiene el valor de un índice y se vuelve una visualización de su huella en la memoria ajena. Si se piensa en términos de la impronta, cabe notar su carácter triplemente táctil: la proximidad física de Archimboldi ante la mirada; la materialidad de las letras dibujadas a mano; la aparición de las dos letras-fásmidos en la página de *2666*. Hay que fijarse en la fragilidad y en la aparente insignificancia de este dibujo[36], porque es como si, reproduciéndolo en el espacio exclusivo del flujo de las palabras, el texto tratara de salvar la huella que su pasaje frágil y efímero de esbozo menor deja en un papelito condenado a perderse en su mundo posible. Suspendida en medio del espacio blanco, la

---

[35] Didi-Huberman traza un paralelo entre la impronta y la noción derrideana de *différance*, la cual, en tanto que «devenir-tiempo del espacio», el crítico propone concebirla como una formulación original del anacronismo (Didi-Huberman 2008: 314).

[36] Lo mismo puede decirse de las figuras geométricas de Amalfitano (247, 248, 249), de los dibujos-chistes que el joven García Madero comparte con Belano y Ulises Lima, e incluso de los poemas de Cesárea Tinajero en *Los detectives salvajes* (Bolaño 2010a: 376, 339-400, 574-577, 608-609). Todos ellos también se dan a ver en los textos, mientras que ninguno de los murales ni cuadros evocados y descritos en otras partes hace su aparición.

«*Le*» deviene la huella, la impronta del gesto de la jefa de prensa que traza la ausencia esencial de Archimboldi, impronta situada en medio del espacio himenal entre escritura e imagen, entre presencia y re-presentación, y entre el mundo posible de *2666* y el real en el que aparece entre dos partes de la misma escena.

diferencia infraleve

Además de estos enredamientos fundamentales (visualidad–tacto, presencia–ausencia, forma–contra-forma, huella–imagen), es preciso resaltar la *disimilitud* inherente de la semejanza producida por la impronta. Didi-Huberman sostiene que la disimilitud que surge con el uso del molde puede verse como uno de los puntos centrales del pensamiento y de la experimentación artística de Marcel Duchamp (el cual no deja de ser una referencia importante a la hora de leer a Bolaño). Duchamp insistía en la diferencia infraleve que se produce entre los objetos sacados del mismo molde. Entre uno y otro siempre hay un *écart* que, aunque apenas se note, puede captarse con una percepción entre visual y táctil (Didi-Huberman 2008: 286). El artista, sostiene Didi-Huberman, pensaba la impronta como un *écart* de la cosa, y, con ello, como una modificación esencial de la «dimensión» que resalta aquella membrana (llamémosla así, por falta de una palabra mejor) infraleve que se inserta entre la forma y la contra-forma, donde lo que se imprime es justamente la diferencia apenas perceptible entre lo nativo y lo negativo (2008: 305).

El pensamiento de la impronta Duchamp lo desarrolla en su conceptualización de la «aparición» y de la «apariencia» en términos de los cambios trans-dimensionales de las cosas:

> L'*apparence* est définie comme «impression rétinienne» de l'objet, ses «conséquences sensorielles» en général. L'*apparition* s'en distingue

comme condition à la fois *native* et *négative* de l'objet: elle nomme, dans les préoccupations «quadridimensionnelles» de Duchamp, le processus projectif par lequel l'apparence se rend capable de prendre corps en transitant d'un monde dimensionnel à un autre[37]. Ainsi, là où l'apparence demeure en *plan*, l'apparition sera qualifiée comme *moule*. (Didi-Huberman 2008: 199; énfasis del original)

En otras palabras, la «apariencia» corresponde a la percepción más básica de la cosa, mientras que la «aparición» posibilita e incluye sus transgresiones inter-dimensionales, de cuyas partes nativa y negativa no siempre pueden verse las dos (como, por ejemplo, en el *Gran Vidrio*, donde sólo se ve la aparición bidimensional de la *Mariée* cuadridimensional).

Ahora bien, si pensamos la aparición del dibujo de la jefa de prensa en términos de la impronta como paradigma, podemos discernir algo del «reverso del mundo visible». En el dispositivo de la «*Le*» impresa en la página de *2666* vemos cómo la forma y la contra-forma se aproximan la una a la otra, separadas por la membrana infraleve de la tinta. Es decir, las letras impresas en el mundo actual re-presentan las letras dibujadas en el mundo posible de «La parte de los críticos», mientras que en el surgimiento de la *semejanza disimilar* se opera el alejamiento del contacto táctil: la forma que el gesto de la mano de la jefa de prensa traza sobre un papelito efímero es fijada en la contra-forma del espacio blanco en la página del libro real, y entre ellas hay una diferencia infraleve dada por el corte de la escritura mecánica. Si pensamos, con Duchamp, la impronta como

---

[37] Deleuze y Guattari, quienes emplean una versión de esta misma idea en su teoría del devenir en la multitud, recuerdan que ya la había tenido Lovecraft, a quien citan: «Les Vagues accrurent leur puissance, et découvrirent à Carter l'entité multiforme dont son actuel fragment n'était qu'une infime partie. Elles lui apprirent que chaque figure dans l'espace n'est que le résultat de l'intersection, par un plan, de quelque figure correspondante et de plus grande dimension» (Deleuze & Guattari 1980: 307).

un *écart de chose* y una modificación esencial de la «dimensión», podemos imaginar esa «*Le*» como la sombra –ésta, también, nos habla del *contacto* (Didi-Huberman 2008: 243), y es, en la obra de Duchamp, reveladora del devenir trans-dimensional– de la «le» que ven Pelletier y Espinoza.

Pero éste es un juego de sombras infernal, porque la «le» «nativa» sólo aparece bajo el bolígrafo de la jefa de prensa cuando y *porque* la «*Le*» «negativa» la re-presenta o *inventa* en la página de *2666*, mientras que la «*Le*» impresa sólo está allí en tanto que *aparición* duchampiana de la «le» que se escribe en el mundo posible como mera *apariencia*, fenómeno sensible para los críticos de carne y hueso –quienes, por el otro lado, no son sino reglones de signos alfabéticos. Tal vez podría argumentarse que entre los críticos y la «*Le*» no hay ninguna diferencia, si ya de todos modos se está proponiendo una lectura que libremente mezcla la ficción literaria con la teoría de los mundos posibles y con las preocupaciones cuadridimensionales de Marcel Duchamp. No obstante, sí que hay diferencia, y ésta ya no es «infraleve», porque la «*Le*» no describe nada: ella se *da a ver*. Lo que se intenta resaltar aquí es la fisura en el tejido representacional del texto, cuyo instante adquiere consistencia en la breve *unificación de la mirada* diegética con la extratextual. La premonición en este instante de la proximidad de algo raro y (siempre ya) ausente en su aparición, tal y como esa huella-impronta que «impregna de extrañeza y lejanía a lo familiar» (Giordano 1988: 33), depende de la idea-juego que señala el roce y la marca infraleve (de carácter háptico) entre los distintos mundos posibles. Lo que de hecho *aparece*, en el espacio anomal[38] de la blancura sin contornos, es el acontecimiento jamás

---

[38] Tomamos el adjetivo «anomal» de los desarrollos de Gilles Deleuze y Félix Guattari, quienes lo derivan no de la «anomalía» que viene del «a-normal» latín, sino de «"an-omalie", substantif grec qui a perdu son adjectiv, désigne l'inégal, le rugueux, l'aspérité, la pointe de déterriorialisation» (Deleuze y Guattari 1980: 298). «Anomal» se refiere a un espacio dotado de características especiales, ubi-

plenamente cumplido del devenir huella: en esa «*Le*», que es una impronta cuya visualidad depende de su causa táctil, los dos mundos se tocan, como forma y contra-forma, causándose mutuamente. Y esto porque, como ya sabemos, para que la impronta *aparezca* tiene que desaparecer el objeto que la ha producido (Didi-Huberman 2008: 309). Por lo mismo, la re-presentación en *2666* del dibujo de la jefa de prensa tiene un efecto de irreal tan fuerte, pues, a diferencia del *Bibliotecario* de Arcimboldo, la mirada del lector ante «*Le*» oscila, ya no entre dos imágenes unidas por el vaivén de la semejanza, sino entre dos dimensiones de la misma presencia retirada, captada en la ambigüedad de la impronta.

pensamiento icnológico

El procedimiento de la impronta debe su fecundidad al sentido *abierto* –dialéctico y heurístico– de las operaciones que suscita, sostiene Georges Didi-Huberman (2008: 319), lo cual impide cualquier certeza en cuanto a sus resultados. Su inherente ambigüedad también se presta a la reflexión icnológica de la que es objeto, y así se la sitúa más allá de las oposiciones binarias y de las categorías firmemente definidas, más bien en el ámbito de un pensamiento procesal que en uno orientado a las conclusiones. La «mirada de la impronta», sostiene Didi-Huberman, en vez de aclarar las cosas, debería permitir inquietar el punto de vista, re-enredar lo que parece fácil, y siempre ir postergando el momento de *dar sentido* (2008: 321). El icnólogo está obligado a saber que las formas son procesos y no tan sólo los resultados de ciertos procesos, y que estos procesos no terminan nunca. De este modo, la imagen actualmente

---

cado entre el mundo posible de la ficción y el mundo real que habitamos, y en ambos a la vez.

vista no es sino el «presente anacrónico» de un juego incesante de deformaciones, de alteraciones, de borraduras y de recurrencias de todo tipo. La semejanza que se da en la impronta es en sí *diferente*: en ella, nada puede desenredarse, nada se deja clasificar, porque la forma es la materia y la forma es la operación del tiempo, de tiempos distintos que se entrelazan en la misma imagen: «temps de la terre et temps du pied qui, un instant, s'y est posé pour toujours» (Didi-Huberman 2008: 324-325).

Para nuestra reflexión sobre las fisuras en el tejido representacional de *2666* queremos rescatar, sobre todo, la actitud de esta metodología icnológica, es decir, su respeto por el carácter procesal de las formas en toda su complejidad. Si bien ésta es renuente a dejarse desenredar de modo definitivo, preferimos retener su disposición a ir posponiendo las conclusiones finales, aunque sea a precio de correr el riesgo de no formularlas jamás[39].

MATERIALIDAD

gesto deíctico

La aparición de la «*Le*» debe verse en un contexto algo más amplio, pues está situada entre otras «apariciones» con las que comparte características importantes. Como se ha dicho, el «dibujo» de la jefa de prensa no sólo ha de verse como un híbrido imagen-texto, también ha de verse como una marca gráfica que establece una separación del flujo de la narración, cuya huella es un modo de provocar su *aparición* en términos visuales. Si bien la forma gráfica de la novela es, por lo general, bastante convencional, hay en ella

---

[39] En función de nuestro interés puntual por el método icnológico, no consideramos aquí las implicancias del tiempo histórico.

otros tres fragmentos que se distinguen visualmente del resto en razón de su organización espacial. A ellos nos dedicaremos en lo que sigue.

Están, por un lado, los títulos de las recetas atribuidas a Sor Juana Inés de la Cruz, los que Morini «recita lentamente y con entonación de actor» para satisfacer el capricho de un «mendigo londinense» (74); por otro lado, encontramos esas figuras geométricas con nombres de filósofos que Amalfitano dibuja sin darse cuenta (247, 248, 249); finalmente, están las tres hileras verticales de nombres que Amalfitano ha escrito en ese mismo estado de inconsciencia (265). Tal y como lo vemos, cada uno de estos instantes funciona de un modo ligeramente distinto que los demás, y esto nos invita a relacionarlos entre sí –en lugar de percibirlos como excepciones o inconsecuencias puntuales– y a pensarlos dentro de la misma escala de operaciones visuales que recorre el texto. A continuación, entonces, nos abstendremos de proponer interpretaciones aisladas entre sí de estos fragmentos; intentaremos, más bien, discernir la especificidad y la función del procedimiento visual que los caracteriza a todos –lo cual, por otro lado, requiere leerlos/verlos en su contexto.

El primero está en «La parte de los críticos», constituye el cierre del encuentro accidental de Morini con el «mendigo londinense», quien le cuenta al crítico italiano la historia paragónica de su devenir mendigo:

> […]
> –Si no le importa –dijo el desconocido–, léame al menos los nombres de algunas recetas. Yo cerraré los ojos y las imaginaré.
> –De acuerdo –dijo Morini.
> El desconocido cerró los ojos y Morini empezó a recitar lentamente y con entonación de actor algunos títulos de las recetas atribuidas a Sor Juana Inés de la Cruz:
> *Sgonfiotti al formaggio*
> *Sgonfiotti alla ricotta*

Sgonfiotti di vento
Crespelle
Dolce di tuorli di uovo
Uova regali
Dolce alla panna
Dolce alle noci
Dolce di testoline di moro
Dolce alle barbabietole
Dolce di burro e zucchero
Dolce alla crema
Dolce di mamey
Al llegar al *dolce di mamey* creyó que el desconocido se había dormido y empezó a alejarse del Jardín Italiano. (74)

El segundo, algo más esparcido espacialmente por las páginas de *2666*, lo forman las figuras geométricas con nombres de filósofos, dibujadas involuntariamente por Amalfitano en la segunda parte. Por ejemplo[40]:

Al día siguiente, mientras los alumnos escribían, o mientras él mismo hablaba, Amalfitano empezó a dibujar figuras geométricas muy simples, un triángulo, un rectángulo, y en cada vértice escribió el nombre, digamos, dictado por el azar o la dejadez o el aburrimiento inmenso que sus alumnos y las clases y el calor que imperaba por aquellos días en la ciudad le producía. Así:

---

[40] Si se considera que nuestra reflexión se centra en la problemática general de la visualidad del texto –en vez de preocuparse por el significado específico de lo que se dice en los fragmentos analizados–, es pues suficiente ilustrar los dibujos geométrico-filosóficos de Amalfitano con estos tres ejemplos que permiten captar el principio que los reúne.

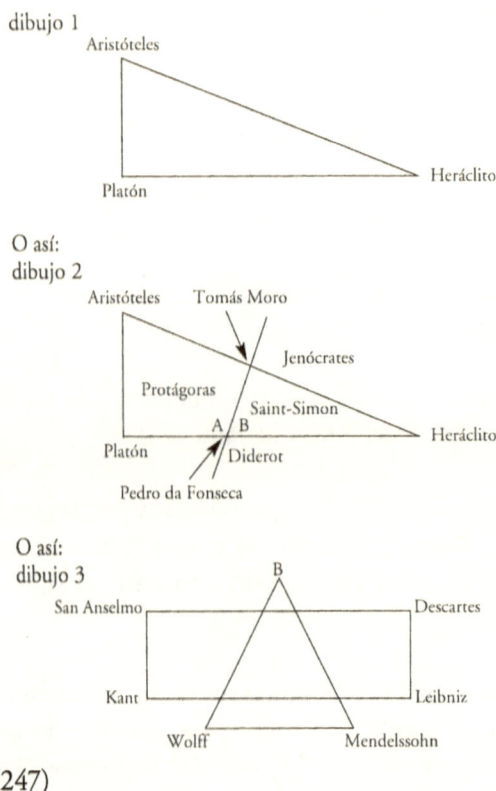

(247)

El tercer fragmento también pertenece a «La parte de Amalfitano» y de nuevo agrupa los nombres de filósofos en una organización espacial, aunque esta vez lo haga sin trazar ningunas líneas entre ellos:

[...] Pensó que si dibujaba sobre la hoja de papel en blanco que tenía ante sí otra vez aparecerían aquellas figuras geométricas primarias. Así que dibujó un rostro que luego borró y luego se ensimismó en el recuerdo de aquel rostro despedazado. Recordó (pero como de pasada, como se recuerda un rayo) a Raimundo Lulio y su máquina prodigiosa. Prodigiosa por inútil. Cuando volvió a mirar el papel en blanco había escrito, en tres hileras verticales, los siguientes nombres:

Pico della Mirandola	Hobbes	Boecio
Husserl	Locke	Alejandro de Hales
Eugen Fink	Erich Becher	Marx
Merleau-Ponty	Wittgenstein	Lichtenberg
Beda el Venerable	Lulio	Sade
San Buenaventura	Hegel	Condorcet
Juan Filópono	Pascal	Fourier
San Agustín	Canetti	Lacan
Schopenhauer	Freud	Lessing

Durante un rato, Amalfitano leyó y releyó los nombres, en horizontal y vertical, desde el centro hacia los lados, desde abajo hacia arriba, saltados y al azar, y luego se rió y pensó que todo aquello era un truismo, es decir una proposición demasiado evidente y por lo tanto inútil de ser formulada. [...] (265-266)

Además de estar destacados gráfica y visualmente, todos estos fragmentos son presentados por la narración, introducidos o anunciados. El gesto deíctico inscripto en el signo impronunciable de los dos puntos marca el límite del territorio del que están expulsados, y con ello se los distancia de cierta forma del texto principal. De ese modo, el texto se divide a sí mismo y abre una fisura en su propio tejido representacional. En otras palabras, una parte del texto adquiere una función meta-narrativa (introducción) frente a la otra, sin por eso perder su carácter primariamente narrativo, mientras que la otra parte (visualmente resaltada), pone en acto un extrañamiento doble: deviene objeto de atención de la trama y aparece en el texto impreso como escritura.

logofagias

En todos estos casos el signo de los dos puntos funciona como marcador de una cierta suspensión del flujo narrativo, es decir, instaura en el texto un silencio del que emergen palabras extrañamente visibles en su carácter escritural. La ubicación de estas palabras en un espacio visualmente separado del resto del texto va emparejada con un debilitamiento radical de su poder significativo en la producción de sentido, lo cual las enmudece. El detalle de este debilitamiento nos ocupará en lo que sigue.

En su trabajo dedicado al enmudecimiento o amordazamiento de las palabras en la poesía, *Logofagias. Los trazos del silencio*, Túa Blesa investiga la inscripción del silencio en el texto y propone llamarla *logofagia*. La inclusión del silencio por la cual se interesa Blesa no ha de entenderse como materia de reflexión ni como tema, sino como un fenómeno que ocurre de «una manera en la que la textualidad se devora, se consume a sí misma, en un gesto de autoinmolación, trance al que, por lo demás, sobrevive» (1998: 15). Es importante subrayar que aquí no se trata de abandonar ni de eliminar la escritura por completo, sino de instalar lo otro en ella misma –como lo hace la escritura paraprática conceptualizada por Mark C. Taylor–; dejar, en suma, que la escritura escriba el silencio, no la simple falta de palabras, sino algo que va más allá de las oposiciones binarias (siempre fundadas en algún tipo de relación a la mismidad):

> el texto logofágico se destruye y se recompone en el gesto de la logofagia, perdura en los trazos del silencio. Por la logofagia la escritura se suspende, se nombra incompleta, se queda en blanco, se tacha o, hecha logorrea, se multiplica, disemina el texto en textos, o se dice en una lengua que no le pertenece, o incluso en una que no pertenece a nadie, un habla sin lengua, o, finalmente, se hace críptica. Por ese gesto, por la logofagia, se textualiza el silencio en unos trazos a través de los cuales se dice el silencio. Un gesto, pues, que es algo más que destrucción y construcción, un gesto que es deconstrucción, que lleva el discurso y el silencio a una situación en la que ya no se oponen, no se niegan, sino que se alían, se identifican, en el texto logofágico. (Blesa 1998: 15)

A partir de esta escritura que *se emplea a sí misma* para dejar que su otro se instaure en el seno del texto, pasaremos a considerar los tres fragmentos señalados como distintos tipos de logofagia[41].

dissoi logoi

Dejemos ya la «*Le*» y empecemos por Morini. Éste es el único caso donde la diferenciación gráfica del texto opera sin la introducción de la interlínea en blanco, es decir, sin que la continuidad del texto se rompa. A diferencia de los otros instantes logofágicos, donde –podemos establecerlo ya– los elementos visuales se instalan en espacios «liberados» de la escritura (rodeados de la blancura), los nombres de recetas parecen reenviar la escritura a su «modelo» sonoro, como si la lista de palabras en cursiva deviniera la partitura/transcripción[42] de la declamación «lenta y con entonación de actor» de Morini (74). La insistencia en que Morini *pronuncie en voz alta* los títulos de las recetas podría, tal vez, interpretarse como un intento de retornar a la «palabra plena», en tanto productora de la verdad y perteneciente al dominio de la metafísica, dentro de la cual los signos de la escritura siempre tienen el carácter segundario (Derrida 2014: 12), si no fuera

---

[41] Esta *logofagia* no tiene nada que ver con la propuesta de Celina Manzoni, quien plantea a la literatura de Bolaño como «autofágica», centrándose, recordemos, en la recurrencia del procedimiento de reescritura como modo de producción de la trama (2003).

[42] Aquí, otra vez, como en el caso de la «*Le*», podría discutirse la «causalidad» de la re-presentación: la lista de las recetas en la página de *2666*, ¿existe imperceptiblemente *antes* de que Morini la lea en voz alta (partitura) o apenas *después*, en tanto que representación de su declamación (transcripción)? La partitura original, de todos modos, existe en el mundo extratextual, en *Il libro di cucina di Juana Inés de la Cruz* de Angelo Morino, publicado en 1999, en Palermo, por la editorial Sellerino, que Morini está leyendo en el llamado Jardín Italiano, en Londres.

por el hecho de que los títulos de las recetas en sí ya estén marcados por una opacidad potente.

Se trataría aquí de una figura de la logofagia que Túa Blesa denomina *babel*, «por la cual se renuncia a la lengua materna y/o la de la comunidad a la que el texto va dirigido en primer término, en beneficio de otra u otras lenguas» (1998: 220). Escritos no en español, sino en italiano, los títulos de las recetas devienen –por lo menos parcialmente– opacos. Su aparición en la página de *2666* abre un espacio logofágico, donde las palabras significan sólo aproximadamente, como si estuvieran medio borradas y fueran vagamente reconocibles gracias a la proximidad lingüística entre el italiano y el español, pero sin por ello estar dotadas de pleno poder referencial. En cuanto a la producción del *sonido*, Blesa sostiene que los instantes babélicos crean un receptor sordo, incapaz de dejarse realmente penetrar por el habla ajena (Blesa 1998: 180). Aquí, aunque probablemente no se trate de una sordera total frente al italiano, se puede imaginar que, para los lectores de *2666*, la declamación de Morini suena algo vacilante, como en sordina (porque, aunque uno domine el idioma a la perfección, ¿cómo suena una declamación en italiano de un personaje literario italiano escrito en español?). De este modo, la lista de los títulos de recetas, en vez de escenificar el recitado teatral de Morini, funciona en el texto más bien como un procedimiento logofágico de opacidad y borradura. En resumen, las palabras resaltadas gráficamente aparecen como signos visuales, pero tampoco *primariamente* visuales, porque mantienen su valor semántico y su potencial sonoro –aunque ambos desplazados al territorio de otro idioma y, por consiguiente, marginalizados frente al español dominante en la obra.

Sin entrar mucho en detalle, cabe señalar que hay mecanismos de desplazamiento y desemejanza que se esconden detrás de la lista de títulos de recetas. De manera similar al *Gran vidrio* de Marcel Duchamp, cuyas maquinaciones de metamorfosis desemejantes desarrolla teóricamente Jean-François Lyotard (2010), aquí se trata de reflejos torcidos que no apuntan hacia ninguna «verdad» ni tampoco hacia ninguna «mentira»; antes bien, esos reflejos se escapan de cualquier intento de síntesis, se abren al espacio indefinido del *entre*. «[L]e *Verre* est précisément fait pour n'avoir pas un effet vrai, ni même quelques effets vrais, selon une logique mono- ou polyvalente, mais des effets incontrôlés; [...] le vrai n'est que le contrôlable, comme le faux», escribe Lyotard (2010: 96), y más adelante añade: «[l]e *Grand Verre* échappe aux effets de contrôle et synthèse» (2010: 102). Lyotard parte desde una concepción del *Gran Vidrio* como un espejo doble cuyas bisagras se situarían en la línea que separa sus dos partes (la de abajo y la de arriba). De este modo, pone de relieve la incongruencia fuerte entre sus dos faces, las que se reflejan mutuamente, para dar con el principio esencial de esta obra: juntar en una misma composición elementos incompatibles de la cuarta y de la segunda dimensión, sin acudir a un elemento tercero de la triada dialéctica (2010: 92, 94). Así, ante la máquina industrial de la totalización del sentido y de la verdad de la última palabra, Lyotard –junto a, por ejemplo, Kafka, Jarry, Duchamp y Nietzsche– opone esta máquina soltera que opera con la *desemejanza*, surgida de «la prudence raffinée et apathique[43] des discours dissimilés», de los *dissoi logoi* de los sofistas quienes manejaban bien el arte de mantener discursos dobles (2010: 82, 84).

Fijémonos ahora en el juego de desplazamientos y desemejanzas que opera en el espacio logofágico de la lista de recetas: el italiano de *Il libro di cucina di Juana Inés de la Cruz* no es exactamente el español en que escribía la monja mexicana y Piero Morini tampoco es exactamente Angelo Morino, aunque al mendigo londinense sus

---

[43] En esta «prudencia apática» como en el famoso retraso de la inactividad duchampiana, reconocemos algo del pensamiento icnológico propagado por Didi-Huberman y suponemos que algo de este tipo de pasividad está encarnado en la obra de Bolaño.

nombres le suenen muy parecidos[44]. Las recetas de cocina no son precisamente las poesías de Sor Juana ni las recetas que se le atribuyen son seguramente de ella, el índice de títulos es el paratexto, los títulos ideas vagas frente a la meticulosidad del procedimiento culinario. Al considerar esta enumeración intentamos señalar que el instante logofágico en cuestión no sólo instaura en el texto un silencio que se abre al sonido y al sentido aproximativos (desemejantes frente a un supuesto modelo original), también desencadena toda una serie de desplazamientos dinámicos en cuyo movimiento centrífugo hablan los márgenes, las copias, las bajezas y las banalidades, sin por ello pronunciar la última palabra. El mendigo probablemente se hunde

---

[44] Cuando el mendigo londinense comenta que el nombre de Morini es «casi el mismo que el del autor del libro», Morini insiste en subrayar que no es así, porque él se llama Piero Morini, mientras que el otro se llama Ángelo Morino –lo cual, de hecho, en nada contradice la observación del mendigo, porque «Morini» y «Morino» siguen pareciéndose mucho. Ángelo Morino (1950-2007) fue un hispanista italiano, crítico y escritor. Vivió en Turín. Tradujo al italiano la mayor parte de las obras de Bolaño. Piero Morini nació «en 1956, en un pueblo cercano de Nápoles», pero trabaja en la universidad de Turín como especialista de literatura alemana. Ha traducido la mayor parte de la obra de Benno von Archimboldi. Ahora está sentado en un banco en Londres, hablando de un libro escrito por Ángelo Morino que trabaja en la misma universidad que él, en el mismo departamento de lenguas modernas. Una conclusión lógica es que deberían conocerse... si existieran en el mismo universo. Morini se empeña en sostener que los nombres Morini y Morino no se asemejan entre sí, porque tal vez presiente que no fue por pura casualidad que el libro de Morino llegó a parar en sus manos. Comprender que los dos comparten el mismo sujeto transuniversal sería convertir a uno de ellos en el doble del otro, un simulacro, un ser ficticio (desde una de las perspectivas), así que él, el personaje Morini quizás sería una representación vaga de Morino –o al revés. El uno haría desaparecer al otro, si pensáramos en línea con la argumentación que Jean Baudrillard traza en *Pourquoi tout n'a-t-il pas déjà disparu?* (2008). Éste es el único caso en *2666* –que en general está vastamente poblado de individuos ficcionalizados– donde alguien se encuentra con su doble transuniversal y, por lo mismo, la fragmentación del sujeto se vuelve tan llamativa.

en su sueño sinestésico poblado de títulos incomprensibles de recetas antes de que Morini llegue al final del índice, mientras el crítico «[empieza] a alejarse del Jardín Italiano» (74) en un movimiento tampoco concluido ni definitivo.

La dinámica de los reflejos desemejantes esbozaría, entonces, una línea curva, por entero diversa de la del círculo perfecto de repetición e identidad verificada por la noción de la verdad. Se trataría más bien de una elipse que, al volver sobre sí misma, siempre ya falla a dar con sus propios trazos: un desplazamiento elíptico que Derrida describe como «déficient sans doute, mais d'une certaine déficience qui n'est pas encore, ou n'est déjà plus absence, négativité, non-être, manque, silence» (1972c: 207). Este movimiento elíptico inscripto en la logofagia italiana mantiene bien sus *dissoi logoi* sin ofrecer síntesis unificadoras, y hace que el silencio no del todo articulado de los márgenes se escriba en el texto, sin dejarse ubicar en ninguno de los ámbitos interpretativos convencionales: ni radicalmente visual, ni exactamente referencial, ni plenamente sonoro, está abierto, tal vez, al espacio otro de la percepción sinestésica, indescriptible dentro de las categorías disponibles.

nombres propios

En lo que sigue pensamos en conjunto a las figuras geométricas y las columnas de nombres de Amalfitano, pues ellas tienen varios rasgos comunes −los rasgos que aquí se consideran esenciales− y también tienen algunas correspondencias con el dibujo de la jefa de prensa y con la lista de recetas de Morini. Por un lado, como la «*Le*», se presentan flanqueados por espacios en blanco como algo que el texto «da a ver», como el fruto visible de una actividad involuntaria de Amalfitano. Por otro lado, lo que en ellos pertenece a la escritura son nombres, y esto permite discernir un paralelo con los nombres de recetas. En cuanto a su contenido, puede suponerse que se trata de relaciones diagramáticas (como en la «*Le*») y de agrupamientos (como en la lista). De todas formas, la presencia gráfica de los polígonos y la recurrencia de su aparición los distingue de los casos anteriores. Las producciones involuntarias de Amalfitano unen en sí a elementos lingüísticos con extra-lingüísticos (estructuras visuales) y ofrecen una variedad que sugiere que puedan formar una serie o (ser parte de) un sistema. En cuanto a la logofagia, esquivan clasificaciones unívocas. Podrían situarse, tal vez, cerca del *criptograma*, donde «se utilizan bien signos convencionales, usados con diferente valor del convenido, bien inventados, como sustitutos de letras, sílabas o palabras» (Blesa 1998: 220) –y esto sería así si se quisiera ver en las producciones de Amalfitano un código enigmático– o, también, en algún lugar próximo al ya citado *babel*, si los polígonos se pensaran como otro tipo de lenguaje. No obstante, el silencio que se escribe en ellas (silencio, *nota bene*, que a Amalfitano le llega, incontrolado, bajo la forma *visual* de sus dibujos involuntarios) parece traspasar las categorías de la logofagia, pues a nuestro entender éste depende no tanto de un procedimiento estilístico o técnico dentro del lenguaje como, en cierto sentido, de la decisión del lector.

Al principio de nuestra reflexión propusimos ver estos polígonos como parte del *Readymade Malheureux* de Marcel Duchamp, que un gesto de Amalfitano ha vuelto a desencadenar en tanto proceso (por lo menos) cuadridimensional. Según recuerda Jean-François Lyotard, en una conversación con Rudi Blesh, Duchamp declaró lo siguiente: «[i]l n'y a pas de problèmes, les problèmes sont des inventions de l'esprit» (2010: 98). Si se entiende que los problemas no son sino producto de la imaginación, resulta claro que no hace falta ofrecer soluciones ni dar respuestas, porque las soluciones y las respuestas son la labor del poder que consiste en controlar los efectos (Lyotard 2010: 98, 100). Aunque el uso de la advertencia de Duchamp en este lugar pueda parecer instrumental (y no lo es), intentemos ahora, en vez de pensar los dibujos incontrolados de Amalfitano como un problema por resolver, investigar la mecánica de su aparición, preguntándonos qué es lo que *hacen* en las páginas de *2666*.

La trama introduce los dibujos geométricos y las tres hileras de nombres como una especie de escritura automática, es decir, como si se tratara de una comunicación reveladora del inconsciente de Amalfitano (si se quiere pensarlos en términos psicoanalíticos), o del inconsciente del mundo (si se observa un paralelo con las prácticas de los surrealistas), o bien de otras dimensiones de la realidad (si se los considera dentro del mismo fenómeno al que supuestamente pertenece la voz del padre de Amalfitano, quien insiste en no provenir de la locura, sino de un lugar habitado por los espíritus (267)). En el texto, todos ellos están introducidos, reiteramos, por los dos puntos que, al exponer los efectos de esta «escritura automática» de Amalfitano ante los ojos del lector, parecen en sí ser la apertura muda de una comunicación: «[b]efore anything is communicated, communication itself is communicated. [...] A mute communication precedes any *dit*» (Wall 1999: 25; énfasis del original). En su mundo posible, Amalfitano intenta infructuosamente captar un sentido o una lógica cifrados en su propia producción incontrolada. El texto, por su parte, al incluir la secuencia entera según su aparición ante la mirada sorprendida del personaje, parece invitar al lector a hacer lo mismo: tratar de descifrar un mensaje. El hecho de que tanto los dibujos como las tres hileras de nombres estén basados en el principio de repetición con diferencia dentro de una serie, sugiere una suerte de sistema con una lógica interior.

El elemento unificador de todos ellos es el nombre propio que constituye la unidad básica recurrente. Para Derrida, «proper names are no more than serviceable *metonymic contractions*» (Chakravorty Spivak 1997: liv; énfasis del original). Los nombres propios de «La parte de Amalfitano» aparecen aislados, en una serie de entidades de carácter ajeno al resto del texto, y su contexto se lo crean mutuamente ellos mismos, como en una especie de escritura geométrica compuesta por apellidos. Parece que significan, Condorcet sigue siendo Condorcet y Kant Kant –personas históricas, pensamientos–, pero dentro de este sistema, en tanto contracciones metonímicas, pueden ser el suplemento de absolutamente todo. Dentro de cada una de esas monadas únicas e infinitamente plegadas, retomando al Leibniz deleuziano, el gesto archí-violento de nombrar las inscribe en el sistema, según lo desarrolla Derrida (2014: 158). La condensación semántica de cada uno de estos nombres propios, máxima e indefinible, hace que éstos se traguen a sí mismos, en un gesto logofágico se atragantan con la abundancia bulímica de su propia significación. De este modo, los apellidos revelados en la «escritura automática» de Amalfitano aparecen mudos y así, esta especie de objetos encontrados, están hechos puro potencial que hace surgir cada vez nuevas constelaciones efímeras.

Una primera constelación de los nombres propios está dada en su aparición en la página. Las operaciones de la figura-forma sitúan a los diagramas (en el sentido peirceano de la palabra) en un plano donde las líneas convergentes, divergentes, paralelas o entrecruzadas del imaginario geométrico insisten en su posicionamiento espacial, y establecen entre ellos relaciones ajenas a la lógica convencional: la proximidad o el distanciamiento, medidos con la exactitud indiferente de las figuras abstractas que los organizan. Incluso en las tres hileras verticales de nombres que aparecen después de la serie de figuras geométricas está inscripta la espacialidad de sus interrelaciones, aunque su «geometría» sea invisible, permitiendo mayor libertad en el surgimiento de las conexiones. Así, en el dibujo 2, por ejemplo, Protágoras se inscribe en un espacio cuadrangular delimitado por las líneas rectas que corren entre Aristóteles y Platón, entre Platón y el punto de intersección de su relación con Heráclito, con una línea recta que permite ubicar a Pedro da Fonseca, a Diderot y a las A y B mayúsculas en esta relación y a Tomás Moro y a Jenócrates en la relación de Heráclito con Aristóteles, cuya intersección marca el cuarto punto que describe el espacio-Protágoras, etcétera.

¿Qué quiere decir todo esto? Depende, por supuesto, de la interpretación que se le quiera dar. Pero, ¿quizás, es justamente *el retraso del no saber qué pensar* aquello en que consiste la mecánica de estos dibujos esparcidos por las páginas de *2666*? La configuración espacial abstracta de los enmudecidos nombres propios pone trabas muy serias a la asignación de sentido (y, también, del sinsentido). Esto *hace aparecer una falta persistente* —falta de respuesta, de visión general, de marco referencial—, como si en los instantes que nos ocupan aquí la escritura se parara en el mismo *querer decir* señalado por el gesto silencioso de los dos puntos: en su comunicatividad misma. «[C]ommunicativity [as such] *pulverises* discourse. It gives nothing to be thought; it gives no message to which we might listen but, in effect, says: there is (*il y a*)»; Tomas Carl Wall comenta así uno de los puntos cruciales de la escritura de Blanchot (1999: 29; énfasis del original). En este sentido, al incluir los dibujos de Amalfitano como si se tratara de mensajes cifrados, el texto le ofrece al lector la oportunidad de quedarse en la abstención típica de Bartleby el escribiente —icnológica, si se quiere, o sofista, o hermana de la «pereza» de Duchamp— y, con ello, de posponer para siempre la persecución del mensaje y la *utilidad* de la producción de sentidos y respuestas. Frente a estos instantes logofágicos, puede decidirse con Duchamp, el problema (la pregunta, el enigma) es cuestión de la decisión del espíritu. En otras palabras, si la producción incontrolada de Amalfitano se considera en términos de la mecánica de su funcionamiento en el texto, la suspensión del proceso comunicativo que provoca puede verse ya no como un mal necesario frente a la opacidad del mensaje, sino como *otra opción*, inscripta en el texto, abierta a la decisión activa del lector.

otra ambigüedad

La decisión de *escoger* la ceguera blanchotiana (ver que no se puede ver) frente a los dibujos involuntarios de Amalfitano abre una dimensión más de la ambigüedad que ya no depende de la multiplicidad de sentidos, sino que implica, en continuidad con lo que Blanchot escribe sobre las dos versiones de lo imaginario, lo siguiente:

> el *sentido* no escapa en otro sentido, sino en el *otro* de todo sentido y, a causa de la ambigüedad, nada tiene sentido, pero todo *parece* tener infinitamente sentido: el sentido no es más que una apariencia, la apariencia hace que el sentido se vuelva infinitamente rico, que este infinito de sentido no necesite ser desarrollado, sea inmediato, es decir, no pueda ser desarrollado, sea sólo inmediatamente vacío. (2002: 234; énfasis del original)

Este *otro de todo sentido* queda más allá de las oposiciones entre sentidos diferentes y entre el sentido y su falta. Como la Otra Noche que no es la construcción del día, porque ni siquiera se le opone (Blanchot 2002: 151-152), el otro de todo sentido no deja captarse con ninguna de las categorías disponibles al pensamiento. Ya hemos visto distintas caras de esta *otra* ambigüedad en todos los instantes logofágicos comentados arriba, donde se deshacen las oposiciones y los conceptos básicos con los que estamos acostumbrados a ordenar y explicar las cosas, a dominar la realidad, sin tomar en cuenta lo irreal que silenciosamente la habita. Esta ambigüedad no ataca las respuestas, sino que parece retroceder un paso para silenciar las preguntas antes de que se pronuncien, porque frente a lo absolutamente Otro[45] no hay pregunta capaz de formularse desde el espacio de lo Mismo. De hecho, la otra ambigüedad es el denominador común de todo lo

---

[45] Conservamos la mayúscula para marcar la diferencia entre lo Otro y lo Mismo en tanto conceptos filosóficos.

que hemos comentado en esta parte de nuestros desarrollos. Es ella la que se escenifica en los márgenes que la parapraxis inscribe en el texto, la que marca las huellas invisibles de la ausencia encarnada, y la que, finalmente, surge en las operaciones de lo figural que hace explotar ya no el sentido, sino las premisas mismas de su producción: la cadena de la significación en sus elementos más básicos[46].

Como se ha intentado demostrar en estas páginas y dado el carácter nunca obvio de los fenómenos comentados, es responsabilidad del lector elegir activamente esta ambigüedad. En definitiva, es responsabilidad del lector volverse susceptible a la proximidad muy lejana de la ausencia (no) ausente de la que surge la escritura y, frente a ella, saber reconocer la insuficiencia del pensamiento. José Ramón Ruisánchez Serra sostiene –plenamente de acuerdo con nuestra posición crítica– que la indecidibilidad de la narrativa de Bolaño implica el

---

[46] Deleuze y Guattari escriben al respecto: «L'extrême importance du livre récent de J. F. Lyotard, c'est d'être la première critique généralisée du signifiant. Dans sa proposition la plus générale, en effet, il montre que le signifiant se trouve aussi bien dépassé vers l'extérieur par les images figuratives que, vers l'intérieur, par les pures figures qui les composent, ou mieux 'le figural' qui vient bouleverser les écarts codés du signifiant, s'introduire entre eux, travailler sous les conditions d'identité de leurs éléments. Dans le langage et l'écriture elle-même, tantôt les lettres comme coupures, objets partiels éclatés, tantôt les mots comme flux indivis, blocs indécomposables ou corps pleins de valeur tonique constituent des signes asignifiants qui se rendent à l'ordre du désir, souffles et cris. [...] Partout donc Lyotard renverse l'ordre du signifiant et de la figure. Ce ne sont pas les figures qui dépendent du signifiant et de ses effets, c'est la chaîne signifiante qui dépend des effets figuraux, faite elle-même de signes asignifiants, écrasant les signifiants comme les signifiés, traitant les mots comme des choses, fabriquant de nouvelles unités, faisant avec des figures non figuratives des configurations d'images qui se font et se défont. Et ces constellations sont comme des flux qui renvoient à la coupure des points, comme ceux-ci renvoient à la fluxion de ce qu'ils font couler ou suinter: la seule unité sans identité, c'est celle du flux-schize ou de la coupure-flux. L'élément du figurai pur, la 'figure-matrice', Lyotard la nomme bien désir, qui nous conduit aux portes de la schizophrénie comme processus» (1972/1973: 235-236).

requisito ético de decidir *cada vez*, de seguir preguntando y de «asumir la responsabilidad por aquello que se pregunta» (2010: 389). En este contexto, la ya mencionada abstención bartlebyana, icnológica o sofista, ante la fijación de un sentido último es hermana gemela de la responsabilidad de la que habla Derrida, a propósito del silencio de Abraham, quien, tras haber recibido la orden divina de sacrificar a Isaac, no se lo comenta a nadie. El filósofo francés argumenta que el lenguaje suspende la singularidad absoluta del hablante, quien al aceptar expresarse dentro del sistema comunitario deja de ser sí mismo y, así, renuncia a la libertad y a la responsabilidad propias de quién es solo y único (Derrida 1999: 60-75). De un modo parecido, la decisión activa por parte del lector de *no* formular respuestas y conclusiones equivale a tomar la responsabilidad frente a la *otra* ambigüedad. Se guarda silencio –sin llegar siquiera a un pensamiento acabado– y se renuncia a repetir y a confirmar las categorías y los conceptos previstos por el sistema. Se renuncia, por lo tanto, a deshacer la otra ambigüedad, mutilándola en lo pensable y expresable.

En lo anterior se deja escuchar el eco inconfundible de la ética de Emmanuel Lévinas, para quien todo intento de definir, conceptualizar e incluso imaginar lo infinitamente otro equivale a un ejercicio de violencia: la violencia de la mismidad que, renuente a reconocer la insuficiencia absoluta de sus propias categorías, siempre intenta imponerse al otro y subordinarlo en cada pensamiento que le dirige –pensamiento, al fin y al cabo, inevitablemente violento en el mismo ademán de tomar al otro como su *objeto*. En *L'écriture et la différence*, Derrida lo explica como sigue:

> Le concept suppose une anticipation, un horizon où l'altérité *s'amortit* en s'annonçant, et de se laisser prévoir. L'infiniment-autre ne se relie pas dans un concept, ne se pense pas à partir d'un horizon qui est toujours horizon du même, l'unité élémentaire dans laquelle les surgissements et les surprises sont toujours accueillis par une compréhension, sont reconnus. On doit ainsi penser encore une évidence

dont on pouvait croire –dont on ne peut pas croire encore– qu'elle est l'éther même de notre pensée et de notre langage. Essayer de penser le contraire coupe le souffle. Et il ne s'agit pas seulement de penser le *contraire*, qui en est encore complice, mais de libérer sa pensée et son langage pour la rencontrer par-delà l'alternative classique. (1967: 141; énfasis del original)

Simplificando las cosas, para Lévinas la ética no es un sistema dado *a priori* que hay que realizar en la práctica. Lo ético –un adjetivo, más bien– puede referirse *a posteriori* a un acontecimiento concreto de la relación con el otro que va más allá de la comprensión. Esta relación traspasa la ontología que, según Lévinas, frente a la otredad opera en términos de comprensión y de totalidad (como las nociones básicas de sujeto y objeto), o sea, que es reductible a lo pensable. El infinitamente otro, que sólo se presenta en un encuentro cara a cara, traspasa la misma *idea* de la otredad que se pueda tener, y así la relación con él siempre es radicalmente asimétrica (lo infinito). Frente al otro yo no soy espectador (no lo conceptúo, no lo defino, no lo pienso), soy participante: no lo digo, sino que le hablo cara a cara, en una relación activa y desprovista de conclusiones. Lo ético, por lo tanto, es el *decir* y nunca lo *dicho*, el mismo acto de comunicar y no el mensaje (Critchley & Bernasconi 2002: 1-32)[47].

ética de lo invisible

La proximidad evidente entre la ética de Lévinas y la escritura de Blanchot –«Levinas and Blanchot [...] repeat each other as well as

---

[47] En la insistencia en la comunicación en sí, liberada del requisito utilitarista de la transmisión del mensaje, reconocemos también la concepción batailleana de la comunicación como coito, donde no sólo no se transmite ningún mensaje, sino que además se deshacen las entidades del sujeto y del objeto. Véase Hollier 1993.

they repeat *themselves*» (Wall 1999: 6-7; énfasis del original)– permite captar, en lo dicho hasta ahora, la dimensión ética de todos estos gestos inconclusos que hemos ido leyendo en la obra de Bolaño, de sus comunicaciones suspendidas y de sus figuras inubicables dentro de las categorías preexistentes. A lo largo de este libro hemos interrogado las fisuras en el texto, el cual, por consiguiente, se ha ido revelando como no-monolítico. Este texto está atravesado por una indecidibilidad que se sitúa no tan sólo a nivel diegético[48], sino también en la escritura misma donde se escenifican la diferencia, el margen, el silencio y la ausencia (no) ausente, todos ellos indefinibles. Los ecos derridianos de nuestra reflexión son más que obvios. También resuenan en ella las ideas de Luce Irigaray, quien, frente al otro, propone adoptar la mirada háptica, táctil –en oposición a la puramente visual, falocéntrica y arraigada en la mismidad–, una mirada inclusiva y no-discriminadora, transgresora de las oposiciones tradicionales. Deleuze y Guattari quienes, por su lado, dan forma a otros modos de romper con los sistemas estancados, Lyotard, Taylor, Giordano, Blesa y Didi-Huberman, todos ellos, en su pensamiento, abarcan fenómenos artísticos que no se dejan reducir a lo puramente textual ni a lo puramente visual; ni material, ni semántico, ni formal, ni estilístico, ni perteneciente a categorías fijas y exclusivas. Por su experimentación incansable con los límites del arte, Duchamp ha sido también una referencia recurrente. Por supuesto, habrían podido ser muchas más las perspectivas preocupadas por lo (no) mismo, numerosas de ellas ausentes por razones de espacio y de enfoque.

En resumen, esta multitud de voces, perspectivas e ideas, a primera vista no siempre compatibles, nos permite decir que en la narrativa de Bolaño se escribe silenciosamente esa otra ambigüedad, habitada

---

[48] La crítica de Bolaño ha establecido, de manera irrefutable, la inconclusión de la trama como uno de los mayores rasgos característicos de esa narrativa. Véase, sobre todo, Sepúlveda 2003, Moreno 2011, Olivier 2011 y Volpi 2012.

por el gesto profundamente ético de callarse –o del hablar sin jamás haber dicho, que en este contexto implica lo mismo– ante lo otro próximo e inabarcable que nunca «se entrega de frente» (Blanchot 2002: 155). Y es justamente en lo apenas perceptible de este «nunca entregarse de frente» que aquí proponemos pensar la clave ética de esta literatura. La escritura del silencio que no deja de hablar requiere operaciones sutiles que diluyan las categorías convencionales. Aquí no se trata tanto de un primer paso hacia la deconstrucción de las oposiciones, tal y como lo propone Derrida en *Positions*, donde insiste en subvertir la jerarquía violenta de los conceptos que inevitablemente se sitúan entre sí en relaciones de control (1972d: 56-57). Más bien, se trata aquí de desplazamientos minúsculos, como los del trabajo de lo figural que, en un proceso incesante, impide la solidificación de sistemas alternativos. Hay en ese carácter procesal un rechazo a situarse en oposición o en cualquier relación fija a lo reconocible (conceptos, categorías, estructuras). De ahí que estas operaciones de la escritura del silencio *no pueden* ser llamativas, ni siquiera bien visibles, porque tampoco existen herramientas o lentes adecuados para captarlas: son aperturas infinitesimales en las que retrocede la autoridad de lo Mismo.

Frente a esta escritura escurridiza, el lector tiene una tarea compleja y difícil que en cierto sentido requiere su propio sacrificio. Patricia Poblete Alday sostiene, a propósito de *2666*, que «[l]a saturación del espacio (tanto el textual como el plástico), problematiza la relación figura-fondo sobre la cual opera nuestro discernimiento, volviéndonos incapaces de separar lo relevante de lo accesorio» (2010: 122), y así involuntariamente da en el blanco: el texto de Bolaño le ofrece al lector *la oportunidad de ser incapaz* de separar las dos cosas, es decir, lo invita a darse cuenta no sólo de la ineficacia de su actitud interpretativa, sino también de la violencia inherente a las jerarquizaciones que condicionan su funcionamiento. La consecuencia de abrir la escritura al silencio es que ya no haya en ella cosas relevantes ni accesorias, porque, en la decisión ética de «callarse» frente a lo otro, la misma base de tal división permanece ausente. Los instantes de operaciones apenas visibles que nos ocupan aquí (no) se revelan en toda su otra ambigüedad sólo cuando el lector deja de intentar entenderlos, porque eso equivaldría a mortificarlos mediante el intento de adjudicarles un sentido o de fijarlos en relación a los conceptos y a las categorías que ellos, precisamente, transgreden. Son figuras que operan más allá del principio de la inteligibilidad:

> [s]i donc la matrice est invisible, ce n'est pas parce qu'elle relève de l'intelligible, c'est parce qu'elle réside dans un espace qui est encore au-delà de l'intelligible, est en rupture radicale avec la règle de l'*opposition*, est entièrement sous la coupe de la *différence*. (Lyotard 2002: 339; énfasis del original)

El sacrificio, en el texto, del aparato de significación y de producción de sentido implica otro sacrificio por parte del lector. De acuerdo a Blanchot y Lévinas, para que el lector pueda participar en la escritura que sólo comunica su propio *il y a*, tiene que elegir la ceguera. Lo anterior implica la resignación del cono de la perspectiva, cuya operatoria se da inevitablemente en los términos binarios de la relación sujeto-objeto, para activamente dejarse situar en lo infinito donde ya no se ofrecen puntos de referencia algunos. El abandono de una visión asentada en el cono de la perspectiva y, con ello, todas sus implicaciones ontológicas, dialogan con la reflexión de Nishitani revisada, quien propone el des-encuadramiento radical tanto del objeto como del sujeto-espectador, y la dilución de ambos en el campo expandido del vacío o de la nada. Aquí, otra vez, se dejan entreoír las palabras de Lyotard:

> L'œuvre est pensée non pas comme une réalité clinique à fonction expressive, mais plutôt comme un «objet transitionnel», dont le statut quant au clivage en extériorité et intériorité n'est ni comme celui du

fantasme, proprement imaginaire (objet intérieur), ni réel comme celui de l'objet total, mais analogue à celui du sein: dehors et dedans à la fois, échappant à l'épreuve de réalité, mais pourtant non dissipable au même titre qu'une scène imaginaire [...] il oscille entre l'espace de représentation et celui de perception. (2002: 357; énfasis del original)

El des-encuadramiento de la escritura que ocurre en el espacio entre su referencialidad y su percepción, el gesto de situarla más allá del sistema de significación y de producción de sentido, también pueden resultar en la dilución de los límites del lector en tanto que sujeto receptor, quien, en consecuencia, empezaría a verse envuelto en la «nada» invisible, en el «vacío» que sostiene y penetra su campo perceptivo. Esta dilución implica un esfuerzo ético por parte del lector, quien activamente decide resignar su posición privilegiada frente al objeto de su atención y abandonar el afán utilitarista de su búsqueda –del mensaje, de la respuesta, del sentido.

Con todo, el reto ético inscripto en *2666* podría pensarse de la siguiente manera: en esta escritura, los desplazamientos apenas perceptibles requieren una de-subjetivación voluntaria por parte del lector. De este modo, le ofrecerían la oportunidad de percibir los trazos del silencio a condición de abandonar el intento de percibirlos. Es justamente en el carácter contradictorio de esa tarea donde resuena la ética de Lévinas, que podría parafrasearse con las palabras de Blanchot: «[l]'aveuglement est vision encore, vision qui n'est plus possibilité de voir, mais impossibilité de ne pas voir, l'impossibilité qui se fait voir» (1955: 27). De-subjetivarse en tanto que lector significaría, entonces, la difícil labor ética de deconstruir su propia perspectiva anclada en el presupuesto de la *finitud* tanto del objeto como del sujeto. Radicalmente des-encuadrado, el lector no sólo abandonaría las categorías y los conceptos, junto con el anhelo de interpretar, más bien y ante todo, llegaría a la experiencia de lo infinito. Allí no habría división alguna, ni entre literatura y vida, ni entre locura y cordura, ni entre sentido y sinsentido, y, en la ausencia de categorías, anterior a toda experiencia, el Otro podría tener lugar[49] sin ser expuesto a la violencia de las conclusiones ni mucho menos a la de los juicios, los cuales surgen del pensamiento ontológico que opera con totalidades.

blanco infinito

Alguien en alguna parte comenta la ruptura que el gesto gráfico del párrafo produce en el monolito del texto como el silencio breve de tomar aliento, una pausa minúscula en la que el otro (otra idea, otro discurso, lo otro) tiene la oportunidad de instaurar su voz[50]. Consecuentemente, los espacios en blanco, las entrelíneas vacías de escritura, serían marcadores gráficos del retiramiento del discurso

---

[49] Derrida, en *L'écriture et la différence*, escribe sobre Lévinas: «Il faut que les catégories manquent pour qu'Autrui ne soit pas manqué» (1967: 152).

[50] Desde esta perspectiva, la visualidad de *Nocturno de Chile* (Bolaño 2000), un texto compuesto por un solo párrafo de 139 páginas seguidas y otro de apenas una línea, parece delatar la hipocresía del narrador, el cura Ibacache. Éste, en lo que puede ser un último intento de justificar sus acciones, insiste en la importancia del silencio: «Hay que ser responsable. Eso lo he dicho toda mi vida. Uno tiene la obligación moral de ser responsable de sus acciones y también de sus palabras e incluso de sus silencios, sí, de sus silencios, porque también los silencios ascienden al cielo y los oye Dios y sólo Dios los comprende y los juzga, así que mucho cuidado con los silencios. Yo soy responsable de todo. Mis silencios son inmaculados. Que quede claro. Pero sobre todo que le quede claro a Dios» (Bolaño 2000: 11-12). Sus «silencios inmaculados», que de hecho equivalen a la sordera y la ceguera benévolas frente a los crímenes de la dictadura militar en Chile, corresponden al silencio como *tema* recurrente en este monólogo caudaloso que, en la exposición ininterrumpida de sus razones, de hecho ahoga las otras voces posibles, incluso antes de que puedan oírse. Efectivamente, una vez que este discurso monolítico se suspende en un punto y aparte, «se desata la tormenta de mierda» (Bolaño 2000: 150), como si en el segundo mini-párrafo se anunciara la explosión de todo aquello que la argumentación interior de Ibacache –compuesta, podríamos decir, sólo de palabras últimas y definitivas– hasta este punto lograba callar con la máxima tensión de sus reglones unidos.

principal que, callándose, deja que en su seno mismo resuene(n) lo(s) otro(s) (silencios o voces). El blanco adquiere así un peso mucho mayor que el de un elemento puramente estructural y llega a importar igual que las palabras, siendo ya no un componente visual imprescindible y subordinado a la legibilidad de la escritura, sino, al contrario, un espacio donde se gestan otras tensiones. Estas tensiones son las tensiones del (no) acontecimiento del himen que en el texto separa y une, que es un pliegue entreabierto, ni afuera ni adentro, atravesado y al mismo tiempo no atravesado (Derrida 1972: 298), del que no surge ningún *sentido* además del (sin)sentido del espaciamiento (Derrida 1972: 293).

A propósito de *2666*, Carlos Walker propone pensar los espacios en blanco que «dan forma a la novela» en términos de una suspensión que «ocupa con respecto a la lógica del relato, el mismo lugar de lo informe con respecto a la imagen, es decir, se erige como principio de animación, movimiento y puesta en tensión de los elementos que intervienen» (2013: 250). La suspensión dinámica que los espacios en blanco instauran en el texto, cabría añadir, pone en movimiento no sólo a la lógica del relato, sino también a sus propios principios de funcionamiento y, por consiguiente, al «dar forma a la novela», no deja que esta forma se solidifique en tanto organización espacial de unidades significantes. El espacio recurrente de la suspensión de la escritura parece establecer una lógica que divide el material en hilos narrativos según los criterios temporal, espacial y/o temático, pero, como lo informe evocado por Walker, si establece algo, es para subvertirlo. De ese modo, a veces el himen retrocede por completo y el texto fluye ininterrumpido, estructurado tan sólo por su autoproducción, a riesgo de perderse en su propia logorrea[51]. Otras veces, de repente

---

[51] Como ejemplo de esto cabe evocar el monólogo selvático de La Santa (535-542), el linaje de Lalo Cura (693-698) o la historia de Lotte que se narra ininterrumpida desde que la voz narradora anuncia: «por fin llegamos a Lotte

aparece donde «no debería», en medio de un pensamiento –como aquél dedicado al *readymade* de Duchamp que inspiró la instalación de Amalfitano (245)– o incluso en medio de una frase –como la del viejo escritor que le alquila a Archimboldi su máquina a escribir:

> [...]
> –Yo fui escritor –dijo el viejo.
>
> –Pero lo dejé.
> [...] (981)

Sin sugerir ninguna interpretación de los instantes referidos –aunque la fragmentación *diferente* provoca la resignificación dinámica de cada uno de ellos, lo cual inevitablemente afecta el resto del texto– puede decirse que los espacios himenales, que así marcan su (no) presencia en esa escritura, des-encuadran las unidades narrativas en lugar de trazar sus contornos. La obra entera podría pensarse, entonces, como una puesta en práctica del campo extendido del vacío o de la nada que, situándose fuera de la tradición del racionalismo ocularcentrista, crea un espacio indecidible de la potencialidad y de la inconclusión radical. La escritura aparecería como un movimiento constante de tensiones y afectos, tal y como proponen Deleuze y Guattari, porque el espacio en blanco no es el fin de la escritura ni tampoco es el espacio de una ausencia anti-escritural, sino que en él se abre el otro de toda escritura y de todo sentido, un cierto silencio infinito que también se escribe en ella.

Si pensamos así los espacios en blanco, no podemos sino dudar de la decisión de Ignacio Echevarría y de Jorge Herralde de publicar las cinco partes en un mismo volumen (11), lo cual no sólo, en cierto sentido, reduce el espacio entre ellas, sino que también las cimienta

---

Reiter» (1082), hasta que Archimboldi, encontrado después de muchos años sin verse, prometa ocuparse de todo (1116).

juntas en una totalidad. Al fijar de este modo la relación entre ellas –una relación indefinida de distancia o de cercanía ¿espacial, temporal, semántica?–, se elimina la dinámica espontánea del proceso de lectura que, si cada parte se hubiera publicado separadamente, habría podido operar en función del tiempo, abierto al azar, ofreciendo múltiples configuraciones (incluida la parcialidad) y ninguna de ellas «correcta»[52]. La inclusión de este espacio anomal entre las partes de *2666* abre el texto a lo infinito. De este modo, con la dilución de los

---

[52] Este carácter desprovisto de certezas, renuente a apostar por cualquier tipo de mismidad (unidad, consecuencia, lógica) parece realizar el «estilo plural» que Derrida propone como manera de liberarse de la tiranía de la «interpretación» (Chakravorty Spivak 1997: xxix). Y esto no sólo a través de la fragmentación del relato, de perspectivas múltiples y movedizas, de una voz narrativa inubicable y de la inclusión de otros discursos (como, por ejemplo, en las largas citas incorporadas en el flujo del relato), sino también a un nivel menos visible que es el de la organización gráfica del texto. Las cinco partes no están organizadas de la misma manera, aunque en todas ellas los módulos de base son el bloque textual y el espacio de una entrelínea en blanco: en las partes 1ª, 3ª y 5ª, se mantiene la división en párrafos con sangrías y se marcan los diálogos, nada de lo cual se hace en la 2ª y la 4ª, ambas compuestas de bloques textuales indiferenciados. No obstante, en la estructura «monolítica» de «La parte de Amalfitano» y de «La parte de los crímenes», se abre *una* sola fisura: se marca una sola elocución dialógica (291) y se divide un solo bloque textual en párrafos con sangrías (686-689), respectivamente. Parece relevante apuntar que esta ligera vacilación, esas oscilaciones tan minúsculas que incluso podrían pensarse como inconsecuencias accidentales o simples descuidos, impiden la cimentación de cualquier sistema, como si el texto de hecho siguiera diciéndose, en términos levinasianos, sin jamás llegar a lo definitivamente dicho. Pero también es otra cosa: más allá de la cuestión de la intencionalidad de la escritura que, siguiendo a Derrida, nunca puede determinarse por completo (1972b), surge la idea del error o de la imperfección e, infaliblemente, la de la norma o modelo ideal que, según se propone aquí, la obra de Bolaño no deja de indagar de modo realmente nietzscheano. Desde esta perspectiva, resulta sintomático que los empleados de la editorial del señor Bubis se entretengan con la lectura del *Libro de errores* y que el error favorito de Archimboldi sea el siguiente: «Empiezo a ver mal, dijo la pobre ciega» (1059).

contornos de la obra —compuesta tanto del texto como de su otro—, se borraría la *posibilidad misma* de *su última palabra y de último sentido*, para decirlo con Philippe Sollers (1968: 58).

FINAL

> Nous restons leibniziens, bien que ce ne soit plus les accords qui expriment notre monde ou notre texte. Nous découvrons de nouvelles manières de plier comme de nouvelles enveloppes, mais nous restons leibniziens parce qu'il s'agit toujours de plier, déplier, replier.
>
> Gilles Deleuze

SIN TÍTULO

En el contexto de todo lo dicho hasta ahora, el título de la obra de Bolaño, *2666*, estaría doblemente desplazado en su función convencional de dar nombre —es decir, de encuadrar— al texto que encabeza. Por un lado, es relevante el gesto de la sustitución del sistema lingüístico (palabra) por el sistema numérico (cifra), porque así se opera una descentralización de la autoridad del código habitualmente vinculado con la literatura. Esto puede verse como una sutil advertencia al lector sobre lo convencional que es el aparato que informa su experiencia del texto. Por otro lado, con el correr de la lectura, se hace patente que el título no se «refleja» en ninguna de las secciones de la obra a las que conecta: ninguna de ellas le ofrece «motivación» alguna, es decir, ninguna confirma su autoridad. Según Jean-Joseph Goux, el título suele ser la «pensée encore impensée du réseau [...], une pensée du texte» (Derrida 1972: 211), es decir, suele *ofrecer una perspectiva* a través de la cual es preciso abordar el texto. Aquí, sin embargo, como en el experimento de imaginación propuesto por Paul Valéry y evocado al principio de nuestros desarrollos, por falta de «reflejo» que lo justifique desde adentro del texto, el título es dislocado de su posición privilegiada frente a aquello que supuestamente ilumina, y se queda lleno de una ausencia referencial, dejando así de *encuadrar* las cinco secciones que lo siguen. De ese modo, se dinamiza la relación entre el título y el cuerpo de la obra que aquél encabeza. La «mirada» de las cifras «2666» pierde su firmeza de significación y, ya menos centrada y monocular, más que fijar lo que abarca en una estructura subordinada a sus leyes de producción de sentido, se abre y abre el todo llamado *2666*, des-orientando sus ejes de orientación (arriba-abajo, dentro-fuera)[1].

Los títulos de las cinco «partes», a pesar de cumplir su función referencial (contienen los nombres de los protagonistas de las secciones que encabezan), también resultan problemáticos. Al denominarse «parte», las cinco secciones de *2666* parecen definirse *en relación* a una serie, a un todo, de modo que su individualidad resulta secundaria.

---

[1] La crítica específica de la obra de Bolaño está bastante dividida ante la cuestión del título de *2666*. Muchos, como Florence Olivier (2007) y Arndt Lainck (2014), resaltan las connotaciones apocalípticas que tiene la combinación de nuestro milenio, «2000», con la cifra de la Bestia del Apocalipsis de san Juan, «666». Otros, como Patricia Poblete Alday (2010) y Carlos Walker (2013), buscan leerlo a través del resto de la obra de Bolaño e interpretan «2666» como una fecha profética del «triste destino de la humanidad» (Poblete Alday 2010: 25-27), como el «cementerio futuro» al que se alude en *Amuleto* y en *Los detectives salvajes*. Poblete Alday, además de estar de acuerdo con la interpretación apocalíptica del título en cuestión, sugiere pensarlo a través de la numerología. Una lectura radicalmente opuesta a las aquí mencionadas la ofrece Brett Levinson, quien propone liberar *2666* de los sistemas referenciales preexistentes, sosteniendo que «*2666* refers to nothing but itself, to the Bolaño ouevre it names» (2009: 187). Nuestro trabajo busca posicionarse en cierta proximidad con la propuesta de Levinson, aunque insistimos más bien en entender el título de la última obra de Bolaño como un gesto de apertura, es decir, como un movimiento que permite liberar la obra de las redes de significación, pero sin por eso excluir ninguna posibilidad interpretativa. Lo importante, desde esta perspectiva, es mantener el dinamismo de la relación entre el título y la obra en vez de cerrar y cimentarla en una lectura definitiva.

Así, estos títulos *relacionales*, que siempre ya implican el carácter no por entero autosuficiente ni completo de las entidades que encabezan, se suspenden a sí mismos en la función de captar y definir lo único. Su referencialidad parece abierta, puesto que el «todo» implicado en la idea de «partes» también se resiste a la determinación, ya sea desde «arriba», por el enigmático título de la obra, o desde «abajo», por la diversidad de contenido de las cinco secciones. De este modo, los títulos relacionales dejan cada una de las «partes» medio *descabezadas*, medio-acéfalas, retomando a Bataille, libres de encuadres preestablecidos. Las «partes», entonces, no sufren la «violencia del nombre propio» (Derrida 2014: 151); se ubican, más bien, en un espacio indecidible entre pertenencia (al sistema) e independencia (de la individualidad), entre parte e individualidad. Así, dotadas de títulos no convencionales, las cinco entidades medio-acéfalas mantienen, paradójicamente, su libertad de contornos, de límites, porque éstos permanecen diluidos en lo informe que no se expresa ni se define, ni se deja encuadrar desde la perspectiva racionalista que quisiera saber las cosas con certeza.

A la luz de la reflexión anterior, la obra, cuya representacionalidad nos ha ocupado a lo largo de estas páginas, parece auto-presentarse como renuente a la totalización. El todo, compuesto de partes medio-acéfalas, al no subordinarse a ninguna ley ni clave definitiva, carece de límites indudables, se abre de ese modo hacia el infinito[2]. Joaquín Manzi expresa bien esta apertura del todo en la obra de Bolaño ante lo ausente, lo silencioso, lo desconocido:

> El todo aparece incompleto e inestable. El todo está siempre en ciernes, por venir [...] El todo se hace por fin visible en las asociaciones

---

[2] Incluso la certeza palpable del pesado volumen, que suele ser la apariencia material de la obra, se soporta en fundamentos vacilantes, sobre todo si recordamos la última voluntad de Bolaño, quien quiso que las cinco «partes» de *2666* se publicaran por separado (11).

improbables que Bolaño llamaba «Cócteles» o «Lecturas cruzadas» y a veces permanecen suspendidos en un espacio en blanco:
 –Duchamp y Matsuo Basho
 –Byron y Marcial
 –Hölderlin y Aimé Césaire
 –Sor Juana Inés de la + y Violeta Parra
 –[…]
 –Shakespeare y Mario de Sá-Carneiro
 –Sylvia Plath y […]
 –Góngora y Espronceda
 – /
 Allí mismo está el todo: en el vacío que deja vacante una analogía con Sylvia Plath, o en el cóctel final, que queda en blanco, colgado de la barra diagonal entre dos espacios en blanco. Mínimo y diverso, local y menor, el espacio en blanco es la forma de un cuerpo sutil y discreto entre las formas. (2014: 11)

Con las palabras de Manzi en mente, podemos decir que la dinámica de los títulos acéfalos de *2666* borra los contornos de la obra. En otros términos, dado el carácter abierto del todo que es *2666* –y aquí, vale recapitular, es cuestión de una apertura semántica (los títulos no autoritarios y anti-jerárquicos) y estructural (las partes separadas/conectadas por espacio-tiempos indecidibles)–, y si se considera que éste incluye a lo ausente e indefinido, podemos imaginar que la novela se comporta como el pato-conejo, sobre el que Ludwig Wittgenstein escribe lo siguiente: «I *see* that it has not changed; and yet I see it differently. […] But we can also *see* [an image] now as one thing, now as another. – So we interpret it, and *see* it as we *interpret* it» (2009: 203e; énfasis del original).

Figura 8. Imagen ambigua: pato-conejo.

escribir sobre

En el comienzo de su estudio sobre Bataille, Denis Hollier plantea la siguiente dificultad:

> Ceci (donc) sera-t-il une étude sur Bataille?
> Mais le discours «*sur*» est l'exemple même du discours *sûr*. Il se déploie avec assurance dans un domaine dont il a pris possession, qu'il a inventorié après l'avoir tout d'abord clôturé, ce qui lui garantit une sécurité hors de question. [...] On se donne un objet sur lequel on s'appuie. (1993: 53; énfasis del original)

Al terminar esta reflexión sobre la inestabilidad representacional del *magnum opus* de Bolaño, podemos asumir el riesgo esencial de confrontarnos con un interrogante parecido: ¿Ha sido (entonces) un estudio sobre *2666*? Si se toma en cuenta todo lo dicho hasta ahora

–la insistencia en la fluidez de aquella representación procesal, en la desterritorialización constante de cada uno de sus niveles– no debería caber duda alguna de que la obra del autor chileno no permite ser cerrada ni entrega certezas, ni mucho menos puede servir de apoyo para un discurso que ofrezca conclusiones definitivas. Más bien, tal vez, sería adecuado reconocer que éste ha sido un estudio *al lado de* o, quizás, *en torno a 2666*. Se ha tratado, pues, de indagar lo visual en una obra cuya auto-subversión esquiva la visión total, y a la que sólo ha sido posible aproximársele a tientas.

Para expresar mejor el tipo de desafío con que nos hemos enfrentado, puede servirnos la reflexión de Georges Didi-Huberman a propósito de las vídeo instalaciones del artista americano James Coleman:

> Coleman déçoit donc, chez son spectateur, le vœu – ou l'idéal – de «stabiliser» l'image pour mieux «fixer» le vocabulaire […]. Il n'est facile de décrire un papillon que lorsque celui-ci se présente à nous ailes ouvertes, épinglé, mort dans sa vitrine; mais comment décrire le papillon vivant, en vol, battant des ailes? Que l'image soit instable, cela signifie qu'elle voue notre langage lui-même – qu'il s'agisse d'interpréter ou même, seulement, de décrire ce que nous voyons – à l'oscillation des temps et des aspects. (Didi-Huberman 2014: 63-64)

En este sentido, podemos decir que *2666* se comporta como una imagen inestable, cuya existencia dinámica pone trabas a los intentos de describirla, puesto que sus contornos siempre ya parecen otros. La relación que Didi-Huberman observa entre la inestabilidad de las imágenes y la vacilación de nuestro lenguaje tiene algo en común con el des-encuadramiento del sujeto que Nishitani correlaciona con el borramiento de los contornos del objeto de la visión. Como las estructuras habituales de la aprehensión visual del mundo se desvanecen –el «cono» de la perspectiva visual cede el paso a la pertenencia al campo abierto del vacío–, el orden del discurso seguro / sobre (*sûr*

/ *sur*), valga la analogía, se muestra impotente ante aquello que se niega a la fijeza.

Ante el vuelo de la mariposa, sugiere Didi-Huberman, en vez de constatar, sólo se puede *essayer dire*. No *essayer de dire* –ésta es la construcción habitual en francés–, porque ello implicaría que el objetivo de ese intento sea *haber dicho*, es decir, haber llegado a formular lo que está por decir. *Essayer dire*, en cambio, «c'est plutôt une façon de pousser l'acte de connaissance au-delà des cadres discursifs préexistants» (2014: 71). Según Didi-Huberman la experiencia de estar ante una imagen es comparable con lo que sucede cuando uno busca una palabra, un nombre «olvidado». Esto nos permite volver a evocar el *retraso* del que Valéry habla en su carta a Louÿs: ante la inestabilidad de la imagen, la palabra que uno busca no llega nunca, pues ella no forma parte del lenguaje disponible. Por ello, *essayer dire* significa intentar expresar ese mismo estado de suspensión «entre una cosa y ella misma» (Valéry, citado en Agamben 2007: 126), a pesar y en contra de las convenciones, con frases intuitivas y abiertas que se saben nunca definitivas. En lo que concierne a nuestro trabajo, podemos resaltar el carácter intuitivo de la escritura «en torno a» *2666*, cuya construcción se vio muchas veces forzada a recurrir a metáforas con el fin de expresar los procesos que atraviesan el todo abierto de la obra de Bolaño. Ese todo que no cambia, pero que cada vez aparece como diferente, tal y como el pato-conejo de Wittgenstein.

gesto

A lo largo de nuestra deambulación por los (des)territorios de lo visual en *2666* ha sido latente su dimensión táctil. Esta dimensión se ha dejado notar en la insistencia física de las tácticas de obstrucción de la visión sistémica –ellas operan con la sobra y con el vacío, saturan el espacio de la representación de imágenes repetitivas hasta que ellas ya no se ven y, al mismo tiempo, dan todo a ver menos lo más frágil, lo más humano. Una insistencia parecida en el contacto inmediato ha regido el movimiento dinámico de las imágenes que se tocan entre sí y cuyo roce desencadena en el texto epidemias de semejanzas incontrolables; ha condicionado las operaciones de lo figural que tratan las palabras como cosas, desplazándolas en el espesor del texto y, finalmente, se ha revelado en la materialidad de las páginas impresas, donde, tal vez, diferentes universos paralelos llegan a rozarse. La introducción de la dimensión háptica en la gestación de lo visual en la obra de Bolaño puede pensarse en los términos propuestos por Luce Irigaray, los que implican la cercanía real en vez de la distancia de la visión. La mirada háptica, para Irigaray, ya lo sabemos, comprende la apertura y el respeto frente a la otredad, y ésta en vez de ser objetivada por el conocimiento racional y jerarquizado, requiere la proximidad y el contacto.

Pensemos ahora un *visual háptico* en *2666*, y pensémoslo en términos de *gesto*. Según Aby Warburg, afirma Didi-Huberman, el gesto «se trouve à la charnière exacte de cette "articulation naturelle entre le mot et l'image"» (2014: 74). Gesto desencarnado, gesto literario, lo visual háptico se sitúa, entonces, *entre* las dos grandes categorías tradicionalmente confrontadas en el paragone: ni palabra ni imagen. El aspecto táctil introduce un malestar en lo puramente visual, porque en la proximidad del roce la visión se queda impotente, ciega al contacto directo, mientras que lo visual deviene informe y esquiva la representación. El gesto, argumenta Didi-Huberman siguiendo a Wittgenstein, suele aparecer cuando faltan palabras adecuadas (2014: 73). De ahí que podamos pensar el gesto como un intento de expresión, más allá de los marcos discursivos preexistentes, de aquello que traspasa las categorías y los conceptos disponibles.

A modo de intuición final, queremos proponer que en la obra de Bolaño el gesto de lo visual háptico puede considerarse como esencialmente subversivo frente a la representación en cuanto tal. No sólo porque se sitúa *entre* las categorías palabra-imagen, sino, sobre todo, porque transgrede la distinción entre representación y presencia, es decir, porque supera la distancia entre sujeto y objeto. En este sentido, cabe destacar que en el transcurso del presente trabajo hemos dicho lo siguiente:

1. en «La parte de los crímenes», la estrategia doble de obstruir la mirada mediante la saturación y la ceguera determina la introducción en la mente del lector de imágenes horrorosas que lo asedian con una perseverancia especial, pues surgen de un vacío que el lector llena con su propia imaginación;

2. los movimientos inadvertidos de lo visual en lo onírico penetran en el cuerpo del lector bajo la forma de una inquietud inexplicable, típica de las micro-percepciones de las que nos habla Leibniz;

3. las desgarraduras apenas perceptibles en la superficie del texto requieren la de-subjetivación voluntaria por parte del lector, para de esta forma ofrecerle la oportunidad de percibir los trazos del silencio, a condición de abandonar el intento de percibirlos.

En las operaciones de lo visual en *2666* destacadas en lo anterior, dos elementos parecen repetirse con diferencia y permiten de ese modo, tal vez, rastrear la dinámica entre lo visual y lo háptico como fruto de una interdependencia entre ambos. Por un lado, resulta llamativo el carácter inadvertido, apenas perceptible o incluso invisible de los espacios trabajados por lo visual; por otro, puede observarse una suerte de expansión o extensión de sus operaciones al territorio de la subjetividad del lector. Como si, desde el espacio periférico de lo apenas visible que la visión no logra captar por entero, lo visual se transformara en el *gesto* —que aparece cuando faltan palabras— de tocar al lector, más allá y a pesar de las estructuras de comunicación disponibles dentro de la representación literaria. En ello, lo otro, lo marginal, lo no-representado se *presentaría*, encarnándose no tan sólo en la forma del texto de Bolaño, sino también —como un proceso sin límites definibles, semejante al *Readymade Malheureux* de

Marcel Duchamp– en el cuerpo y en la mente del lector, a modo de una cierta inquietud inubicable que resulta determinante en la narrativa del autor chileno. Esto permitiría leer *2666* ya no tanto como una obra realista, sino, más bien, *infrarrealista*, dada su permanente transgresión de la frontera entre la representación artística y la vida. La clandestinidad esencial de este fenómeno, donde reside su fuerza subversiva frente a los sistemas establecidos, depende del terreno en que sus manifestaciones tienen lugar, a saber, de ese indefinible espacio del *entre* y de sus procedimientos respectivos –fluidos y renuentes a establecerse. Entonces, lo que aquí proponemos llamar «visual háptico» sería portador de un germen subversivo frente al aparato representacional, lo cual tendría implicaciones éticas, cuya importancia se corresponde con la apertura profunda de la obra de Bolaño: habitada por el silencio de lo Otro invisible e inimaginable.

BIBLIOGRAFÍA

Adcock, Craig (2016): «Duchamp's Perspective: The Intersection of Art and Geometry». En *Toutfait*: <http://toutfait.com/duchamps-perspectivethe-intersection-of-art-and-geometry/>.
Agamben, Giorgio (2000): «Marginal Notes on *Comments on the Society of the Spectacle*». En *Means without end. Notes on Politics*. Minneapolis / London: University of Minnesota Press, 73-89.
— (2002): «Difference and Reptition: On Guy Debord's Film». En McDonough, Tom (ed.): *Guy Debord and the Situationist International. Texts and Documents*. Cambridge: The MIT Press, 313-319.
— (2007): «El Yo, el ojo, la voz». En *La potencia del pensamiento. Ensayos y conferencias*. Buenos Aires: Adriana Hidalgo, 115-136.
— (2011): «¿Qué es un dispositivo?». En *Sociología* 26 (73): 249-264.
Anderson, Douglas (1984): «Peirce on Metaphor». En *Transactions of the Charles S. Peirce Society* 1984/20/4: 453-468.
Andrews, Chris (2005): «Algo va a pasar: los cuentos de Roberto Bolaño» En Moreno, Fernando (ed.): *Roberto Bolaño: una literatura infinita*. Poitiers: Université de Poitiers / CNRS, 33-40.
— (2014): *Roberto Bolaño's Fiction. An Expanding Universe*. New York: Columbia University Press.
Ardenne, Paul (2006): *Extrême. Esthétiques de la limite dépassée*. Paris: Flammarion.
Arvidson, Jens (2015): «Principles of Reverse Ekphrasis». Manuscrito.
Asensi Pérez, Manuel (2010): «Atreverse a mirar por el agujero: lo real y lo político en *2666* de Roberto Bolaño». En *Roberto Bolaño: Ruptura y violencia en la literatura finisecular*. México: Eón, 343-368.
Augé, Marc (1997): *L'Impossible Voyage. Le tourisme et ses images*. Paris: Éditions Payot & Rivages.
— (1997a): «De l'imaginaire au "tout fictionnel"». En *Recherches en communication* 7: 105-120.

BACHELARD, Gaston (2013): *La poétique de la rêverie*. Paris: Quadrige / PUF.
— (2014): *L'air et les Songes. Essai sur l'imagination du mouvement*. Paris: Le Livre de Poche.
— (2014a): *L'Eau et les Rêves. Essai sur l'imagination de la matière*. Paris: Le Livre de Poche.
BALDERSTON, Daniel (1985): *El precursor velado: R. L. Stevenson en la obra de Borges*. Buenos Aires: Sudamericana.
BARTHES, Roland (1980): »La Chambre claire. Note sur la photographie». En Marty, Éric (ed.) (1995): *Œuvres complètes. Tome III: 1974-1980*. Paris: Éditions du Seuil.
— (1987): «La muerte del Autor». En *El susurro del lenguaje. Más allá de a palabra y de la escritura*. Barcelona / Buenos Aires / México: Paidós, 65-71.
BATAILLE, George (1979): *La Littérature et le mal*. Paris: Gallimard
— (1986): *Théorie de la religion*. Paris: Gallimard.
BAUDRILLARD, Jean (1978): *Cultura y simulacro*. Barcelona: Kairós.
— (2008): *Pourquoi tout n'a-t-il pas déjà disparu?* Paris: Carnets de L'Herme.
BEJARANO, Alberto (2010): «Littérature impolitique». En *Salon double*: <http://salondouble.contemporain.info/node/305>.
— (2014): *Ficción e historia en Roberto Bolaño: Buscar puentes sobre los abismos*. Tesis inédita.
BELLOUR, Raymond (1985): «An Interview with Bill Viola». En *October* 34: 91-119.
BELTING, Hans (2009): *Looking through Duchamp's Door. Art and Perspective in the Work of Duchamp. Sugimoto. Jeff Wall*. Köln: Verlag der Buchhandlung Walter König.
— (2011): *Anthropology of Images. Picture, Medium, Body*. Princeton / Oxford: Princeton University Press.
BENJAMIN, Walter (1972): «A Short History of Photography». En *Screen* 13 (1): 5-26.
BIDENT, Ch. & VILAR, P. (eds.) (2003): *Maurice Blanchot. Récits critiques*. Tours: Farrago.

Binswanger, Ludwig (1986): *Dream and Existence*. En *Review of Existential Psychology and Psychiatry* XIX (1): 79-105.
Blanchot, Maurice (1955): *L'espace littéraire*. Paris: Gallimard.
— (1994): *El paso (no) más allá*. Barcelona: Paidós.
— (2002): *El espacio literario*. Madrid: Editora Nacional.
Blesa, Túa (1998): *Logofagias. Los trazos del silencio*. Zaragoza: Universidad de Zaragoza / Facultad de Filosofía y Letras.
Bolaño, Roberto (1999): *Monsieur Pain*. Barcelona: Anagrama.
— (2000): *Nocturno de Chile*. Barcelona: Anagrama.
— (2007): *El secreto del mal*. Barcelona: Anagrama.
— (2009): *Entre paréntesis. Ensayos, artículos y discursos (1998-2003)*. Barcelona: Anagrama.
— (2010): *2666*. Barcelona: Anagrama.
— (2010a): *Los detectives salvajes*. Barcelona: Anagrama.
Bolognese, Chiara (2009): *Pistas de un naufragio. Cartografía de Roberto Bolaño*. Santiago de Chile: Margen.
Borges, Jorge Luis (1974): *Obras completas*. Buenos Aires: Emecé.
Braithwaite, Andrés (2011): *Bolaño por sí mismo. Entrevistas recogidas*. Santiago de Chile: Ediciones Universidad Diego Portales.
Brea, José Luis (2010): *Las tres eras de la imagen. Imagen-materia, film, e-imagen*. Madrid: Akal.
Brown, Bill (2010): «Materiality». En Mitchell, W. J. T. & Hansen, Mark B.N. (eds.): *Critical terms for media studies*. Chicago: The University of Chicago Press, 49-63.
Bryson, Norman (1988): «The Gaze in the Expanded Field». En Foster, Hal (ed.): *Vision and Visuality*. Seattle: Bay Press, 87-108.
Carrillo Canán, Alberto J. L. (2007): «La fotografía y la libertad. La crítica cultural de Flusser». En *A Parte Rei. Revista de Filosofía* 51: <http://serbal.pntic.mec.es/~cmunoz11/carrillo51.pdf>.
Catalán, Pablo (2003): «Los territorios de Roberto Bolaño». En Espinosa, Patricia (ed.): *Territorios en fuga. Estudios críticos sobre la obra de Roberto Bolaño*. Santiago de Chile: Frasis, 95-102.
— (2005): «Roberto Bolaño: un laberinto narrativo». En Moreno, Fernando (ed.) *Roberto Bolaño: una literatura infinita*. Poitiers: CRLS / Archivos, 53-67.

CHAKRAVORTY Spivak, Gayatri (1997): «Introduction». En Derrida, Jacques (1997): *Of Grammatology*. Baltimore: The John Hopkins University Press, ix-xc.
CHARCHALIS, W, Żychliński, A. (eds.) (2015): *Katedra Bolaño. Szkice krytyczne*. Poznań: Wydawnictwo Naukowe UAM.
CHEJFEC, Sergio (2015): *Últimas noticias de la escritura*. Zaragoza: Jekyll & Jill.
COLEBROOK, Claire (2000): «Questioning Representation». En *Substance* 92: 47-67.
— (2002): *Understanding Deleuze*. Crows Nest NSW: Allen & Unwin.
CORRO PEMJEAN, Pablo (2005): *Dispositivos visuales en los relatos de Roberto Bolaño*. En *Aisthesis* 38: 123-135.
CRARY, Jonathan (2013): *24/7. Late Capitalism and the End of Sleep*. London: Verso.
CRITCHLEY, Simon (2004): *Very Little... Almost Nothing. Death, Philosophy, Literature*. London / New York: Routledge.
CRITCHLEY, S. & BERNASCONI, R. (eds.) (2002): *The Cambridge Companion to Levinas*. Cambrigde: Cambridge University Press.
CUNNINGHAM, D. & FISHER, A. & MAYS, S. (eds.) (2008): *Photography and Literature in the Twentieth Century*. Newcastle upon Tyne: Cambridge Scholars Publishing.
DEBORD, Guy (1992): *La Société du Spectacle*. Paris: Gallimard.
DECKARD, Sharae (2012): «Peripheral Realism, Millenial Capitalism, and Roberto Bolaño's *2666*». En *Modern Language Quarterly* 73.3: 351-372.
DELEUZE, Gilles (1988): *Le pli. Leibniz et le Baroque*. Paris: Les Éditions de Minuit.
— (1992): «Postscript on the Societies of Control». En *October* 58: 3-7.
— (1993): *Différence et répétition*. Paris: Presses Universitaires de France.
— (1999): «Immanence: a Life...». En Khalfa, Jean (ed.): *Introduction to the Philosophy of Gilles Deleuze*. New York: Continuum, 170-173.
— (2013): *Logique du sens*. Paris: Les Éditions de Minuit.
DELEUZE, G. & GUATTARI, F. (1972/1973): *Capitalisme et schizophrénie. L'Anti-Œdipe*. Paris: Les Éditions de Minuit.

— (1980): *Capitalisme et schizophrénie 2. Mille plateaux*. Paris: Les Éditions de Minuit.
— (1991/2005): *Qu'est-ce que la philosophie?* Paris: Les Éditions de Minuit.
DELILLO, Don (1986): *White Noise*. New York: Penguin Books.
DERRIDA, Jacques (1967): *L'écriture et la différence*. Paris: Éditions du Seuil.
— (1972): «La double séance». En *La Dissémination*. Paris: Éditions du Seuil, 209-334.
— (1972a): «La Dissémination». En *La Dissémination*. Paris: Éditions du Seuil, 336-414.
— (1972b): «signature événement contexte». En *Marges de la philosophie*. Paris: Les Éditions de Minuit, 365-393.
— (1972c): «La forme et le vouloir dire. Note sur la phénoménologie du langage». En *Marges de la philosophie*. Paris: Les Éditions de Minuit, 185-207.
— (1972d): *Positions*. Paris: Les Éditions de Minuit.
— (1972e): *Marges de la philosophie*. Paris: Les Éditions de Minuit.
— (1997): *Of Grammatology*. Baltimore: The John Hopkins University Press.
— (1999): *Donner la mort*. Paris: Galilée.
— (2014): *De la grammatologie*. Paris: Les Éditions de Minuit.
DIDI-HUBERMAN, Georges (1990): *Devant l'image. Question posée aux fins d'une histoire de l'art*. Paris: Les Éditions de Minuit.
— (1992): *Ce que nous voyons, ce qui nous regarde*. Paris: Les Éditions de Minuit.
— (1995): *La ressemblance informe ou le Gai Savoir visual selon Georges Bataille*. Paris: Éditions Macula.
— (1998): *Phasmes. Essais sur l'apparition*. Paris: Les Éditions de Minuit.
— (2003): «De ressemblance à ressemblance». En Bident, Ch. & Vilar, P. (eds.): *Maurice Blanchot. Récits critiques*. Tours: Éditions Farrago, 143-167.
— (2008): *La ressemblance par contact. Archéologie, anachronisme et modernité de l'empreinte*. Paris: Les Éditions de Minuit.
— (2009): «Aesthetic Immanence». En Huppauf, Bernd & Wulf, Christoph

(eds.): *Dynamics and Performativity of Imagination. The Image between the Visible and the Invisible.* New York / London: Routledge, 42-55.
— (2013): *Une conversation avec Georges Didi-Huberman et Yves Citton.* En *Infernolaredaction*: <https://histoireetsociete.wordpress.com/2013/09/18/une-conversation-avec-georges-didi-huberman-et-yves-citton/>.
— (2014): *Essayer voir.* Paris: Les Éditions Minuit.
DOMÍNGUEZ, María Esperanza (2012): «Silencio y música en *Nocturno de Chile*: una estética de la reticencia». En López Bernasocchi, A. & López de Abiada, J. M. (eds.): *Roberto Bolaño, estrella cercana. Ensayos sobre su obra.* Madrid: Verbum, 75-92.
DUVE, Thierry de (1991): *Pictorial Nominalism. On Marcel Duchamp's Passage from Painting to the Readymade.* Minneapolis: University of Minnesota Press.
— (1994): «Echoes of the Readymade: Critique of Pure Modernism». En *October* 70: 61-97.
EAGLETON, Terry (1996): *Literary Theory. An Introduction.* Oxford: Blackwell Publishing.
ELLESTRÖM, Lars (2010): «Iconicity as meaning miming meaning and meaning miming form». En Conradie, C. J. et al. (eds.): *Signergy.* Amsterdam / Philadelphia: John Benjamins, 73-100.
— (2010a): «The Modalities of Media: A Model for Understanding Intermedial Relations». En Elleström, Lars (ed.): *Media Borders, Multimodality and Intermediality.* London: Palgrave Macmillan, 11-48.
— (2010b): (ed.) *Media Borders, Multimodality and Intermediality.* London: Palgrave Macmillan.
ELLIS, John (2000): *Visible Fictions. Cinema: televisión: video.* London / New York: Routledge.
ESPINOSA, Patricia (2003): (ed.) *Territorios en fuga. Estudios críticos sobre la obra de Roberto Bolaño.* Santiago de Chile: Frasis.
ERCOLINO, Stefano (2014): *The Maximalist Novel. From Thomas Pynchon's Gravity's Rainbow to Roberto Bolaño's 2666.* New York: Bloomsbury Publishing.
FABRY, Geneviève & LOGIE, Ilse & DECOCK, Pablo (eds.) (2010): *Los imaginarios apocalípticos en la literatura hispanoamericana contemporánea.* Bern: Peter Lang.

FERRER, Christian (2000): *Mal de ojo. Crítica de la violencia técnica*. Barcelona: Octaedro.
FLUSSER, Vilém (1990): *Hacia una filosofía de la fotografía*. México: Trillas.
FOSTER, Hal (1988): *Vision and Visuality*. Seattle: Bay Press.
— (1994): «What's Neo about the Neo-Avant-Garde?». En *October* 70: 5-32.
FOUCAULT, Michel (1963): *Naissance de la clinique: une archéologie du regard médical*. Paris: Presses Universitaires de France.
— (1975): *Surveiller et punir. Naissance de la prision*. Paris: Gallimard.
— (1986): «Dream, Imagination, and Existence». En *Review of Existential Psychology and Psychiatry* XIX (1): 29-78.
FOUREZ, Cathy (2010): «*2666* de Roberto Bolaño: los basureros de Santa Teresa, territorios del tiempo del fin». En Fabry, Geneviève & Logie, Ilse & Decock, Pablo (eds.): *Los imaginarios apocalípticos en la literatura hispanoamericana contemporánea*. Bern: Peter Lang, 231-243.
FRAZER, J. G. (1998): *The Golden Bough*. London: Penguin.
FREUD, Sigmund (1991): *La interpretación de los sueños*. En *Obras Completas*, tomos IV y V. Buenos Aires: Amorrortu.
FRIEDMAN, K. & SMITH, O. & SAWCHYN, L. (eds.) (2002): *The Fluxus Performance Workbook*. A Performance Research e-publication.
FÜHRER, Heidrun (ed.) (2018): *Making the Absent Present*. Aachen: Shaker.
GARCÍA FANLO, Luis (2011): «¿Qué es un dispositivo? Foucault, Deleuze, Agamben». En *A Parte Rei* 74: <http://serbal.pntic.mec.es/AParteRei>.
GIORDANO, Alberto (1988?): «El efecto de irreal». En *Discusión. Suplemento de crítica literaria de la revista de letras* 1 (1): 27-36.
GIRALDO, Efrén (2013): «"Una epifanía de la locura". Extensión del arte y revolución poética en el artista infame de Roberto Bolaño». En *Cuadernos de Música, Artes Visuales y Artes Escénicas* 8 (2): 113-136.
GIRARD, René (1972): *La violence et le sacré*. Paris: Grasset.
GIRST, Thomas (2016): «(Ab)Using Marcel Duchamp: The Concept of Readymade in Post-War and Contemporary American Art». En *Toutfait*: <http://toutfait.com/abusing-marcel-duchamp-the-concept-of-the-readymade-in-post-war-and-contemporary-american-art/>.
GONZÁLEZ REQUENA, Jesús (1999): *El discurso televisivo: espectáculo de la posmodernidad*. Madrid: Cátedra.

GRAHAM, Lanier (1968): Marcel Duchamp: *Conversations with the Grand Master*. New York: Handmade Press.

GRAS MIRAVET, Dunia (2005): «Roberto Bolaño y la obra total». En *Jornadas homenaje: Roberto Bolaño*. Barcelona: ICCI, 51-73.

HAGELSTEIN, Maud (2005): «Georges Didi-Huberman: une esthétique du symptôme». En *Daimon. Revista Internacional de Filosofía* 34: 81-90.

HARALAMBIDOU, Penelope (2013): *Marcel Duchamp and the Architecture of Desire*. Farnham: Ashgate Publishing.

HENDERSON, Linda Dalrymple (1983): *The Fourth Dimension and Non-Euclidean Geometry in Modern Art*. Princeton: Princeton University Press.

— (1998): *Duchamp in Context. Science and Technology in the* Large Glass *and Related Works*. Princeton: Princeton University Press.

HERNÁNDEZ NAVARRO, Miguel Ángel (2006): *La so(m)bra de lo real: el arte como vomitorio*. Valencia: Alfons el Magnánim.

— (2007): *El archivo escotómico de la Modernidad [Pequeños pasos para una cartografía de la visión]*. Alcobendas: Colección de Arte Público & Fotografía, Ayuntamiento de Alcobendas.

— (2009): «La parte del espectador. Sobre la afectividad de las imágenes». En *Brumaria* 14: 62-71.

HERNÁNDEZ RODRÍGUEZ, Josué (2011): *Roberto Bolaño, el cine y la memoria*. Valencia: Aduana Vieja.

HOLLIER, Denis (1993): *La prise de la Concorde*. Paris: Gallimard.

HUNEEUS, Marcial (2011): «¿De qué hablamos cuando hablamos del mal? *2666* de Roberto Bolaño» En Moreno, Fernando (ed.): *Roberto Bolaño, la experiencia del abismo*. Santiago de Chile: Lastarria, 253-266.

IRIGARAY, Luce (1974): *Ce sexe qui n'en est pas un*. Paris: Les Éditions de Minuit.

— (1985): *This Sex Which Is Not One*. Ithaca: Cornell University Press.

JAY, Martin (1995): *Downcast Eyes. The Denigration of Vision in Twentieth-Century French Thought*. Berkeley / Los Angeles / London: University of California Press.

JUNG, Carl Gustav (1976): *Archetypy i symbole. Pisma wybrane*. Warszawa: Czytelnik.

— (2012): *Métamorphoses de l'âme et ses symboles*. Paris: Le Livre de Poche.
Kawin, Bruce F. (1989): *Telling It Again and Again. Repetition in Literature and Film*. Colorado: University Press of Colorado.
Kerekes, D. & Slater, D. (1995): *Killing for Culture. An Illustrated History of Death Film from Mondo to Snuff*. London: Creation Books.
Khalfa, Jean (ed.) (1999): *Introduction to the Philosophy of Gilles Deleuze*. New York: Continuum.
Klinker, P. A. & Smith, R. M. (1999): *The Unsteady March: The Rise and Decline of Racial Equality in America*. Chicago: Chicago University Press.
Kauffman, Vincent (2002): «Angels of Purity». En McDonough, Tom (ed.): *Guy Debord and the Situationist International. Texts and Documents*. Cambridge: The MIT Press, 285-310.
Kraus, Anna (2018): «Geometry Book in Midair. Ekphrasis in Amalfitano's Backyard». En Führer, Heidrun (ed.): *Making the Absent Present*. Aachen: Shaker Verlag.
Krauss, Rosalind (1976): «Video: The Aesthetics of Narcissism». En *October* 1: 0-64.
— (1977): «Notes on the Index: Seventies Art in America». En *October* 3: 68-83.
— (2002): *Lo fotográfico. Por una teoría de los desplazamientos*. Barcelona: Gustavo Gili.
Lacan, Jacques (1973): *Séminaire IX. Les quatre concepts fondamentaux de la psychanalyse*. Paris: Éditions du Seuil.
Lainck, Arndt (2014): *Las figuras del mal en 2666 de Roberto Bolaño*. Münster: LIT.
Levinson, Brett (2009): «Case closed: madness and dissociation in *2666*». En *Journal of Latin American Cultural Studies*, 18 (2-3): 177-191.
Levin, Thomas Y. (2002): «Dismantling the Spectacle: The Cinema of Guy Debord». En McDonough, Tom (ed.): *Guy Debord and the Situationist International. Texts and Documents*. Cambridge: The MIT Press, 321-453.
Libertella, Mauro (2006): »Ampliación del campo de batalla» [entrevista a Graciela Speranza]. En *Página/12*: <http://www.pagina12.com.ar/diario/suplementos/libros/10-2326-2006-11-23.html>.

LICHTENBERG ETTINGER, Bracha (1999): «Traumatic Wit(h)ness-Thing and Matrixial Co/in-habit(u)ating». En *Parallax* 5 (1): 89-98.

LIPPIT, Akira Mizuta (2005): *Atomic Light (Shadow Optics)*. Minneapolis: Univesity of Minnesota Press.

LÓPEZ BADANO, Cecilia (2010): «Elementos massmediáticos y cultura popular en dos textos de Roberto Bolaño». En *CELEHIS. Revista del Centro de Letras Hispanoamericanas* 19 (21): 209-234.

— (2010a): «*2666*: el narcotráfico como anamorfosis muralista». En Ríos Baeza, Felipe A. (ed.): *Roberto Bolaño: ruptura y violencia en la literatura finisecular*. México: Eón, 369-384.

LÓPEZ BERNASOCCHI, A. & LÓPEZ DE ABIADA, J. M. (eds.) (2012): *Roberto Bolaño, estrella cercana. Ensayos sobre su obra*. Madrid: Verbum.

LÓPEZ-CALVO, Ignacio (ed.) (2015): *Roberto Bolaño, a Less Distant Star. Critical Essays*. New York: Palgrave Macmillan.

LÓPEZ-VICUÑA, Ignacio (2009): «The Violence of Writing: Literature and Discontent in Roberto Bolaño's "Chilean" Novels». En *Journal of Latin American Cultural Studies* 18 (2-3): 155-166.

LOTMAN, Yuri (1976): *Analysis of the Poetic Text*. Ann Arbor: Ardis.

LUND, Hans (1992): *Text as Picture: Studies in the Literary Transformation of Pictures*. Lewiston: The Edwin Mellen Press.

LYOTARD, Jean-François (2002): *Discours, figure*. Paris: Klincksieck.

— (2010): *Les Transformateurs Duchamp*. Louvain: Presses Universitaires de Louvain.

MACHEREY, Pierre (1990): *À quoi pense la littérature?* Paris: PUF.

MANOURY, Daiana (2010): «Le Neutre blanchotien, reflets et réflexions à partir de *L'Amitié*». En Hoppenot, Éric & Milon, Alain (eds.): *Maurice Blanchot et la philosophie: Suivi de trois articles de Maurice Blanchot* Nanterre: Presses universitaires de Paris Ouest.

MANZI, Joaquín (2005): «La proyección del secreto. Imagen y enigma en Roberto Bolaño». En Moreno, Fernando (ed.): *Roberto Bolaño: una literatura infinita*. Poitiers: Université de Poitiers / CNRS, 69-86.

— (2014): «Las partes y el todo». En *Hispamérica. Revista de Literatura* 127: 3-12.

Manzoni, Celina (2002): «Reescritura como desplazamiento y anagnórisis en *Amuleto*». En Manzoni, Celina (ed.): *La escritura como tauromaquia*. Buenos Aires: Corregidor, 175-184.

— (2003) «Recorridos urbanos, fantasmagoría y espejismo en *Amuleto*». En Manzoni, Celina (ed.): *La fugitiva contemporaneidad. Narrativa latinoamericana 1990-2000*. Buenos Aires: Corregidor, 31-55.

Marcus, Greil (2002) «The Long Walk of the Situationist International». En McDonough, Tom (ed.): *Guy Debord and the Situationist International. Texts and Documents*. Cambridge: The MIT Press, 1-20.

McDonough, Tom (ed.) (2002) *Guy Debord and the Situationist International. Texts and Documents*. Cambridge: The MIT Press.

— (2002a): «Introduction: Ideology and the Situationist Utopia». En McDonough, Tom (ed.): *Guy Debord and the Situationist International. Texts and Documents*. Cambridge: The MIT Press, ix-xx.

Mitchell, W. J. T. & Hansen, Mark B. N. (eds.) (2010): *Critical terms for media studies*. Chicago: The University of Chicago Press.

Mora, Vicente Louis (2012): *El lectoespectador*. Barcelona: Seix Barral.

Moreno, Fernando (ed.) (2005): *Roberto Bolaño: una literatura infinita*. Poitiers: Université de Poitiers / CNRS.

— (2011): «Los laberintos narrativos de Roberto Bolaño». En Moreno, Fernando (ed.): *Roberto Bolaño, la experiencia del abismo*. Santiago de Chile: Lastarria, 333-342.

Olivier, Florence (2011): «Sueño, alucinación, visión: la percepción de lo oculto en *2666* de Roberto Bolaño». En Moreno, Fernando (ed.): *Robero Bolaño, la experiencia del abismo*. Santiago de Chile: Lastarria, 243-251.

Omlor, Daniela (2014): «Mirroring Borges: The Spaces of Literature in Roberto Bolaño's 2666». En *BHS* 91: 659-670.

Oyarzún, Pablo (2000): «Imagen y duelo». En <http://www.esteticas.unam.mx/edartedal/PDF/Veracruz2000/complets/PabloOyarzun>.pdf.

Papasquiaro, Mario Santiago (2013): «Manifiesto Infrarrealista». En tsunun (ed.): *Nada utópico nos es ajeno [Manifiestos Infrarrealistas]*. León: tsunun, 37-41.

Paz Soldán, E. & Faverón Patriau, G. (eds.) (2008): *Bolaño salvaje*. Barcelona: Candaya.

Perniola, Mario (2006): *Contra la comunicación*. Buenos Aires / Madrid: Amorrortu.
— (2008): *Los Situacionistas. Historia crítica de la última vanguardia del siglo XX*. Madrid: Acuarela.
Perret, Catherine (2001): *Les porteurs d'ombre. Mimésis et modernité*. Paris: Belin.
Poblete Alday, Patricia (2010): *Bolaño, otra vuelta de tuerca*. Santiago de Chile: Universidad Academia de Humanismo Cristiano.
Pollock, Griselda (2001): *Looking Back to the Future: Essays on Art, Life and Death*. Amsterdam: G+B Arts International.
— (2007): «*Balada de Kastriot Rexhepi* de Mary Kelly: Trauma virtual y testigo indicial en la era del espectáculo mediático». En Catálogo de la exposición de *Balada de Kastriot Rexhepi* de Mary Kelly, 40-51.
Remes, Justin (2015): *Motion(less) Pictures. The Cinema of Stasis*. New York: Columbia University Press.
Requena González, Jesús (1999): *El discurso televisivo: espectáculo de la posmodernidad*. Madrid: Cátedra.
Ríos, Valeria de los (2007): «Cartografía salvaje: mapa cognitivo y fotografías en la obra de Bolaño». En *Taller de letras* 41: 69-81.
— (2008): «Mapas y fotografías en la obra de Roberto Bolaño». En Paz Soldán, Edmundo & Faverón Patriau, Gustavo (eds.): *Bolaño salvaje*. Barcelona: Candaya, 237-258.
— (2009): «Imagen: mercancía mortífera». En *Alpha (Osorno)* 28: 223-231.
Ríos Baeza, Felipe A. (2010): «Arturo Belano: el viajero en el tiempo». En Ríos Baeza, Felipe A. (ed.) *Roberto Bolaño: Ruptura y violencia en la literatura finisecular*. México: Ediciones Eón, 219-252.
Rodríguez, Mario René (2014): «Literatura en tiempos irremediables (sobre "Literatura + enfermedad = enfermedad" de Roberto Bolaño)». En *Badebec* 3 (6): 45-61.
Rodríguez Freire, Raúl (ed.) (2012): *Fuera de quicio: Bolaño en el tiempo de sus espectros*. Santiago de Chile: Ripio.
— (2016): «Arcimboldo, la historia natural en *2666*». En *Revista Chilena de Literatura* 92: 177-200.

RODRÍGUEZ S., Álvaro Augusto (2014): «Formas de la imagen: cine y fotografía en *2666* de Roberto Bolaño». En *Hipertexto* 19: 3-17.
ROSSO, Ezequiel de (2002): «Una lectura conjetural. Roberto Bolaño y el relato policial». En Manzoni, Celina (ed.): *La escritura como tauromaquia*. Buenos Aires: Corregidor, 133-143.
RUISÁNCHEZ SERRA, José Ramón (2010): «Fate o la inminencia». En Ríos Baeza, Felipe A. (ed.) *Roberto Bolaño: Ruptura y violencia en la literatura finisecular*. México: Eón, 385-397.
RYCHTER, Marcin (2015): «Prawda za plecami». En Charchalis, W. & Żychliński, A. (eds.): *Katedra Bolaño. Szkice krytyczne*. Poznań: Wydawnictwo Naukowe UAM, 105-119.
SAINT-DENYS, L. Hervey de (1867): *Les rêves et les moyens de les diriger. Observations pratiques*. Paris: Amyot.
SAN MARTÍN, Carlos Lens (2011): «La metaficción como ruptura del pacto ficcional». En *Boletín Hispánico Helvético* 17-18: 225-239.
SANTANGELO, Eugenio (2012): «Poéticas de lo indecible: Roberto Bolaño y la re-narración post-dictatorial». En *Confluenze* 4 (2): 336-360.
SARTRE, Jean-Paul (1943): *L'être et le néant. Essai d'ontologie phénoménologique*. Paris: Gallimard.
SEKULA, Allan (1981): «The Traffic in Photographs». En *Art Journal* 41 (1): 15-25.
SEPÚLVEDA, Magda (2003): «La narrativa policial como un género de la Modernidad: la pista de Bolaño». En Espinosa, Patricia (ed.): *Territorios en fuga. Estudios críticos sobre la obra de Roberto Bolaño*. Santiago de Chile: Frasis, 103-115.
— (2011): «La risa de Bolaño: el orden trágico de la literatura en *2666*». En Moreno, Fernando (ed.): *Roberto Bolaño, la experiencia del abismo*. Santiago de Chile: Lastarria, 233-241.
SHIOMI, Mieko (1964): *Disappearing Music for Face. (Event score)*. En Friedman, K., Smith, O. y Sawchyn, L. (eds.) (2002): *The Fluxus Performance Workbook*. A Performance Research e-publication, 97.
SILVERMAN, Kaja (1996): *The Threshold of the Visible World*. New York / London: Routledge.
SINNO, Neige (2011): *Lectores entre líneas. Roberto Bolaño, Ricardo Piglia y Sergio Pitol*. México: Aldus.

SJÖHOLM, Cecilia (2005): *Kristeva and the Political*. New York / London: Routledge.
SOLLERS, Phillippe (1968): *La littérature et l'expérience des limites*. Paris: Éditions du Seuil.
SONTAG, Susan (1977): *On Photography*. New York: Picador.
— (2003): *Regarding the Pain of Others*. London: Penguin Books.
SPERANZA, Graciela (2006): *Fuera de campo. Literatura y arte argentinos después de Duchamp*. Barcelona: Anagrama.
— (2012): *Atlas portátil de América Latina. Arte y ficciones errantes*. Barcelona: Anagrama.
STRACEY, Frances (2008): «Situationist Radical Subjectivity and Photo-Graffiti». En Cunningham, D. & Fisher, A. & Mays, S. (eds.): *Photography and Literature in the Twentieth Century*. Newcastle upon Tyne: Cambridge Scholars Publishing, 123-144.
STALLABRASS, Julian (2006): *Contemporary Art. A Very Short Introduction*. Oxford: Oxford University Press.
STEGMAYER, María (2012): «Agujeros negros: violencia, fantasma y alegoría en "La parte de los crímenes" de Roberto Bolaño». En Rodríguez Freire, Raúl (ed.): *Fuera de quicio: Bolaño en el tiempo de sus espectros*. Santiago de Chile: Ripio, 117-134.
STILES, Kristine (1993): «Between Water and Stone. Fluxus Performance: Metaphysics of Acts». En *In the Spirit of Fluxus*. Minneapolis: Walker Art Center, 63-99.
STJERNFELT, Frederik (2000): «Diagrams as Centerpiece of a Peircean Epistemology». En *Transactions of the Charles S. Peirce Society* XXXVI (3): 357-384.
STRACEY, Frances (2008): «Situationist Radical Subjectivity and Photo-Graffiti». En Cunningham, D. & Fisher, A. & Mays, S. (eds.): *Photography and Literature in the Twentieth Century*. Newcastle upon Tyne: Cambridge Scholars Publishing, 123-144.
SUMMERS, David (2003): «Representation». En Nelson, Robert S. & Shiff, Rochard (eds.): *Critical Terms for Art History*. Chicago / London: The University of Chicago Press.
SVENSSON, Jimmie (2016): *Versform & ikonicitet. Med exempel från svensk modernistisk lyrik*. Lund: Media-Tryck.

TAGG, John (2009): *The Disciplinary Frame. Photographic Thruths and the Capture of Meaning*. Minneapolis: University of Minneapolis Press.
TAYLOR, Mark C. (1990): *Tears*. Albany: State University of New York Press.
TSUNUN (ed.) (2013): *Nada utópico nos es ajeno [Manifiestos Infrarrealistas]*. León: *tsunun*.
VALVERDE, María Fernanda (2005): *Photographic Negatives: Nature and Evolution of Processes*. Advanced Residency Program in Photography Conservation.
VIANELLO, Giancarlo (2009): «Nihilism and Emptiness. The Collapse of Representation and the Question of Nothingness». En Bouso, R. & Heisig, J. (eds.): *Confluences and Cross-Currents*. Nanzan: Nanzan Institute for Religion and Culture, 22-35.
VILLORO, Juan (2008): «La batalla futura». En Paz Soldán, Edmundo & Faverón, Gustavo (eds.): *Bolaño salvaje*. Barcelona: Candaya, 73-89.
VOLPI, Jorge (2012): «Los crímenes de Santa Teresa y las trompetas de Jericó. Reflexiones sobre ficciones y fronteras». En López Bernasocchi, A. & López de Abiada, J. M. (eds.): *Roberto Bolaño, estrella cercana. Ensayos sobre su obra*. Madrid: Verbum, 405-420.
WALKER, Carlos (2010): «El tono del horror: *2666* de Roberto Bolaño». En *Taller de letras* 46: 99-112.
— (2013): *El horror como forma. Juan José Saer / Roberto Bolaño*. Tesis doctoral inédita. Paris / Buenos Aires.
WALL, Tomas Carl (1999): *Radical Passivity. Lévinas, Blanchot, and Agamben*. Albany: State University of New York Press.
WILLIAMS, Linda (1989): *Hard Core: Power, Pleasure, and the «Frenzy of the Visible»*. Berkeley / Los Ángeles: University of California Press.
WITTGENSTEIN, Ludwig (2009): *Philosophical Investigations*. Chichester: Wiley-Blackwell.
YÉPEZ, Heriberto (2010): *Contra la Tele-visión*. México: Tumbona.
ZAMBRA, Alejandro (2012): *No leer. Crónicas y ensayos sobre literatura*. Barcelona: Alpha Decay.
ŽIŽEK, Slavoj (2002): *Welcome to the Desert of the Real! Five essays on September 11 and Related Dates*. London / New York: Verso.
— (2014): *Event. Philosophy in Transit*. Londres: Penguin Books.

Catálogo Almenara

AGUILAR, Paula & BASILE, Teresa (eds.) (2015): *Bolaño en sus cuentos*. Leiden: Almenara.

AGUILERA, Carlos A. (2016): *La Patria Albina. Exilio, escritura y conversación en Lorenzo García Vega*. Leiden: Almenara.

AMAR SÁNCHEZ, Ana María (2017): *Juegos de seducción y traición. Literatura y cultura de masas*. Leiden: Almenara

BARRÓN ROSAS, León Felipe & PACHECO CHÁVEZ, Víctor Hugo (eds.) (2017): *Confluencias barrocas. Los pliegues de la modernidad en América Latina*. Leiden: Almenara.

BLANCO, María Elena (2016): *Devoraciones. Ensayos de periodo especial*. Leiden: Almenara.

BURNEO SALAZAR, Cristina (2017): *Acrobacia del cuerpo bilingüe. La poesía de Alfredo Gangotena*. Leiden: Almenara

CABALLERO VÁZQUEZ, Miguel & RODRÍGUEZ CARRANZA, Luz & SOTO VAN DER PLAS, Christina (eds.) (2014): *Imágenes y realismos en América Latina*. Leiden: Almenara.

CALOMARDE, Nancy (2015): *El diálogo oblicuo: Orígenes y Sur, fragmentos de una escena de lectura latinoamericana, 1944-1956*. Leiden: Almenara.

CAMPUZANO, Luisa (2016): *Las muchachas de La Habana no tienen temor de dios. Escritoras cubanas (siglos XVIII-XXI)*. Leiden: Almenara.

CASAL, Julián del (2017): *Epistolario. Edición y notas de Leonardo Sarría*. Leiden: Almenara.

CHURAMPI RAMÍREZ, Adriana (2014): *Heraldos del Pachakuti. La Pentalogía de Manuel Scorza*. Leiden: Almenara.

DEYMONNAZ, Santiago (2015): *Lacan en el cuarto contiguo. Usos de la teoría en la literatura argentina de los años setenta*. Leiden: Almenara.

Díaz Infante, Duanel (2014): *Días de fuego, años de humo. Ensayos sobre la Revolución cubana*. Leiden: Almenara.

Fielbaum, Alejandro (2017): *Los bordes de la letra. Ensayos sobre teoría literaria latinoamericana en clave cosmopolita*. Leiden: Almenara.

García Vega, Lorenzo (2018): *Rabo de anti-nube. Diarios 2002-2009. Edición y prólogo de Carlos A. Aguilera*. Leiden: Almenara.

Garrandés, Alberto (2015): *El concierto de las fábulas. Discursos, historia e imaginación en la narrativa cubana de los años sesenta*. Leiden: Almenara.

González Echevarría, Roberto (2017): *La ruta de Severo Sarduy*. Leiden: Almenara.

Gotera, Johan (2016): *Deslindes del barroco. Erosión y archivo en Octavio Armand y Severo Sarduy*. Leiden: Almenara.

Hernández, Henry Eric (2017): *Mártir, líder y pachanga. El cine de peregrinaje político hacia la Revolución cubana*. Leiden: Almenara.

Inzaurralde, Gabriel (2016): *La escritura y la furia. Ensayos sobre la imaginación latinoamericana*. Leiden: Almenara.

Kraus, Anna (2018): *sin título. operaciones de lo visual en 2666 de Roberto Bolaño*. Leiden: Almenara.

Loss, Jacqueline (2018): *Soñar en ruso. El imaginario cubano-soviético*. Leiden: Almenara.

Machado, Mailyn (2016): *Fuera de revoluciones. Dos décadas de arte en Cuba*. Leiden: Almenara.

Medina Ríos, Jamila (2018): *Diseminaciones de Calvert Casey*. Leiden: Almenara.

Molinero, Rita (ed.) (2018): *Virgilio Piñera. La memoria del cuerpo*. Leiden: Almenara.

Morejón Arnaiz, Idalia (2017): *Política y polémica en América Latina. Las revistas Casa de las Américas y Mundo Nuevo*. Leiden: Almenara.

Pérez-Hernández, Reinier (2014): *Indisciplinas críticas. La estrategia poscrítica en Margarita Mateo Palmer y Julio Ramos*. Leiden: Almenara.

Pérez Cano, Tania (2016): *Imposibilidad del* beatus ille. *Representaciones de la crisis ecológica en España y América Latina*. Leiden: Almenara.

Pérez Cino, Waldo (2014): *El tiempo contraído. Canon, discurso y circunstancia de la narrativa cubana (1959-2000)*. Leiden: Almenara.

Quintero Herencia, Juan Carlos (2016): *La hoja de mar (:) Efecto archipiélago I*. Leiden: Almenara.

Ramos, Julio & Robbins, Dylon (eds.) (2018): *Guillén Landrián o los límites del cine documental*. Leiden: Almenara.

Rojas, Rafael (2018): *Viajes del saber. Ensayos sobre lectura y traducción en Cuba*. Leiden: Almenara.

Timmer, Nanne (ed.) (2016): *Ciudad y escritura. Imaginario de la ciudad latinoamericana a las puertas del siglo XXI*. Leiden: Almenara.

— (2018): *Cuerpos ilegales. Sujeto, poder y escritura en América Latina*. Leiden: Almenara.

Tolentino, Adriana & Tomé, Patricia (eds.) (2017): *La gran pantalla dominicana. Miradas críticas al cine actual*. Leiden: Almenara.

Vizcarra, Héctor Fernando (2015): *El enigma del texto ausente. Policial y metaficción en Latinoamérica*. Leiden: Almenara.

www.ingramcontent.com/pod-product-compliance
Lightning Source LLC
Chambersburg PA
CBHW020609300426
44113CB00007B/571